全国会计领军人才丛书

Accounting Scholar Leader

财务管理系列

Finance

Excel
在财务管理中的应用

◎张敦力　李银香　马光华　编著

中国人民大学出版社

·北京·

前　言

本书选用 Excel 软件作为财务管理仿真实验建模的工具，充分发挥 Excel 软件操作简便、过程直观、功能强大和用户多等优点，以 Excel 2016 和 Win 10 为基础，必要时一并介绍 Excel 2003 和 Excel 2013 的相应功能与设置。以现代财务管理理论为依据，将 Excel 软件工具与国际通用的财务管理理论有机融合，通过仿真实验展示构建计算现金流量现值的通用模板、净现值决策模型、内含报酬率决策模型、债券定价模型、债券利息调整模型、投资组合风险收益模型、资金需要量回归分析与预测模型、量本利分析模型、ERP 沙盘模拟实验中的全面预算模板，以及编制还款计划表和预付年金现值系数表等的原理与流程，在财务理论与实际问题之间架起了一座桥梁。将商业语言转换为可视化的财务语言，促进计算机思维和财务思维的有机融合，将复杂问题简单化、简单问题程序化、程序问题信息化、重要信息可视化，旨在提高学生的创造性思维能力、建模能力以及定量和定性分析相结合的科学决策能力。

为了培养学生的实践能力和创新能力，使他们通过实验熟练掌握与每个问题相关的财务管理理论和 Excel 相关知识，本书以认知理论为依据，对财务模型实验流程进行结构化处理，针对每个问题详细列出实验目标、相关理论与知识、实验内容和注意事项。为启发学生思考，调动学生自主学习，本书还进一步提出了实验拓展问题，既便于掌握财务和金融知识的人员学习计算机应用知识，也便于掌握计算机知识的人员学习财务和金融知识，有利于复合型卓越人才的培养。

本书适合会计、财务管理和相关专业的高年级本科生与研究生、MBA、MPAcc 以及从事会计、财务管理、企业管理等工作的读者。为便于读者模拟和对照学习，以及进一步提高本书的推广应用价值，本书为每个实验制作了功能完备的 Excel 模板和用 Word 文档详细记录的操作流程。本书图文并茂，即使是只有财务管理和 Excel 入门知识的读者，也能按照本书提供的科学新颖的设计原理和详细实用的操作规程，合理运用内置函数、引用、录制和调用宏、编制数据透视表等技术，制作出功能强大、界面友好、符合决策要求的模板。

本书的具体编写分工如下：张敦力负责全书框架设计和统稿，撰写前言、第一部分和第二部分的实验 1；李银香撰写实验 2～4、参考文献；马光华撰写实验 5～7；赵纯祥撰写实验 8；杨快撰写实验 9 和实验 10；李春儿撰写实验 11；罗炫、汪雯雯、肖秋实、周今朝、程碧成、蔡旎和陈芜青协助完成了第一部分。

在此，特别感谢财政部全国会计领军人才特殊支持计划和武汉市黄鹤英才计划对本书的支持；感谢中国人民大学出版社陈永凤女士对本书出版工作的鼎力支持！

本书是中南财经政法大学2014年实验教学项目“财务模型：基于Excel 2013”的最终成果，由于水平和时间有限，错谬之处恳请读者批评指正，以便再版时予以更正。

目　录

第一部分　Excel 基础

基础 1　Excel 的启用与退出 …… 3
一、Excel 的启用 …… 3
二、Excel 的退出 …… 9

基础 2　Excel 的用户界面 …… 11
一、标题栏 …… 12
二、菜单栏 …… 13
三、工具栏 …… 14
四、编辑区 …… 16
五、工作表区 …… 17
六、状态栏 …… 25
七、任务窗格 …… 27
八、功能区 …… 27

基础 3　Excel 的文件管理 …… 31
一、Excel 文件的新建与保存 …… 31
二、Excel 文件的关闭与打开 …… 32
三、Excel 文件的保密与备份 …… 33
四、Excel 文件的修改与删除 …… 34

基础 4　数据的输入与保护 …… 35
一、数据的手工录入 …… 35
二、数据的快速填充 …… 37
三、导入其他数据库的数据 …… 39
四、数据的复制和剪切 …… 39
五、数据的查找和替换 …… 40

六、数据的保护 …… 42

基础5 数据库的构建与运用 …… 44
一、数据的排序 …… 44
二、数据的筛选 …… 47
三、数据的分类汇总 …… 49
四、数据透视表的插入 …… 51
五、图表的插入 …… 55

基础6 公　式 …… 63
一、公式的概念及其构成 …… 63
二、公式的创建与修改 …… 64
三、公式的运算次序 …… 66
四、公式运算结果的显示 …… 66

基础7 函　数 …… 71
一、常用统计函数 …… 71
二、常用文本函数 …… 77
三、常用逻辑函数IF …… 80
四、常用查找与引用函数 …… 81
五、日期与时间函数 …… 85
六、常用财务函数 …… 88

基础8 引　用 …… 93
一、表内引用的样式与类型 …… 93
二、表间引用 …… 98
三、跨工作簿引用 …… 100
四、远程引用 …… 101

第二部分　常用模型设计与实验

实验1 构建计算现金流量现值的通用模板 …… 105
一、实验目标 …… 105
二、相关理论与知识 …… 105
三、实验内容 …… 106
四、注意事项 …… 115
五、实验拓展 …… 115

实验2 构建净现值决策模型 …… 116
一、实验目标 …… 116

二、相关理论与知识 …… 116
三、实验内容 …… 117
四、注意事项 …… 125
五、实验拓展 …… 126

实验 3 构建内含报酬率决策模型 …… 127
一、实验目标 …… 127
二、相关理论与知识 …… 127
三、实验内容 …… 128
四、注意事项 …… 137
五、实验拓展 …… 138

实验 4 构建债券定价模型 …… 139
一、实验目标 …… 139
二、相关理论与知识 …… 139
三、实验内容 …… 140
四、注意事项 …… 147
五、实验拓展 …… 147

实验 5 构建债券利息调整模型 …… 148
一、实验目标 …… 148
二、相关理论与知识 …… 148
三、实验内容 …… 149
四、注意事项 …… 154
五、实验拓展 …… 154

实验 6 编制还款计划表 …… 155
一、实验目标 …… 155
二、相关理论与知识 …… 155
三、实验内容 …… 156
四、注意事项 …… 163
五、实验拓展 …… 164

实验 7 编制预付年金现值系数表 …… 165
一、实验目标 …… 165
二、相关理论与知识 …… 165
三、实验内容 …… 166
四、注意事项 …… 172
五、实验拓展 …… 172

实验8 构建投资组合风险收益模型 …… 173
一、实验目标 …… 173
二、相关理论与知识 …… 173
三、实验内容 …… 174
四、注意事项 …… 180
五、实验拓展 …… 181

实验9 构建资金需要量回归分析与预测模型 …… 182
一、实验目标 …… 182
二、相关理论与知识 …… 182
三、实验内容 …… 183
四、注意事项 …… 188
五、实验拓展 …… 188

实验10 构建量本利分析模型 …… 189
一、实验目标 …… 189
二、相关理论与知识 …… 189
三、实验内容 …… 190
四、注意事项 …… 200
五、实验拓展 …… 201

实验11 构建ERP沙盘模拟实验中的全面预算模板 …… 202
一、实验目标 …… 202
二、相关理论与知识 …… 202
三、实验内容 …… 203
四、注意事项 …… 218
五、实验拓展 …… 218

参考文献 …… 219

第一部分

Excel 基础

Excel软件是美国微软公司研制的办公自动化软件Office的重要组成部分，操作简便直观且与其他电子表格软件有很好的兼容性，广泛应用于会计、统计、金融、商贸、管理等领域，用户众多。本书以Excel 2016和Win 10为基础，必要时一并介绍Excel 2003和Excel 2013的相应功能与设置。

基础 1

Excel 的启用与退出

一、Excel 的启用

启用 Excel 的方法较多，每种方法的操作步骤、效果和效率有所不同，常用的方法如下：

(一) 通过“搜索”功能启用 Excel

这是 Windows 操作系统中打开应用软件的最常用方法，适用于打开所有已安装的应用软件。具体步骤如下：

(1) 同时敲击键盘上的微软徽标键（位于键盘底部 Ctrl 键和 Alt 键之间，与“田”字类似）和 Q 键，或者单击任务栏中的搜索图标，打开搜索对话框（见图 1－1）。

图 1－1　搜索对话框（搜索栏）

（2）在搜索对话框中输入“Excel”，菜单中自动显示的最佳匹配结果为“Excel 2016 桌面应用”图标（见图 1－2）。

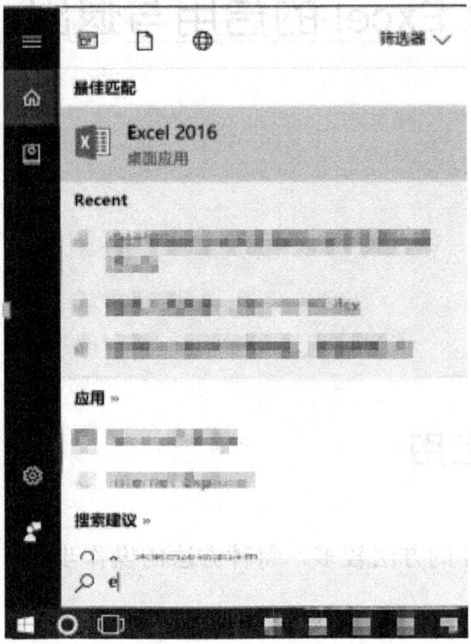

图 1－2 “Excel 2016 桌面应用”图标

（3）单击该图标启用 Excel 2016 常用模板（见图 1－3），选用其中某个模板即可创建带有相应格式和内容的工作簿文件。例如，单击“空白工作簿”模板就会创建一个文件名为“工作簿 1”的空白工作簿文件（见图 1－4）。该文件默认的文件名和扩展名在 Excel 2016 中分别为“工作簿 1”和“. xlsx”（在 Excel 2003 及早期版本中分别默认为“Book1”和“. xls”），该文件也可以另存为其他名称和类型的文件。

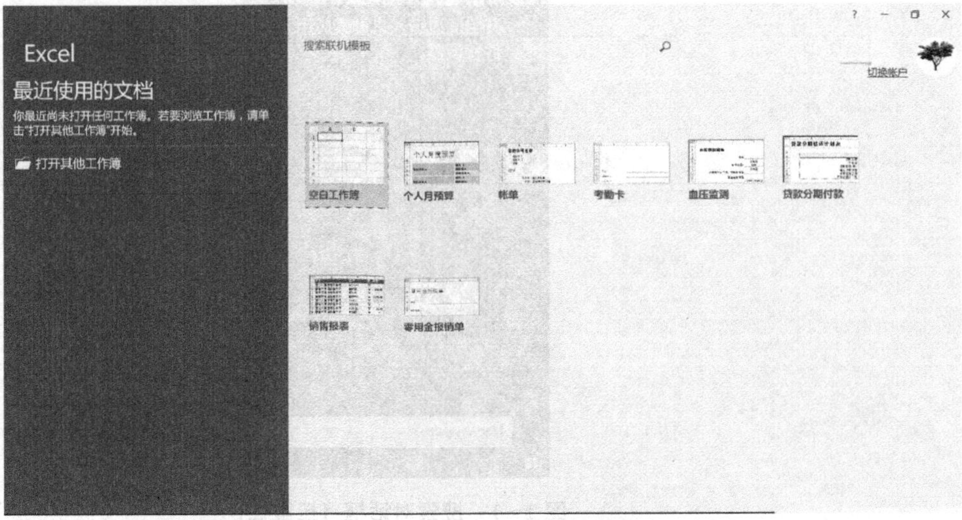

图 1－3 Excel 2016 常用模板

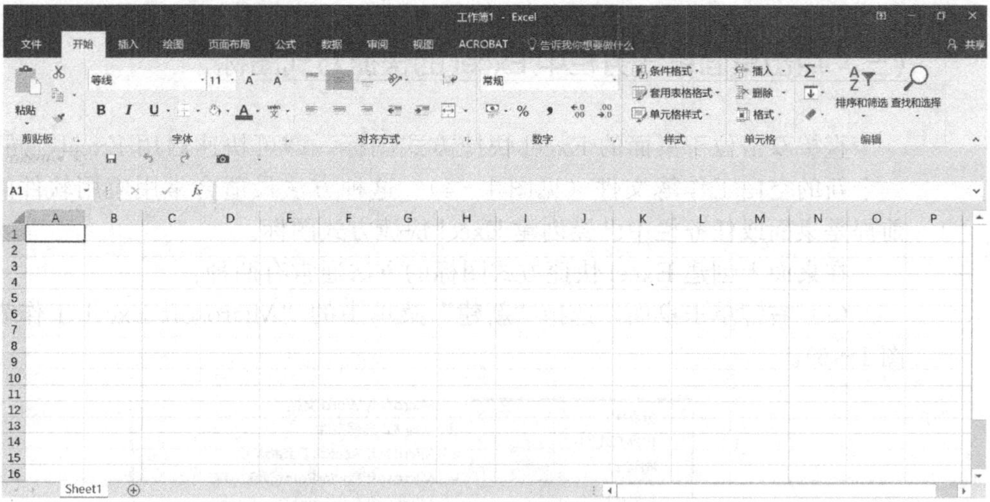

图 1－4　“工作簿 1”空白工作簿文件

（二）单击“所有程序”菜单中列示的 Excel 快捷命令图标

单击屏幕左下角的微软徽标（或敲击键盘上的微软徽标键），进入“所有程序”菜单和“开始”屏幕。适当移动滚动条找到“Excel 2016”图标，单击该图标，启用 Excel 2016 常用模板（见图 1－3）。选用其中某个模板后即可创建带有相应格式和内容的工作簿文件。例如，单击“贷款分期付期”模板就会创建一个文件名为“LoanAmortization1”的工作簿文件（见图 1－5）。该文件默认的文件名和扩展名在 Excel 2016 中分别为“LoanAmortization1”和“. xlsx”，该文件也可以另存为其他名称和类型的文件。

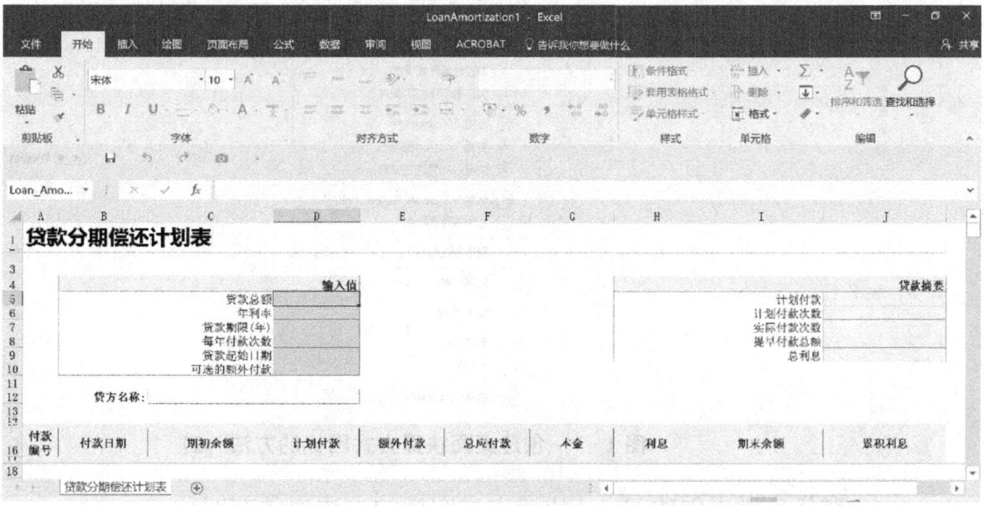

图 1－5　“LoanAmortization1”工作簿文件

(三) 点击桌面或任务栏中 Excel 的快捷方式图标

直接双击位于桌面的 Excel 快捷方式图标，即可快速启用 Excel，同时创建一个新的空白工作簿文件（见图 1-4）。这种方法最适合常用应用软件的启用，前提是桌面或任务栏中已经创建 Excel 快捷方式图标。

在桌面上创建 Excel 快捷方式图标的方法通常有两种：

(1) 右键单击桌面，选择“新建”菜单中的“Microsoft Excel 工作表”（见图 1-6）。

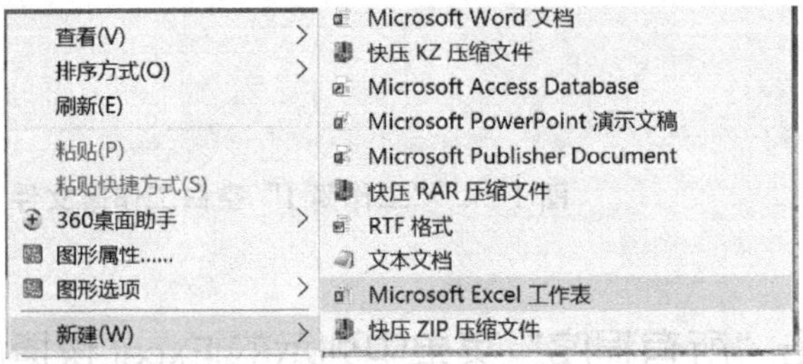

图 1-6　创建桌面快捷方式图标的方法 (1)

(2) 在安装 Excel 软件的文件夹中右键单击“EXCEL. EXE”图标，选定菜单中的“创建快捷方式”（见图 1-7）（或敲击 S 键）后，点击“确定”按钮（或敲击 Enter 键）。

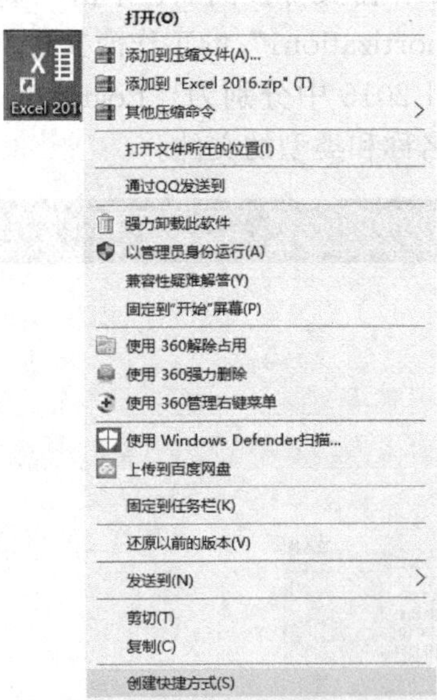

图 1-7　创建桌面快捷方式图标的方法 (2)

在任务栏中创建 Excel 快捷方式图标的方法通常有四种：

(1) 将桌面的 Excel 快捷方式图标拖到任务栏的合适位置（见图 1-1）。

(2) 在安装 Excel 软件的文件夹中选中“EXCEL. EXE”图标，将其拖到任务栏的合适位置。

（3）单击任务栏搜索图标后，在打开的对话框中输入“excel”，菜单中自动显示的最佳匹配结果为“Excel 2016 桌面应用”图标（见图 1－2）。右键单击该图标，将鼠标移到“固定到任务栏”（见图 1－8）选项后单击该选项，“Excel 2016”图标将自动固定在任务栏的合适位置。

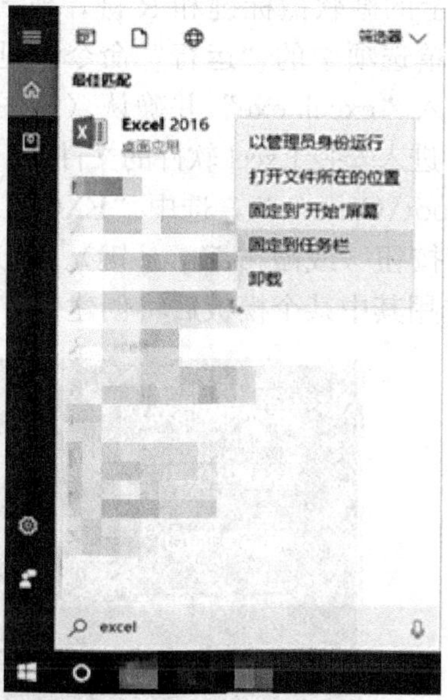

图 1－8　在任务栏中创建 Excel 快捷方式的方法（1）

（4）单击桌面左下角的微软徽标（或敲击键盘上的微软徽标键），进入“所有程序”菜单和“开始”屏幕，适当移动滚动条找到“Excel 2016”图标。右键单击该图标，将鼠标移至菜单中“更多”选项的向右箭头，待其展开后，将鼠标移到“固定到任务栏”（见图 1－9）选项，单击该选项，“Excel 2016”图标将自动固定在任务栏的合适位置。

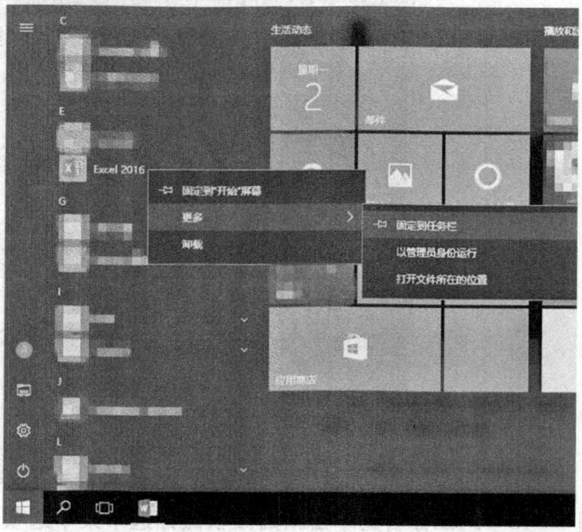

图 1－9　在任务栏中创建 Excel 快捷方式的方法（2）

此外，单击如图 1 - 8 所示菜单中的“固定到‘开始’屏幕”，也可以将“Excel 2016”图标自动固定在“开始”屏幕的合适位置。

(四) 通过“运行”对话框启用 Excel

同时敲击键盘上的微软徽标键和 R 键，或者用鼠标右键单击桌面左下角的微软徽标，选中菜单选项中的“运行”命令（见图 1 - 10），打开“运行”对话框，在对话框中输入“excel. exe”并确认（见图 1 - 11）；或者点击“浏览”按钮（见图 1 - 12），进入安装 Excel 软件的文件夹（64 位默认为 C:\Program Files\Microsoft Office\root\Office16），选中“EXCEL. EXE”文件，点击“打开”按钮后点击“确定”按钮（或敲击 Enter 键）。上述操作完成后，即可启用 Excel 2016 常用模板，选用其中某个模板后将创建带有相应格式和内容的工作簿文件。

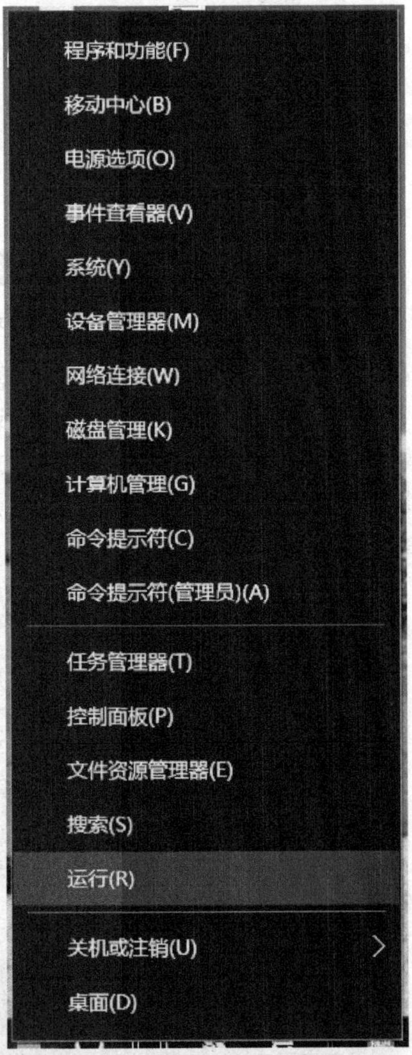

图 1 - 10 用鼠标右键单击桌面微软徽标选中菜单选项中的“运行”命令

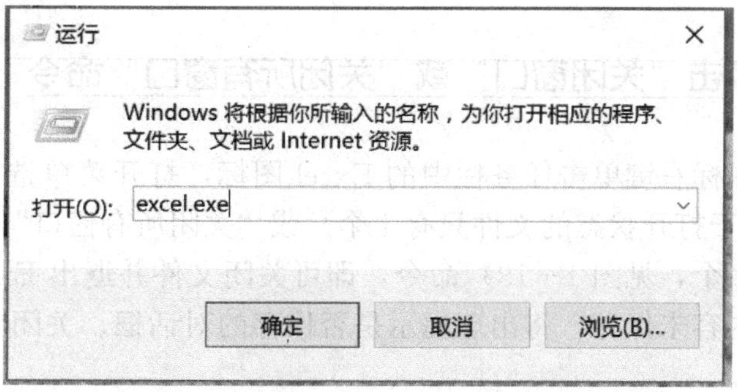

图 1 - 11　在对话框中输入“excel. exe”并确认

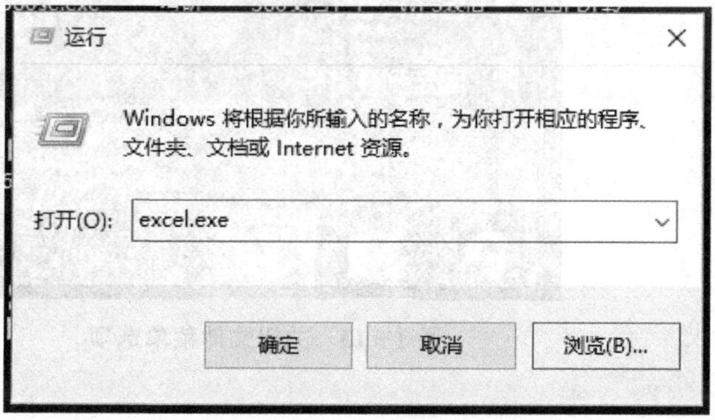

图 1 - 12　点击“浏览”按钮

(五) 打开现有的 Excel 文件

直接双击现有的 Excel 文件（或选定 Excel 文件，单击鼠标右键，在弹出的快捷菜单中选择“打开”选项），通过打开该文件启用 Excel。

二、Excel 的退出

(一) 点击标题栏最右边的关闭按钮

如果当前只有一个工作簿文件运行，无论光标位于工作簿何处，点击标题栏最右边的关闭按钮“☒”后，都将退出 Excel 软件。如果退出前编辑的内容未保存，将出现提示是否保存的对话框。

如果当前有多个工作簿文件运行，点击标题栏最右边的关闭按钮“☒”后，当前工作簿文件（光标所在的文件）被关闭，而其他处于打开状态的 Excel 文件仍在运行，那么未退出 Excel 软件。只有重复点击该按钮，直至这些文件均被关闭后，才会退出 Excel 软件。

（二）点击“关闭窗口”或“关闭所有窗口”命令

用鼠标右键单击任务栏中的 Excel 图标，打开菜单选项，点击“关闭窗口”（当前处于打开状态的文件只有 1 个）或“关闭所有窗口”（当前处于打开状态的文件有多个，见图 1－13）命令，即可关闭文件并退出 Excel 软件。如果退出前编辑的内容未保存，将出现提示是否保存的对话框。关闭文件后，随之退出 Excel 软件。

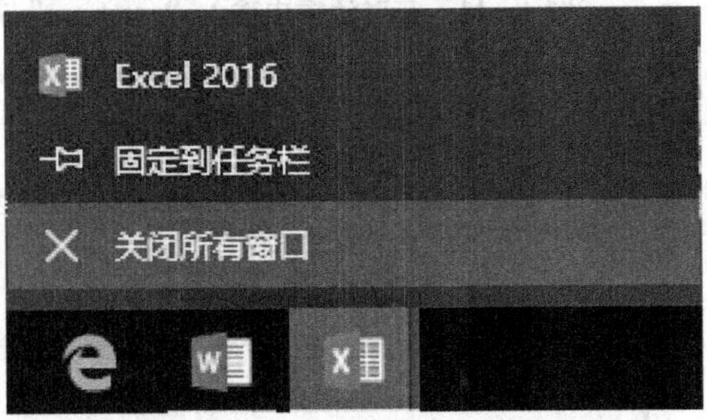

图 1－13　关闭文件菜单选项

（三）按快捷键“Alt＋F4”

如果当前只有一个工作簿文件运行，无论光标位于工作簿何处，按“Alt＋F4”键后，退出 Excel 软件。如果退出前编辑的内容未保存，将出现提示是否保存的对话框。

如果当前有多个工作簿文件运行，按“Alt＋F4”键后，当前工作簿文件被关闭，而其他处于打开状态的 Excel 文件仍在运行，那么未退出 Excel 软件。

基础 2

Excel 的用户界面

Excel 启用后，通常会建立一个新的空白工作簿或者打开一个现有的工作簿，并在屏幕上呈现一个最大化的工作簿窗口（简称窗口）。这一窗口是用户操作 Excel 的重要平台，称为默认的用户界面。

Excel 默认的用户界面因版本不同而有所区别。其中，Excel 2003 及早期版本默认的用户界面基本相同，由标题栏、菜单栏、工具栏、编辑区、工作表区、状态栏和任务窗格等要素组成（见图 1－14）；Excel 2007 及后期版本默认的用户界面基本相同，主要由快速访问工具栏、选项卡栏、标题栏和功能区等要素组成（见图 1－15）。

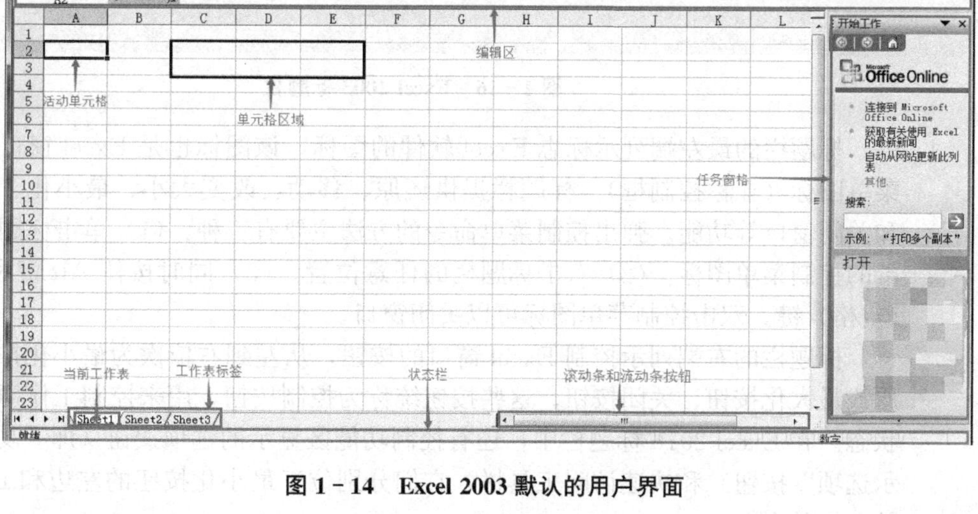

图 1－14　Excel 2003 默认的用户界面

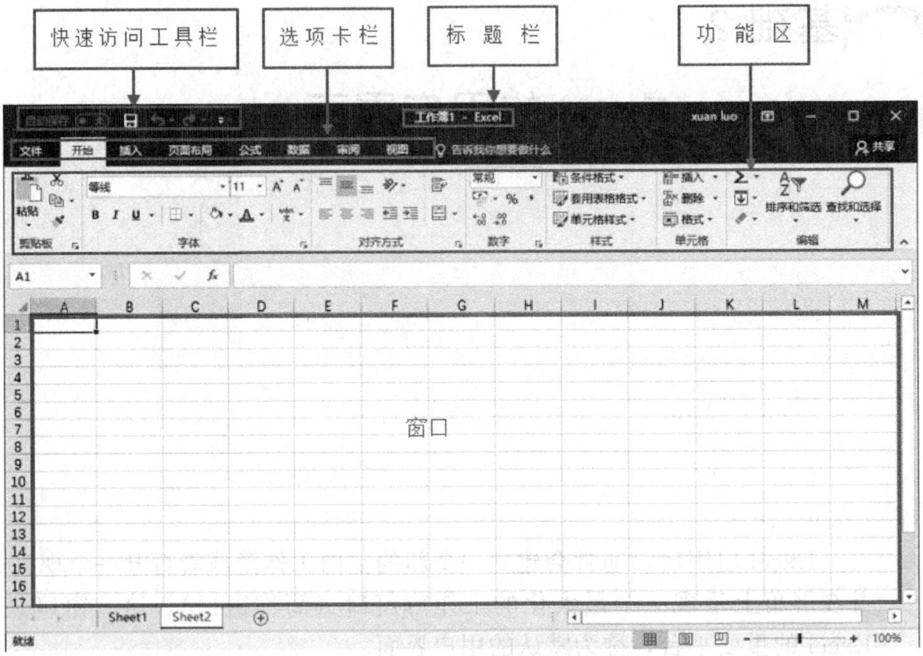

图 1-15 Excel 2016 默认的用户界面

一、标题栏

标题栏位于窗口的最上方，依次列示 Excel 软件的图标、文档的标题和控制 Excel 窗口的按钮（见图 1-16）。

图 1-16 Excel 2003 标题栏

标题栏的最左端列示标志 Excel 软件的图标，该图标也是 Excel 窗口的控制菜单图标（亦称控制框）。标题栏提供还原、移动、改变大小、最小化、最大化和关闭窗口等功能。弹出控制菜单命令的方法主要有三种：(1) 单击标题栏最左端的控制菜单图标。(2) 右击标题栏的任意位置。(3) 同时按住 Alt 键和 Space（空格）键。双击控制菜单图标可以关闭窗口。

标题栏的右端列示控制 Excel 窗口的按钮，从左到右依次为最小化按钮、还原或最大化按钮、关闭按钮。这些按钮统称为控制按钮，用来控制工作簿窗口的状态。在 Excel 2016 标题栏中，还有控制功能区显示的选项按钮（即“功能区显示选项”按钮）和快速访问工具栏，它们分别位于最小化按钮的左边和 Excel 软件图标的右边。

Excel 2007 标题栏的中间列示当前正在使用的工作簿文件名称，名称由该软件的名字“Microsoft Excel”和当前工作簿文件的名字两部分构成。

二、菜单栏

Excel 2003 的菜单栏默认位于标题栏的下方，可移动到窗口的其他适当位置，包含“文件”“编辑”“视图”“插入”“格式”“工具”“数据”“窗口”“帮助”等 9 个默认的菜单项（见图 1 - 17）。这些菜单项包括 Excel 的全部操作命令，每一菜单项分别含有对工作表进行操作的一组功能相关的命令选项。后面带有“...”的命令表示选择了这一命令后将打开该命令的对话框，后面带有“▶”的命令表示该选项后面带有一个子菜单。

图 1 - 17　Excel 2003 菜单栏

启用菜单命令或对话框的常用方法有两种，具体为：

(1) 单击含有能够完成某项任务命令的菜单项标题，以下拉菜单的形式弹出一个由若干项功能相关的命令选项组成的命令列表，根据需要从中选择恰当的命令。当菜单项显示为灰色时，表示不能执行该命令。

(2) 敲击 Alt 键后，再敲击对应该菜单标题右边括号内带下划线的字母键，命令列表随之打开，接着敲击对应命令名右边括号内带下划线的字母键。

在窗口中将菜单栏移动到适当位置的方法通常是将鼠标指针指向菜单栏的标题栏，然后按下鼠标左键，拖动菜单栏到目标位置，松开鼠标左键。菜单栏的标题栏如果被遮挡，可将鼠标指针指向菜单栏最左端的虚竖线，待鼠标指针出现四向箭头时，按下鼠标左键进行拖动。

在菜单栏中删除、移动、复制、增加菜单项的常用方法有：

(1) 按住 Alt 键，选中需要删除、移动或复制的菜单项，将该菜单项拖离菜单栏，并在指针显示为一个带有“×”的工具图标时释放鼠标按键和 Alt 键，这样可在菜单栏中删除这一菜单项；将该菜单项拖动到菜单栏或工具栏中的适当位置后再释放鼠标按键和 Alt 键，可完成该菜单项的移动任务；在拖动的同时按住 Ctrl 键，并在指针显示为一个带有“＋”的工具图标时释放鼠标按键、Ctrl 键和 Alt 键，会为该菜单项在菜单栏或工具栏中的适当位置创建一个副本。

(2) 单击“工具”菜单项，选定“自定义”命令，打开“自定义”对话框后，选中需要删除、移动或复制的菜单项，将该菜单项拖离菜单栏，并在指针显示为一个带有“×”的工具图标时释放鼠标按键，这样可在菜单栏中删除这一菜单项；将该菜单项拖动到菜单栏或工具栏中的适当位置后再释放鼠标左键，可完成该菜单项的移动任务；在拖动的同时按住 Ctrl 键，并在指针显示为一个带有“＋”的工具图标时释放鼠标按键，会为该菜单项在菜单栏或工具栏中的适当位置创建一个副本。

在菜单栏中增加菜单项的具体步骤为：单击“工具”菜单项，选定“自定义”命令打开“自定义”对话框后，切换到“命令”选项卡，在左边的“类别”

框中选定“新菜单”(见图 1-18),用鼠标将右边“命令”框中的“新菜单”拖放到菜单栏中,此时菜单栏中生成“新菜单”项,用鼠标右键单击可重新命名“新菜单”项;在“命令”选项卡左边的“类别”框中选定“宏”,然后把右边“命令”框中的“自定义菜单项”拖放到新增加的菜单项的下拉菜单位置上,此时在新菜单项下生成下拉菜单“自定义菜单项”,用鼠标右键单击可重新命名下拉“自定义菜单项”,若选择“图符与文字”,可添加按钮图符;在新建菜单项的下拉菜单中右击鼠标,在下拉菜单中用鼠标左键单击“指定宏”,然后在对话框中单击相应的宏名,再选择“确定”,设计完成。以后只要单击所建新菜单的下拉菜单名,就可调用相应的宏。

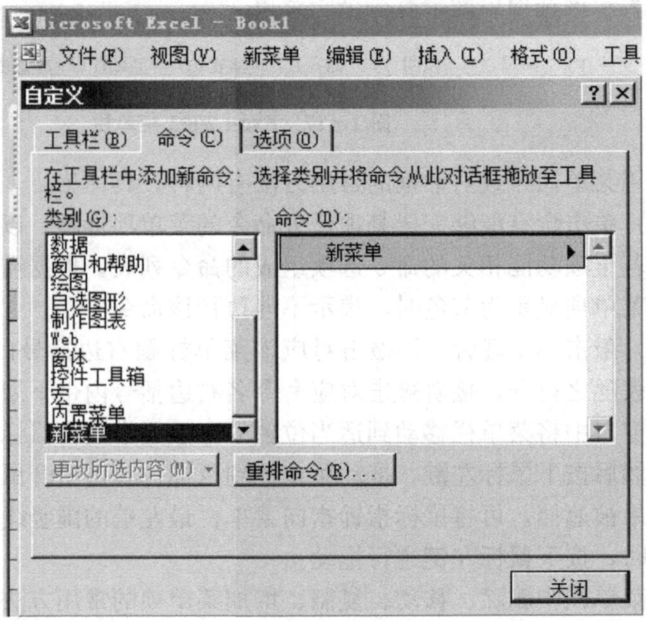

图 1-18 Excel 2003“自定义”对话框

三、工具栏

工具栏默认位于菜单栏的下方,可移动到窗口的其他适当位置,它由一系列与菜单选项命令具有相同功能的按钮组成。每个按钮代表一个命令,能更加快捷地完成相应的操作。

用户不仅可以自行设定工具栏的显示、隐藏及其在窗口中的位置,而且可以自行设定工具栏中的按钮及其在工具栏中的位置。

Excel 2003 默认显示“常用工具栏”和“格式工具栏”两个工具栏,用户可以根据实际需要,显示或隐藏适用于特定功能的其他工具栏。隐藏或显示工具栏的两种常用方法是:(1)在工具栏或菜单栏的任意位置单击鼠标右键,打开工具栏列表,从中选定或取消相应的工具栏;(2)在菜单栏单击“视图”菜单,在打开的命令列表中指向“工具栏”选项，打开“工具栏”列表（见图 1－19），从中选定或取消相应的工具栏名称。

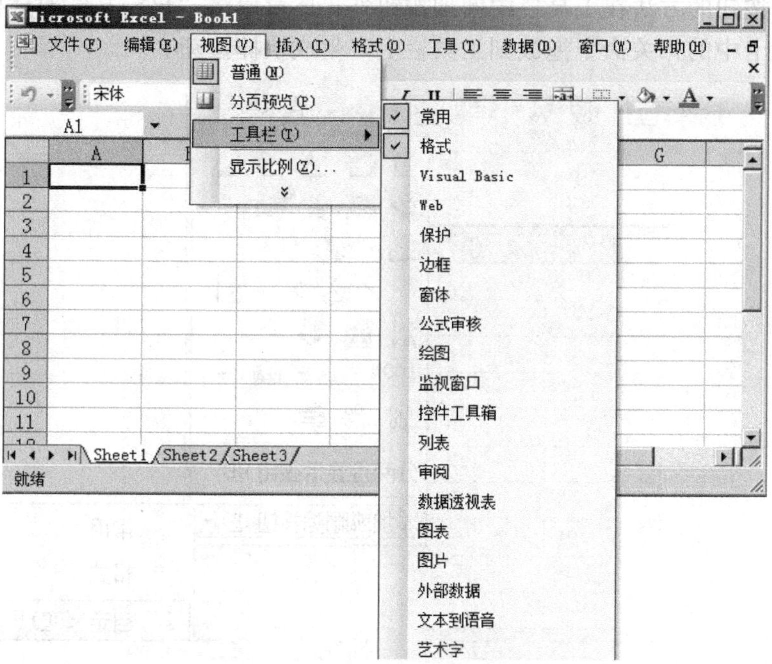

图 1－19　Excel 2003 工具栏列表

在窗口中将工具栏移动到适当位置的方法通常是将鼠标指针指向工具栏的标题栏，然后按下鼠标左键，将工具栏拖动到目标位置后，松开鼠标左键。工具栏的标题栏如果被遮挡，可将鼠标指针指向工具栏最左端的虚竖线，待鼠标指针出现四向箭头时，按下鼠标左键进行拖动。

在工具栏中删除、移动、复制、增加按钮的方法包括：

(1) 按住 Alt 键，选中需要删除、移动或复制的按钮，将该按钮拖离工具栏，并在指针显示为一个带有“×”的工具图标时释放鼠标按键和 Alt 键，这样可在工具栏中删除这一按钮；将该按钮拖动到工具栏或菜单栏中的适当位置后，再释放鼠标按键和 Alt 键，可完成该按钮的移动任务；在拖动的同时按住 Ctrl 键，并在指针显示为一个带有“＋”的工具图标时释放鼠标按键、Ctrl 键和 Alt 键，可为该按钮在工具栏或菜单栏中的适当位置创建一个副本。

(2) 单击“工具”菜单项，选定“自定义”命令打开“自定义”对话框后，选中需要删除、移动或复制的按钮，将该按钮拖离工具栏，并在指针显示为一个带有“×”的工具图标时释放鼠标按键，这样可在工具栏中删除这一按钮；如果将该按钮拖动到工具栏或菜单栏中的适当位置后再释放鼠标左键，可完成该按钮的移动任务；在拖动的同时按住 Ctrl 键，并在指针显示为一个带有“＋”的工具图标时释放鼠标按键，可为该按钮在工具栏或菜单栏中的适当位置创建一个副本。

(3) 单击工具栏右下角向下展开的按钮“▼”，弹开下拉菜单，单击“添加或删除按钮”右下角向下展开的按钮“▼”，打开“自定义”对话框（见图 1－20），选中需要删除、移动或复制的按钮，再按上述方法（2）中的步骤进行相应处理。

（4）为了能快速打开常用的命令，除采用上述三种从其他工具栏中移动或复制按钮的方法在工具栏中增加按钮外，还可以将“自定义”对话框的“命令”选项卡中的相关命令拖放到工具栏上，生成快捷按钮。

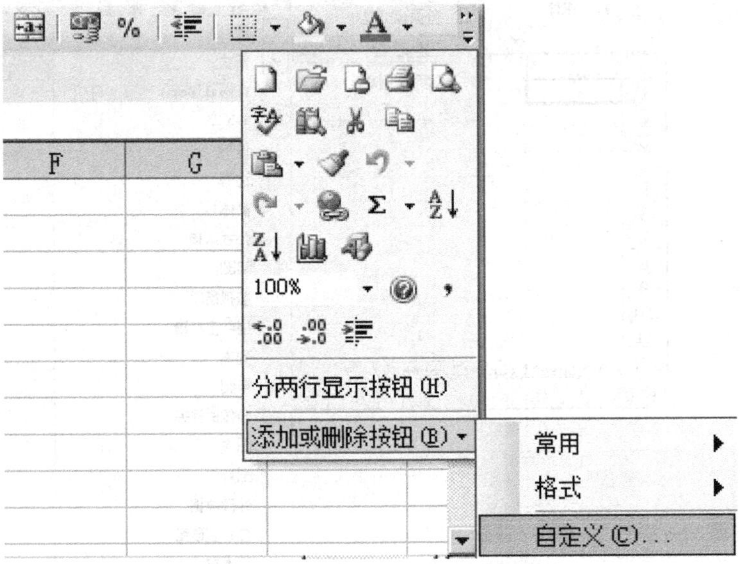

图 1-20 “添加或删除按钮”的“自定义”子菜单

四、编辑区

编辑区默认位于工具栏的下方，由名称框、取消插入按钮、确认插入按钮、插入函数按钮和编辑栏构成（见图 1-21），用来显示当前单元格的名称和当前单元格的内容、取消或确认本次输入的数据或公式。

位于编辑栏最左边的条形区域是名称框，用于显示、定义或更改活动单元格或单元格区域的名称，以及快速定位指定的单元格或单元格区域。

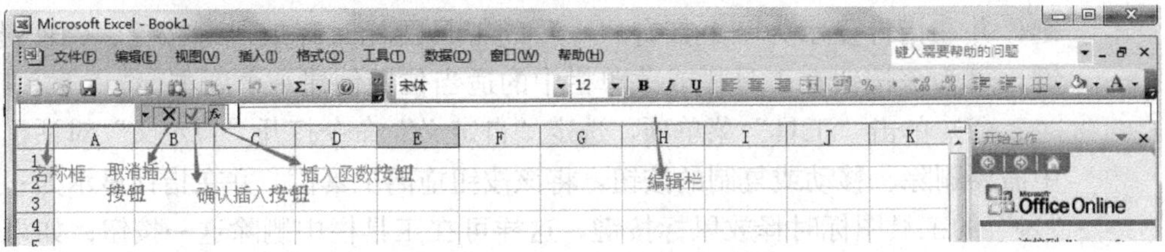

图 1-21 Excel 2003 编辑区

位于编辑区最右边的条形区域是编辑栏，也称编辑框或公式栏，用于显示、输入或编辑活动单元格或图表中的数据和公式。单击单元格进行输入时，其内容在编辑栏中同步显示，也可以单击编辑栏进行输入，对应单元格中的显示是同步的。默认情况下，编辑栏中显示活动单元格的数据和公式，单元格中显示计算结果和格式化后的内容。当然，可以根据实际需要选择直接在单元格或者编辑栏中查看单元格的所有内容。

位于名称框和编辑栏中间的“×”“√”“fx”三个按钮，分别用于取消插入、确认插入和插入函数。

不能在窗口中直接移动编辑区，但其相对位置会随着菜单栏、工具栏的移动而自动上下调整，并且可以通过以下两种方式在显示和隐藏之间进行切换：(1)选中或取消“视图”菜单（或选项卡）的“编辑栏”选项；(2)进入“Excel 选项”对话框，在“显示”区域选中或取消“编辑栏”选项。

五、工作表区

工作表区默认位于编辑区的下方，是 Excel 文件用于存储和处理数据的专门区域，由工作表、工作表标签、标签滚动按钮、滚动条和滚动条按钮、列和列号、行和行号、全选按钮、单元格等要素组成（见图 1－22）。

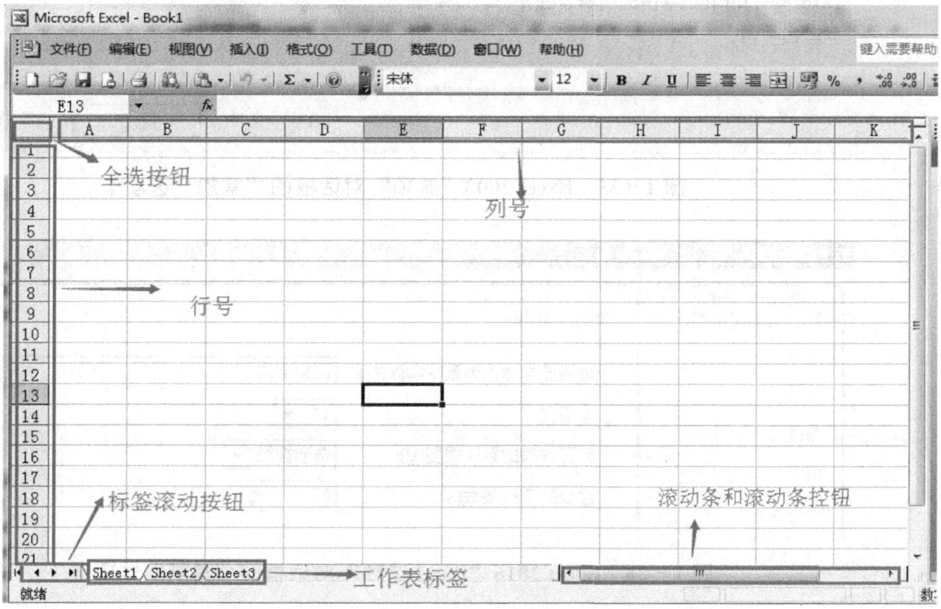

图 1－22　Excel 2003 工作表区

（一）工作表

工作表，亦称电子表格，是窗口中默认由灰色横竖线条交叉组成的表格。一个新工作簿默认由一张或多张工作表构成（如 Excel 2016 默认为 1 张，Excel 2003 默认为 3 张），新工作簿内默认工作表的张数可以自定义。在 Excel 2003 中，选择“工具”菜单的“选项”命令，在“选项”对话框中选定“常规”选项卡，在“新工作簿内的工作表数”右边的选择框中输入目标张数（见图 1-23）；在 Excel 2016 中，可以通过选择“文件”菜单的“选项”命令等方式进入“Excel 选项”对话框，选定“常规”选项卡，在“新建工作簿时”区域的“包含的工作表数”右边的选择框中输入目标张数（见图 1-24）。

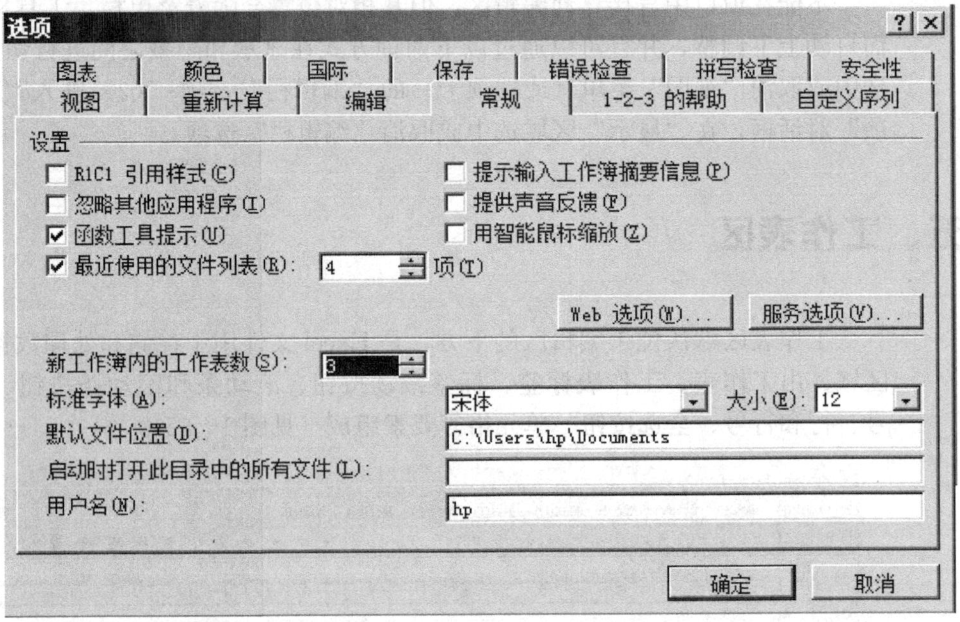

图 1-23 Excel 2003“选项”对话框的“常规”选项卡

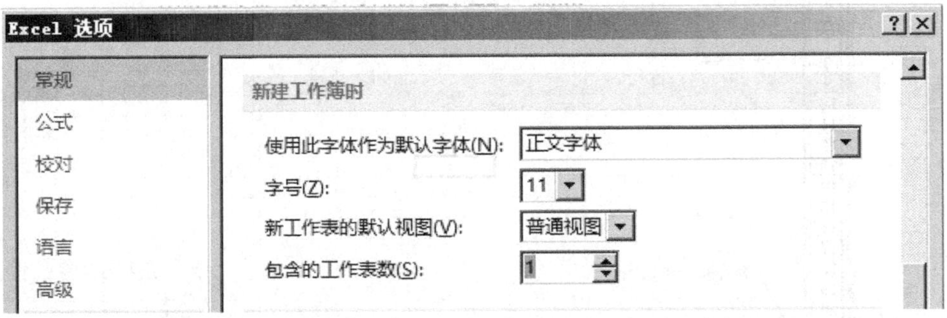

图 1-24 Excel 2016“Excel 选项”对话框的“常规”选项卡

在 Excel 2003 中，在活动工作簿中添加一张新空白工作表的常用方法有：

（1）用鼠标左键单击窗口底部处于目标位置右边的工作表标签，单击“插入”菜单，从中选定“工作表”命令（见图 1-25）。

（2）用鼠标右键单击窗口底部处于目标位置右边的工作表标签，弹出快捷菜单，单击“插入”菜单命令打开“插入”对话框，单击“工作表”图标，单击“确定”按钮后，即可在目标位置新建一张工作表。

这两种方法同样适用于 Excel 2016。在 Excel 2016 中，还可以通过单击“新工作表”按钮（见图 1-26），在活动工作表的右边快速插入一张新的空白工作表。

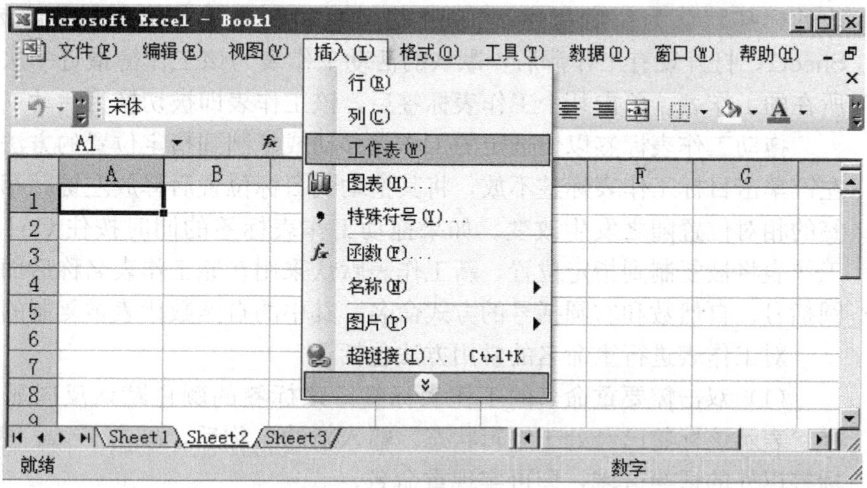

图 1－25　Excel 2003 中插入新工作表

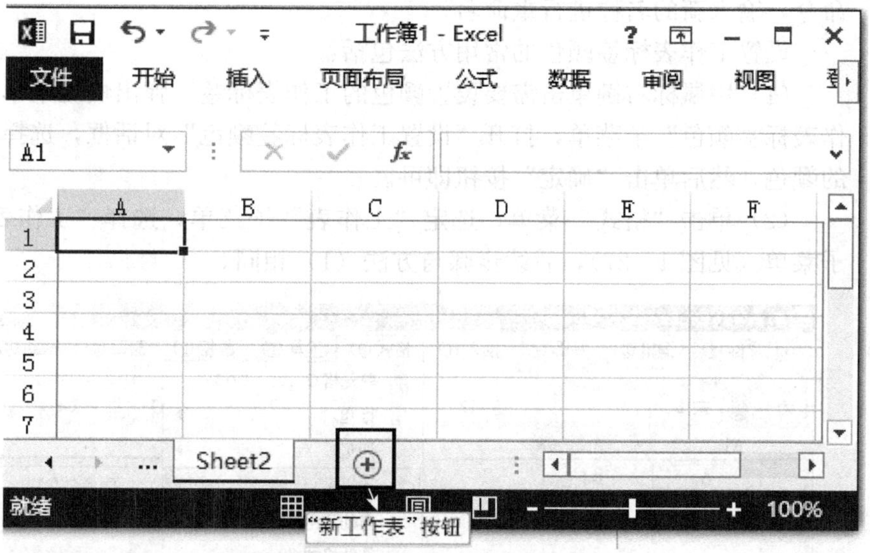

图 1－26　Excel 2016 中插入新工作表

此外，单击快捷菜单中的“删除”菜单，工作表可被删除；单击快捷菜单中的“移动或复制工作表”菜单后，打开“移动或复制工作表”对话框，可将活动工作表移动到指定位置，如果选中“建立副本”前面的方框，工作表将被复制到指定位置。

（二）工作表标签和标签滚动按钮

工作表标签是指位于工作表下方左端的标签显示区（又称标签栏或标签框），用来标示每张工作表名称和对活动工作表进行切换的按钮。Excel 2003 默认在标签显示区显示前三个工作表的名称，从左向右依次为 Sheet1、Sheet2 和 Sheet3。其中，当前正在操作的工作表为活动工作表，其标签默认为白底黑字，其他工作表的标签默认为灰底黑字。Excel启动后，新建工作簿默认的活动工作表为Sheet1；打开现有工作簿后，默认的活动工作表为该工作簿最近一次存储时光标所在的工作表。单击某个工作表标签后，该工作表即被切换为活动工作表。

拖动工作表标签以使选定的工作表移动或复制到指定位置的方法是，用鼠标左键单击目标工作表标签不放，将其拖动到目标位置后释放左键，相关工作表标签的相对位置随之发生改变。如果拖动工作表标签的同时按住Ctrl键，选定的工作表将被复制到指定位置，新工作表默认采用在原工作表名称后面依次加上左圆括号、自然数和右圆括号的方式命名，其中的自然数代表被复制的次数。

对工作表进行重命名的常用方法包括：

(1) 双击需要重命名的工作表标签，该标签的颜色默认反向显示为黑底白字，表示该标签已经处于编辑状态。输入新的名称后，敲击Enter键或者单击该标签以外的适当区域，即可实现重命名。

(2) 用鼠标右键单击目标工作表标签，从弹出的快捷菜单中选定“重命名”命令，输入新的名称进行重命名。

设置工作表标签颜色的常用方法包括：

(1) 用鼠标右键单击需要设置颜色的工作表标签，弹出快捷菜单，选择“工作表标签颜色”子菜单，打开“设置工作表标签颜色”对话框，选择工作表标签的颜色，然后单击“确定”按钮即可。

(2) 单击“格式”菜单，选定“工作表”子菜单，选择“工作表标签颜色”子菜单（见图1-27），后续步骤与方法（1）相同。

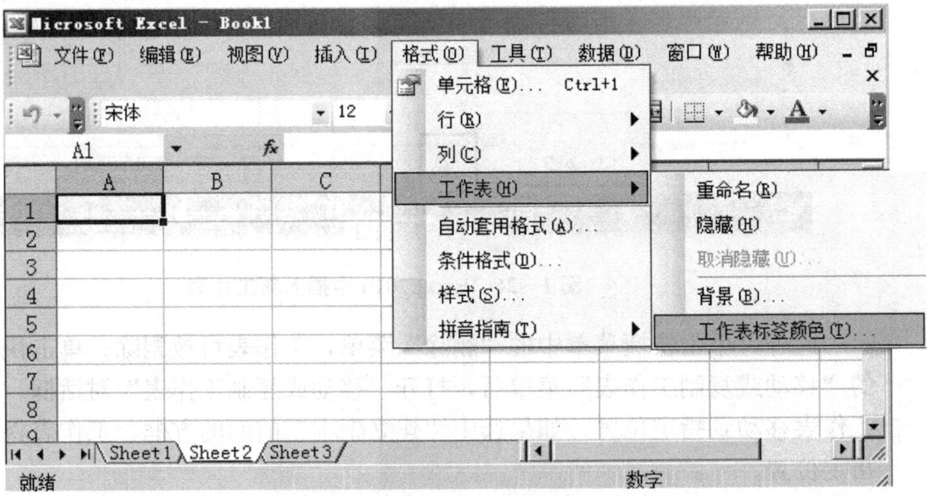

图1-27 设置工作表标签的颜色

如果一个工作簿所包含工作表的张数较多，当前标签显示区则不能显示全部工作表标签，可以通过以下三种方法将被标签显示区遮挡的工作表标签显示在当前标签显示区中：

(1) 通过适当向右移动标签拆分框来增加当前标签显示区的长度。

(2) 单击标签滚动按钮，这种方法适用于不必调整标签显示区的长度或者当前标签显示区已处于最长状态的情形。

（3）右键单击任一标签滚动按钮，从工作表标签列表中选定目标工作表标签。

标签显示区默认处于显示状态，在窗口中的相对位置固定不变，可以通过以下方式在显示和隐藏之间进行切换：选择“工具”菜单的“选项”命令，弹出“选项”对话框，选中“视图”选项卡，在“窗口选项”区域选中或取消“工作表标签”。

（三）滚动条和滚动条按钮

工作表内容在一个屏幕中无法全部显示时，对于当前屏幕未能显示出来的部分，可通过鼠标拖动滚动条或点击滚动条按钮来显示。位于工作表下方右端的滚动条（或滚动条按钮）称为水平滚动条或横向滚动条；位于窗口右边的滚动条称为垂直滚动条或纵向滚动条。

向左拖动水平滚动条或点击、按住水平滚动条左边的按钮，工作表将整体向右水平移动；向右拖动水平滚动条或点击、按住水平滚动条右边的按钮，工作表将整体向左水平移动。

向上拖动垂直滚动条或点击、按住垂直滚动条上端的按钮，工作表将整体向下垂直移动；向下拖动垂直滚动条或点击、按住垂直滚动条下端的按钮，工作表将整体向上垂直移动。

在 Excel 2003 中，水平滚动条按钮最右端的小竖条标记称为“窗口垂直拆分框”，用于快速将窗口拆分成任意大小的左右两部分（见图 1－28）；垂直滚动条按钮最上方的小横块状标记称为“窗口水平拆分框”，用于将窗口快速拆分成任意大小的上下两部分。Excel 2016 删除了“拆分框”控件，只能使用功能区的“拆分”按钮将窗口拆分为窗格（见图 1－29）。

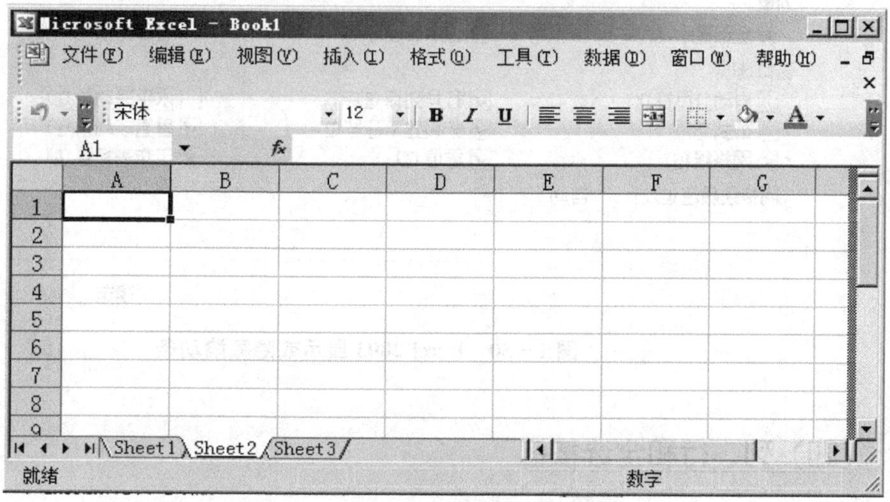

图 1－28　Excel 2003 窗口垂直拆分

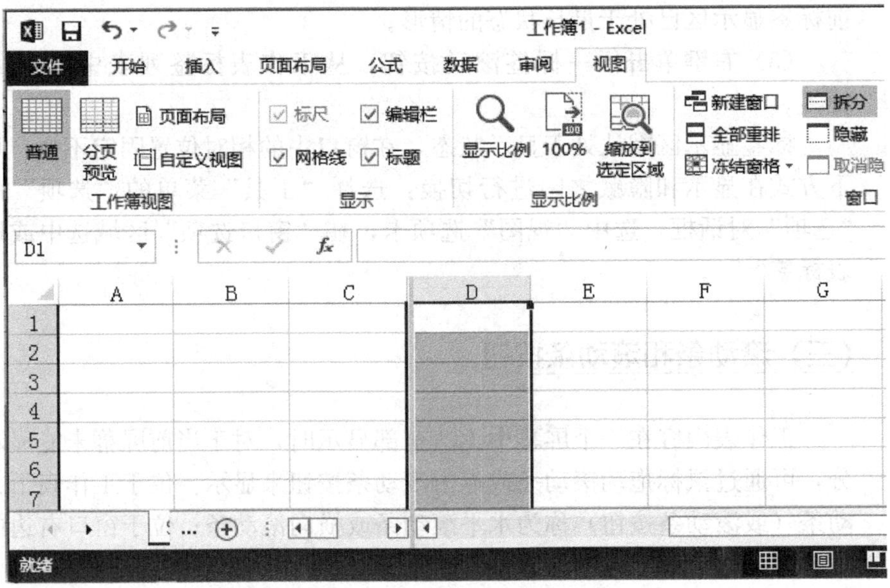

图 1－29　Excel 2016 窗口垂直拆分

滚动条和滚动条按钮默认处于显示状态，在窗口中的相对位置固定不变，可以通过以下方式在显示和隐藏之间进行切换：选择“工具”菜单的“选项”命令，弹出“选项”对话框，选中“视图”选项卡，在“窗口选项”区域选中或取消“水平滚动条”（或“垂直滚动条”）（见图 1－30）。

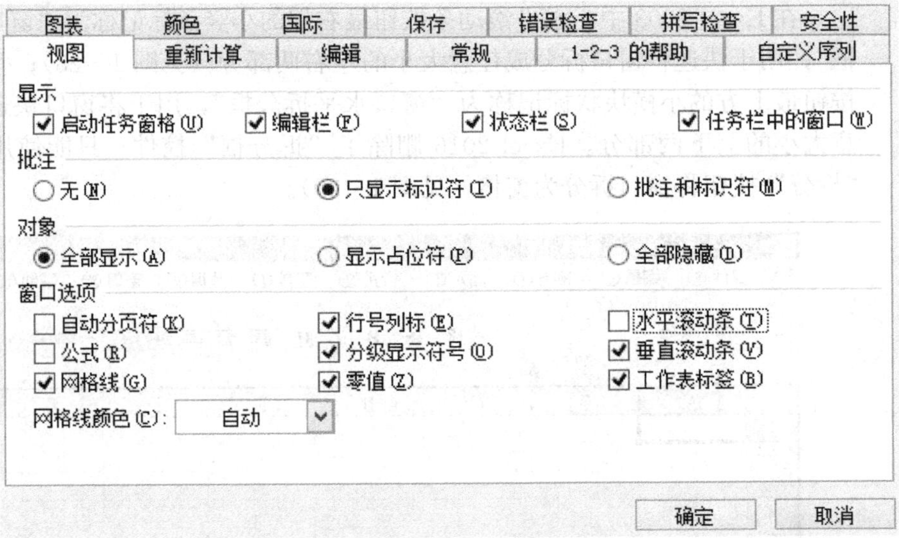

图 1－30　Excel 2003 显示或隐藏滚动条

（四）列、行和全选按钮

在 Excel 2003 及早期版本中，每张工作表包含 256 列、65 536 行；在 Excel

2007 及后期版本中，每张工作表包含 16 384 列、1 048 576 行。各列从左往右依次用字母 A，B，…，IV，…，XFD 表示，其中以 A，B，C，…，Z 字母形式表示第 1～26 列，第 26 列以后分别以 AA，AB，AC，…，AZ，BA，BB，…，IV，…，XFD 表示。这些字母统称为列号（又称列标、列标题、列标签），显示在工作表的上边；各行从上向下依次用数字 1～1 048 576 表示，这些数字统称为行号（又称行标、行标题、行标签），显示在工作表的左边。

行号和列标默认处于显示状态，在窗口中的相对位置固定不变，可以通过以下方式在显示和隐藏之间进行切换：

（1）对于 Excel 2003 及早期版本，选择“工具”菜单的“选项”命令，弹出“选项”对话框，选中“视图”选项卡，在“窗口选项”区域选中或取消“行号列标”复选框，单击“确定”（见图 1－31）。

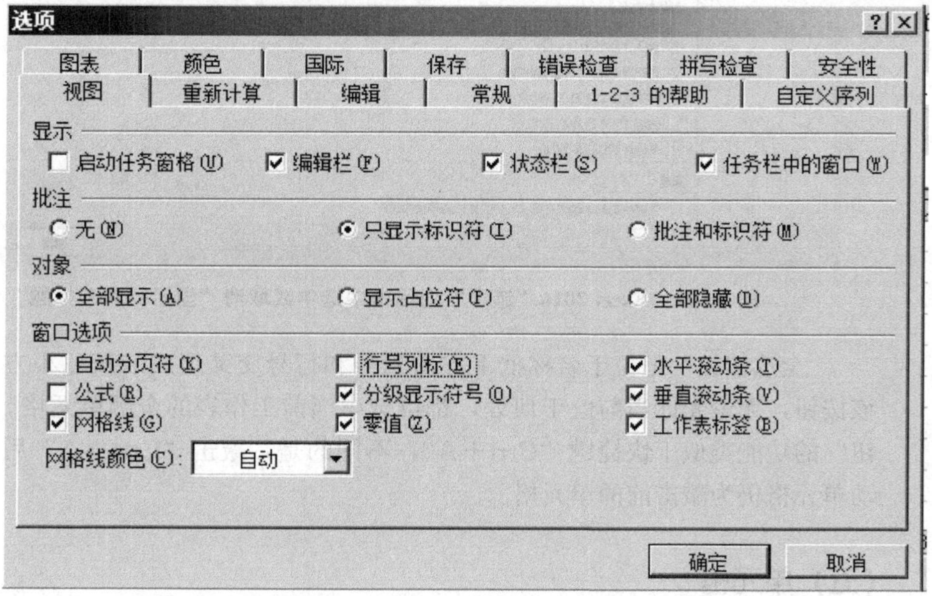

图 1－31　Excel 2003“选项”对话框中选中或取消“行号列标”

（2）对于 Excel 2007 及后期版本，在“文件”标签下选择“选项”，在打开的“Excel 选项”对话框中选择“高级”下面的“此工作表的显示选项”，勾选“显示行和列标题”复选框，单击“确定”（见图 1－32）。

单击列号，即可选中该列号所在的整列，在 Excel 2003 中显示为整列单元格（即活动单元格）默认加上黑色边框，列号改为黑底白字显示，该列除位于当前界面第一行处于编辑状态的单元格（即当前活动单元格）以白底显示外，其他单元格以及所有行号均被自动填充为蓝灰色背景以突出显示，名称框默认显示当前活动单元格所对应的列号和行号；单击行号，即可选中该行号所在的整行，在 Excel 2003 中显示为整行单元格（即活动单元格）默认加上黑色边框，行号改为黑底白字显示，该行除位于当前界面第一列处于编辑状态的单元格以白底显示外，其他单元格以及所有列号均被自动填充为蓝灰色背景以突出显示，名称框默认显示当前活动单元格所对应的列号和行号。

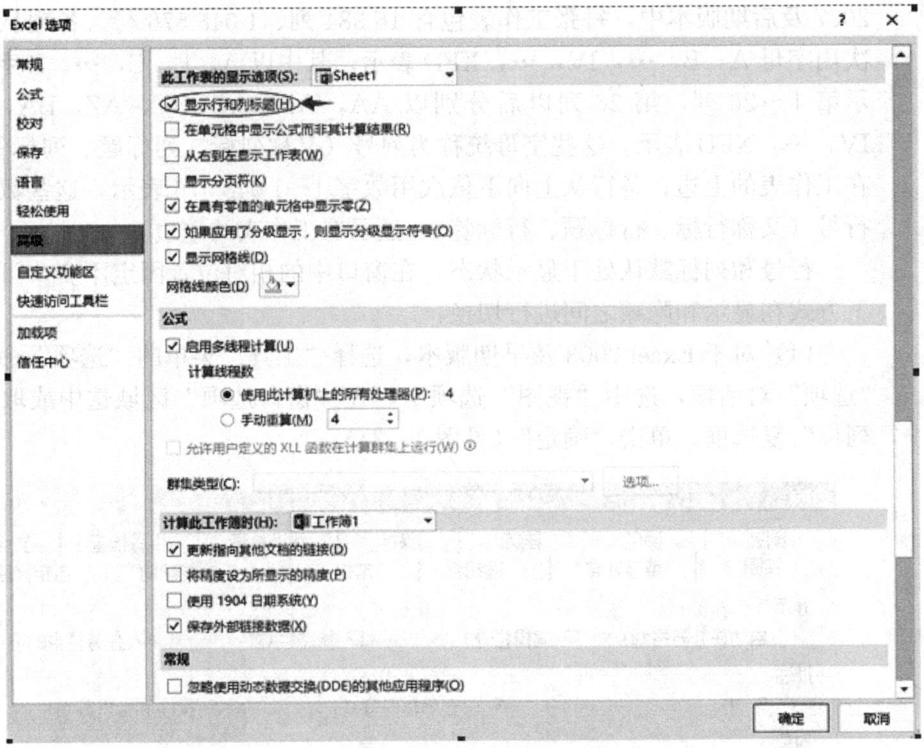

图 1－32 Excel 2016“选项”对话框中选中或取消“显示行和列标题”

“全选按钮”是位于名称框下方由列号和行号交叉组成的灰色小方块。单击该按钮，无论光标当前位于何处，都可选中当前工作表的全部单元格。“全选按钮”的功能类似于快捷键“Ctrl＋A”，不同的是，敲击“Ctrl＋A”后，当前活动单元格仍为敲击前的单元格。

（五）单元格

单元格是工作表中行与列的交叉部分，它是组成表格的最小单位，每个单元格都有固定的地址和名称。单元格默认按其对应列号和行号所确定的位置进行命名，如选中 C 列和第 3 行交叉位置的单元格时，名称框中显示该单元格的名称为 C3（见图 1－33）。单元格的名称可通过以下两种方式自定义：（1）在名称框中直接输入；（2）通过“定义”或“定义名称”子命令设定。其中，在 Excel 2003 及早期版本中，通过“插入”菜单“名称”命令选项中的“定义”子命令设定；在 Excel 2007 及后期版本中，通过“公式”选项卡进入“定义的名称”，然后选择“定义名称”子命令。

单元格区域是指单个的单元格、由多个单元格组成的区域、整行或者整列等。

当前单元格指当前正在使用（如被选中、编辑或修改）的某一单元格。在 Excel 2016 中默认以白色显示，其四边默认添加一个绿色方框，其名称显示在名

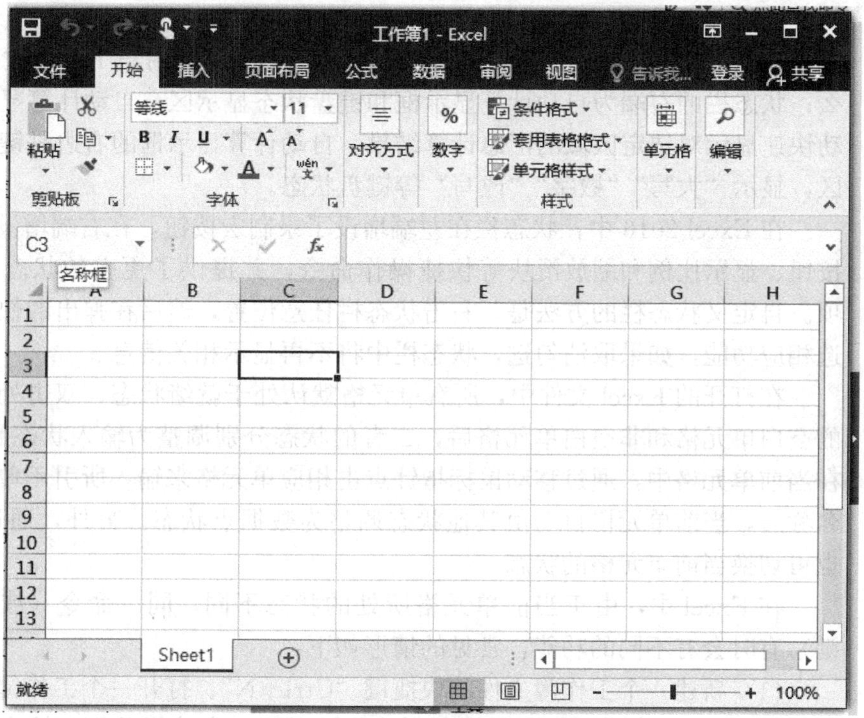

图 1－33 Excel 2016 单元格

称框中，其内容同时显示在该单元格和编辑栏中。Excel 启动后，默认的当前单元格为工作表 Sheet1 中的单元格 A1；打开现有工作簿，默认的当前单元格为该工作簿最近一次存储时光标所在的单元格。

活动单元格指当前被选定的多个单元格，在 Excel 2003 中，其外边默认添加一个黑色方框，列号和行号均被自动填充为蓝灰色背景以突出显示。当前活动单元格指在由同时选定的多个单元格组成的单元格区域中正在使用的某一单元格。

在由多个连续的单元格组成的单元格区域中，所有单元格均为活动单元格，该区域左上方第一个以白色显示的单元格为当前活动单元格；在由多个不连续的单元格组成的单元格区域中，所有单元格均为活动单元格，最后一个被选中的以白色显示的单元格为当前活动单元格。在所有活动单元格中，只有当前活动单元格的名称显示在名称框中，其内容同时显示在该单元格和编辑栏中。活动单元格不一定是当前单元格，而当前单元格和当前活动单元格一定是活动单元格。单个数据的输入和修改（添加删除）都可在当前单元格或者对应的编辑栏中进行。活动单元格、当前单元格和当前活动单元格以外的单元格均称为未被激活的非活动单元格。非活动单元格的外边框默认为淡灰色实线，其对应的列号和行号均无突出显示。

六、状态栏

状态栏默认位于窗口底部，可以显示各种状态信息，如单元格模式、功能键的开关状态等。

在Excel 2003中，状态栏的左端为消息区，提醒用户Excel软件正在做什么；状态栏的右端为自动计算显示框和键盘状态显示区，自动计算显示框可以自动快速显示对选定区域的汇总计算结果，自动计算显示框的右边是键盘状态显示区，显示“大写”“数字”“改写”等键盘状态。

在Excel 2016中，状态栏在左端增设了录制宏按钮，在右端增设了视图切换按钮、显示比例和缩放滑块等快捷操作命令，并提供了更多的状态栏自定义选项。自定义状态栏的方法是，右击状态栏任意位置，然后在弹出的快捷菜单中勾选相应功能，如果取消勾选，状态栏中将不再显示相关信息。

在打开的Excel文件中，所有单元格默认处于就绪状态，双击处于就绪状态的空白单元格和非空白单元格后，二者的状态分别调整为输入状态和编辑状态。在当前单元格中，通过移动鼠标指针点击相应单元格来输入所引用单元格的地址名称后，当前单元格自动由其他状态调整为数据点状态。另外，通过功能键F2也可切换当前单元格的状态。

在Excel中，由于当前单元格所处的状态不同，同一命令（或按钮、键盘键）有时会有不同的功能，常见的情形如下：

（1）新建一个工作簿文件的快捷键“Ctrl+N”、打开一个工作簿文件的快捷键“Ctrl+O”等只有在就绪状态下才能被激活，在编辑状态、输入状态或数据点状态下无效，当前单元格的状态不影响Excel软件的退出。

（2）在就绪状态下，可以通过单击自动求和按钮或弹开其下拉菜单在当前单元格插入相关函数。敲击Delete键或Backspace键能够一次性删除当前单元格里的所有数据，名称框中显示的单元格名称在数据全部删除后保持不变，即该单元格仍为当前单元格。敲击光标键将会改变当前单元格的位置，如敲击向上（或下、左、右）的光标键后，光标离开原选定的单元格，其上（或下、左、右）边的单元格成为当前单元格。

（3）处于就绪状态的当前单元格一旦开始录入内容，只要尚未确认，当前单元格就都将自动调整为输入状态，光标闪烁停留在刚刚输入的最后一个字符的末尾处，等待输入新的内容或用Backspace键逐一删除当前单元格里位于光标前面的字符。此时如果敲击光标键，相关内容立即被确认输入先前的单元格，各单元格均处于就绪状态，当前单元格的位置随之发生变化，已输入内容的单元格不再是当前单元格。

（4）在编辑状态下，自动求和按钮同样无效，但敲击Delete键可以逐一删除光标后面的字符，敲击Backspace键可以逐一删除当前单元格里位于光标前面的字符。向上或向下的光标键无效，但敲击向左或向右的光标键后，光标向左或向右移动一个字符。

状态栏默认处于显示状态，在窗口中的相对位置固定不变，可以通过以下两种方式在显示和隐藏之间进行切换：选中或取消“视图”菜单（选项卡）的“状态栏”选项；在“显示”区域选中或取消“状态栏”选项。

七、任务窗格

在 Excel 2003 中，任务窗格默认位于 Excel 窗口的右边，可移动到窗口的其他适当位置，用于集中放置最常用的功能和快捷方式，具体包括“开始工作”“帮助”“搜索结果”“剪贴画”“信息检索”“剪贴板”“新建工作簿”“模板帮助”“共享工作区”“文档更新”“XML 源”等 11 个任务窗格。

打开和关闭任务窗格的常用方法包括：(1) 按打开或关闭任务窗格的快捷键“Ctrl＋F1”；(2) 选择“视图”菜单的“任务窗格”命令打开任务窗格，单击右上角的“关闭”按钮，即可关闭“任务窗格”。

打开任务窗格后，用户可以根据需要在任务窗格间进行切换。具体方法是：单击任务窗格右上方的向下按钮，弹出“任务窗格”列表，从中选择需要的任务窗格；单击任务窗格左上方第二行的“返回”按钮、“向前”按钮，可以切换到原来执行过的前一个或后一个任务窗格。

在窗口中将任务窗格移动到适当位置的方法通常是将鼠标指针指向任务窗格左上方的虚竖线，待鼠标指针出现四向箭头时，按下鼠标左键进行拖动。

八、功能区

Excel 2007 及后期版本中的功能区可以视作 Excel 2003 及前期版本中菜单栏的升级。功能区是由一系列在功能上具有较强相关性的组和命令组成的区域，各功能区（组）的主要功能由相应的选项卡标签（或组名）予以标识，用户可以根据需要完成操作，并快速找到和调用包含当前所需命令的功能区和组。

Excel 2016 默认的选项卡标签有“开始”“插入”“页面布局”“公式”“数据”“审阅”“视图”，排列在标题栏的下方（见图 1－34）。此外，用户还可以通过“自定义功能区”自定义选项卡，例如勾选“开发工具”加入功能区选项卡。单击任一选项卡标签，其下方将出现一个以平铺方式展开的“带形功能区”，它由若干个功能相关的组和命令组成。

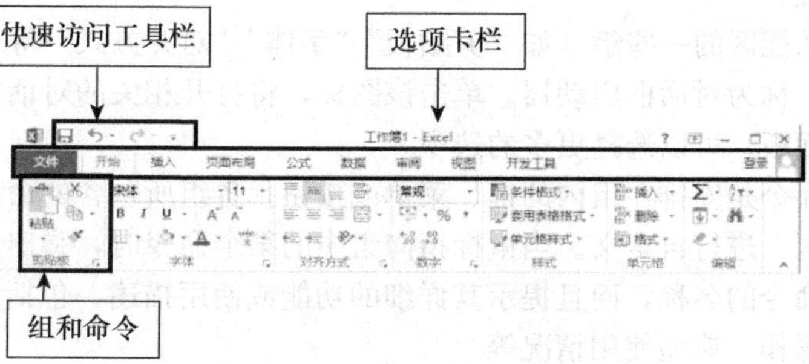

图 1－34　Excel 2016 功能区

功能区的优势主要在于它将通常需要使用菜单、工具栏、任务窗格和其他用户界面组件才能显示的任务或入口点集中在一起，便于用户在同一位置查找和选用功能相关的命令。

(一) 选项卡栏

选项卡栏位于标题栏的下方，默认列示“开始”“插入”“页面布局”“公式”“数据”“审阅”“视图”等选项卡，用户可以通过“自定义功能区”进行自定义。单击其中任一选项卡标签，在其下方将以平铺的方式展开一个由若干个功能相关的组和命令组成的“带形功能区”。

折叠或展开（隐藏或取消隐藏）功能区的方法有：

(1) 点击位于功能区右下角的折叠/展开箭头（或按快捷键“Ctrl+F1”，即先按住Ctrl键，敲击功能键F1之后再释放Ctrl键）。

(2) 在功能区标题栏以外的任意位置点击鼠标右键，在弹出的菜单中选择“折叠功能区”后，将折叠功能区中的命令。折叠后，右击任一选项卡，在弹出的菜单中取消选择“折叠功能区”，即可取消折叠。

(3) 双击任一选中的功能区选项卡标签，如当前“开始”选项卡已被选中，直接双击该选项卡标签，即可隐藏功能区中的命令，再次双击该功能区选项卡将取消隐藏。

(4) 点击标题栏中的“功能区显示选项”按钮，选中相应选项，实现自动隐藏功能区，此时仅显示选项卡和命令。

(二) 组和命令

组是根据不同功能划分而成的位于某个选项卡“带形功能区”内的较小区域，各组均由功能相关的命令组成。如Excel 2016“开始”选项卡默认包括“剪贴板”“字体”“对齐方式”“数字”“样式”“单元格”“编辑”等7个组，对应Excel 2003“编辑”和“格式”菜单中的部分命令。这7组命令组合在一起形成的“开始”功能区主要用于帮助用户对Excel 2016表格进行文字编辑和单元格格式设置。

功能区的一些组（如“剪贴板”“字体”“对齐方式”等）的右下角有一个小图标，称为对话框启动器。单击该图标，将打开相关的对话框或带有一组命令的任务面板，可以选择更多的选项。

命令是安排在组内的框、菜单或按钮。各组所包含的命令可以通过“自定义功能区”进行自定义。当鼠标指向组中的某个命令时，弹出的悬浮窗口中不仅显示该命令的名称，而且提示其详细的功能或使用描述，包括该命令的快捷键、执行的操作、典型使用情况等。

（三）快速访问工具栏

快速访问工具栏默认位于功能区的上方，与标题栏同处一行，左端紧靠 Excel 软件的图标按钮，用于提供一组独立于当前所显示选项卡的命令。快速访问工具栏默认包含“保存”“撤消”“恢复”等快捷按钮。快速访问工具栏的位置和快捷按钮的种类可以自定义。

快速访问工具栏只能位于功能区的上方或下方，如果不希望快速访问工具栏在当前位置显示，可通过“自定义快速访问工具栏”将其移至另一位置（见图 1 - 35）。

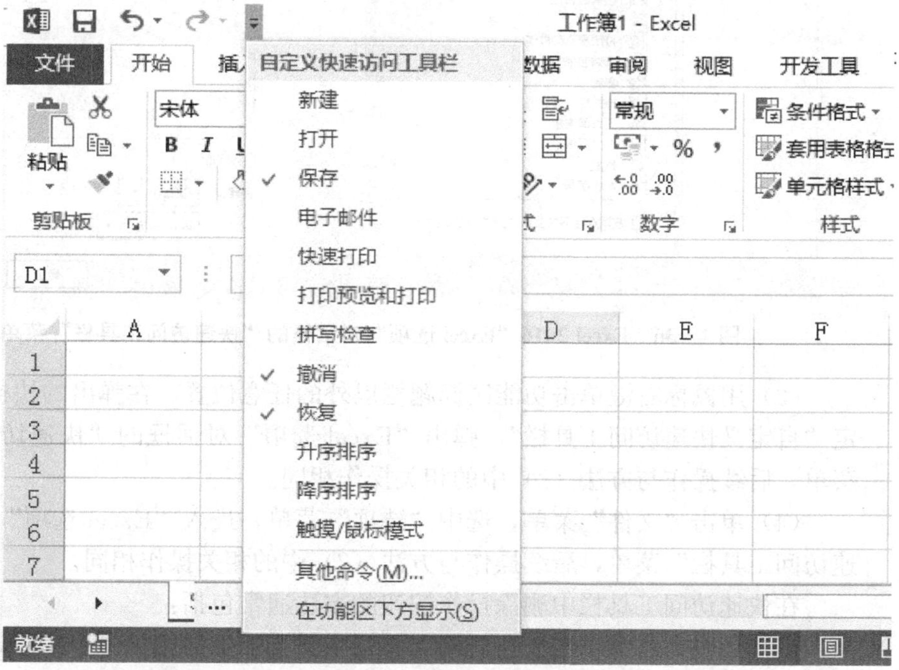

图 1 - 35　Excel 2016 将快速访问工具栏移至功能区下方

在快速访问工具栏中添加操作按钮的方法通常包括：

（1）右击功能区中需要加入快速访问工具栏的命令，从弹出的快捷菜单中选定“添加到快速访问工具栏”命令。

（2）单击快速访问工具栏右侧的下拉菜单箭头，弹出“自定义快速访问工具栏”列表，单击“其他命令”菜单，弹出“Excel 选项”对话框的“快速访问工具栏”菜单，从“自定义快速访问工具栏”对话框左边的“从下列位置选择命令”栏目中选取相关命令，通过点击“添加”按钮将所选命令添加到对话框右边的“自定义快速访问工具栏”栏目中（见图 1 - 36），点击“自定义快速访问工具栏”栏目最右边的“上移”或“下移”按钮将其移至适当位置，点击“确定”按钮退出。

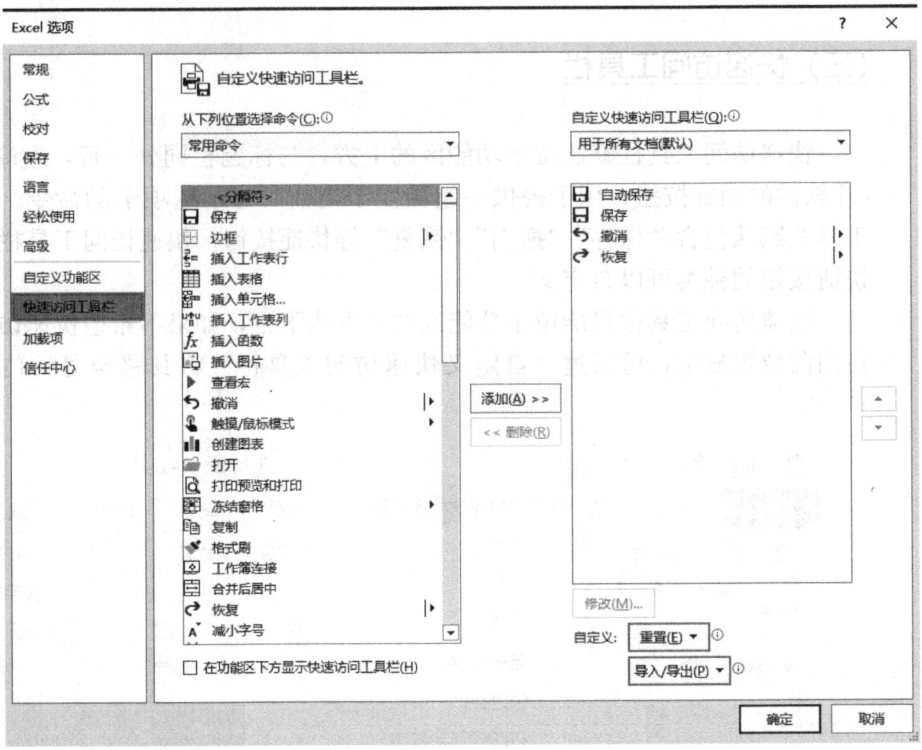

图 1-36　Excel 2016“Excel 选项”对话框的“快速访问工具栏”菜单

（3）用鼠标右键单击功能区标题栏以外的任意位置，在弹出的快捷菜单中选定“自定义快速访问工具栏”，弹出“Excel 选项”对话框的“快速访问工具栏”菜单，后续操作与方法（2）中的相关操作相同。

（4）单击“文件”菜单，选中“选项”菜单，进入“Excel 选项”，单击“快速访问工具栏”菜单，后续操作与方法（2）中的相关操作相同。

在快速访问工具栏中删除操作按钮的方法通常包括：

（1）用鼠标右键单击快速访问工具栏中需要删除的相关命令按钮，从弹出的快捷菜单中选中“从快速访问工具栏删除”命令。

（2）单击快速访问工具栏右侧的下拉菜单箭头，弹出“自定义快速访问工具栏”列表，单击“其他命令”菜单，弹出“Excel 选项”对话框中的“快速访问工具栏”菜单，从“自定义快速访问工具栏”对话框右边的“自定义快速访问工具栏”栏目中选取待删除的相关命令，点击“删除”按钮，再点击“确定”按钮退出。

（3）用鼠标右键单击功能区标题栏以外的任意位置，在弹出的快捷菜单中选定“自定义快速访问工具栏”，弹出“Excel 选项”对话框的“快速访问工具栏”菜单，后续操作与方法（2）中的相关操作相同。

（4）单击“文件”菜单，选中“选项”菜单，进入“Excel 选项”，单击“快速访问工具栏”菜单，后续操作与方法（2）中的相关操作相同。

基础 3 Excel 的文件管理

Excel 的文件管理主要包括新建、保存、关闭、打开、保密、备份、修改与删除等工作。

一、Excel 文件的新建与保存

（一）Excel 文件的新建

通过点击“开始”菜单中列示的 Excel 快捷命令、桌面或任务栏中 Excel 的快捷方式图标，或者利用“运行”对话框等工具启动 Excel 软件，系统将自动建立一个新的空白工作簿，或者提供一系列模板以供选择。选定其中的空白工作簿模板后，新的空白工作簿窗口将呈现在屏幕上，并在标题栏中显示默认的文件名。

若以打开现成 Excel 文件方式启动 Excel 软件，可通过以下方法建立一个新的空白工作簿：（1）按快捷键“Ctrl＋N”；（2）打开“文件”菜单，点击“新建”菜单命令，选定其中的空白工作簿模板；（3）点击工具栏中的“新建”按钮（Excel 2003 中为常用工具栏，Excel 2016 中为快速访问工具栏）。

（二）Excel 文件的保存

为了继续使用新建的 Excel 文件，应当以合适的名称和类型将 Excel 文件保存在适当的位置。Excel 文件在编辑修改完毕时或退出 Excel 软件前，均应进行保存。保存 Excel 文件的常用方法包括：

（1）通过敲击功能键 F12 进行保存。具体步骤为：敲击功能键 F12，打开“另存为”对话框（见图 1－37）；为目标文件命名；确定目标文件的类型；确定适当的存储位置。

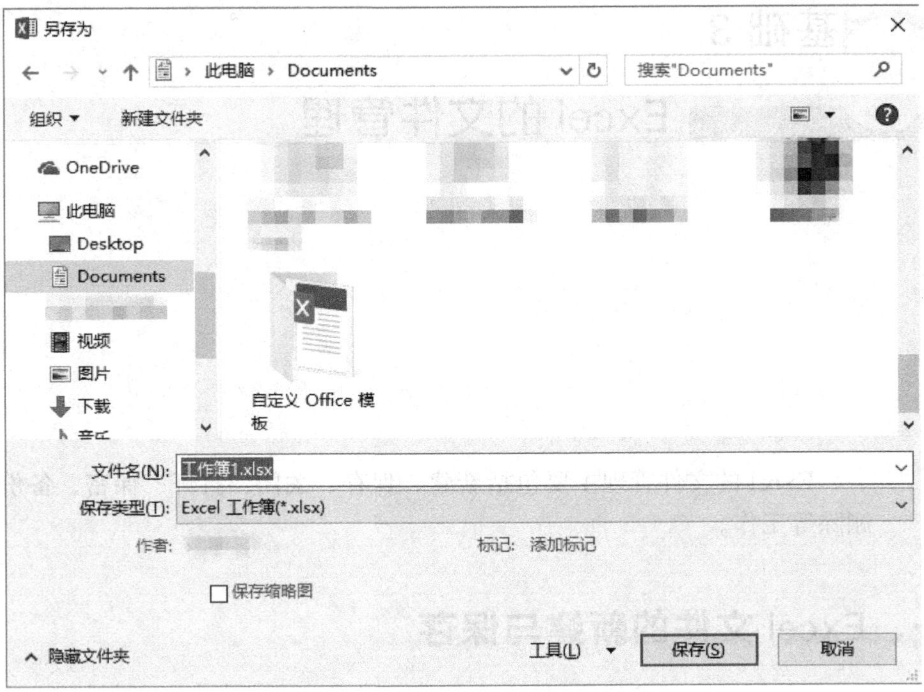

图 1-37　Excel 2016“另存为”对话框

（2）通过按快捷键“Ctrl＋S”进行保存。对于新建的 Excel 文件，由于此前尚未保存，按快捷键“Ctrl＋S”后，“另存为”对话框随之打开，采用与方法（1）中的相关步骤相同的方法操作；对于之前已经保存的文件，按击快捷键“Ctrl＋S”后，将直接保存最近一次的修改，不再弹出“另存为”对话框。

（3）通过单击常用工具栏（适用于 Excel 2003）或快速访问工具栏（适用于 Excel 2016）中的“保存”或“另存为”按钮进行保存。

（4）通过“文件”菜单（或 Excel 2003 的“工具栏”菜单）中的“保存”或“另存为”命令进行保存。

为了避免 Excel 软件由于意外中止而丢失大量尚未保存的信息，系统通常会默认保存自动恢复信息的时间间隔，这一时间间隔可以自定义。

二、Excel 文件的关闭与打开

（一）Excel 文件的关闭

退出 Excel 软件前必须关闭打开的文件，可采用以下方法关闭处于打开状态的 Excel 文件：

（1）点击“工具栏”中的“关闭”按钮或命令。在 Excel 2003 中，可通过点击常用工具栏中的“关闭”按钮或“工具栏”菜单中的“关闭”命令来关闭当前打开的文件。在 Excel 2016 中，由于没有“工具栏”菜单，可点击快速访问工具栏中的“关闭”按钮。

（2）点击“文件”菜单中的“关闭”命令，即可关闭当前打开的文件。

（3）按快捷键“Ctrl＋F4”，可关闭当前打开的文件。

通过上述三种方法关闭的均是当前文件，其他处于打开状态的 Excel 文件仍处于打开状态，Excel 软件也仍在运行。

（二）Excel 文件的打开

打开 Excel 文件的方法主要有：

（1）通过直接点击 Excel 文件打开。

（2）通过快捷菜单中的“打开”命令打开。

（3）通过 Excel“文件”菜单中的“打开”命令打开。

（4）通过常用工具栏（适用于 Excel 2003）或快速访问工具栏（适用于 Excel 2016）中的“打开”按钮打开。

（5）通过按快捷键“Ctrl＋O”[①] 打开。

三、Excel 文件的保密与备份

（一）Excel 文件的保密

在 Excel 2003 中，给 Excel 文件加密的步骤为：（1）打开“另存为”对话框；（2）在“另存为”对话框中点击“工具”下拉菜单中的“保存选项”；（3）在打开的“保存选项”对话框中（见图 1－38），根据需要输入 Excel 文件的打开权限密码或修改权限密码，也可以勾选“建议只读”，点击“确定”；（4）保存 Excel 文件。

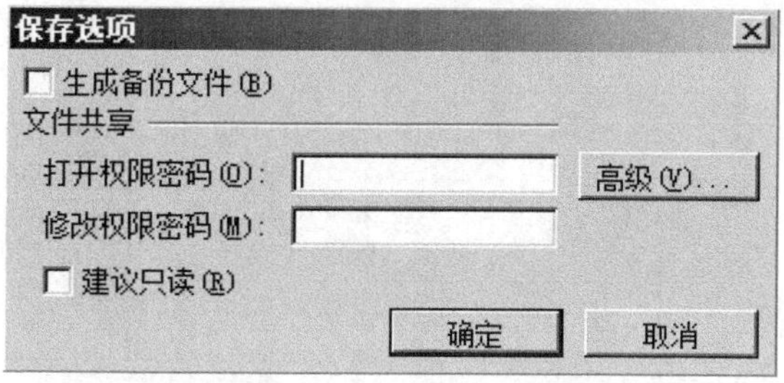

图 1－38　“保存选项”对话框

对于设置了打开权限密码的 Excel 文件，只有输入正确的密码才能打开。对于设置了修改权限密码的 Excel 文件，只有输入正确的密码才能修改，否则只能

① 注意，这是键入字母“O”的按键，而不是键入数字“0”的按键。

以只读方式打开。

(二) Excel 文件的备份

在 Excel 2003 中，给 Excel 文件备份的步骤为：(1) 打开“另存为”对话框；(2) 在“另存为”对话框中点击“工具”下拉菜单中的“保存选项”；(3) 在打开的“保存选项”对话框中，勾选“生成备份文件”选项，点击“确定”；(4) 保存 Excel 文件。

Excel 软件根据原文件自动创建的备份文件的名称为原文件名加上“的备份”字样，其图标与原文件不同。

四、Excel 文件的修改与删除

(一) Excel 文件的修改

Excel 文件的修改通常在已打开的 Excel 文件中进行，包括修改单元格内容、增删单元格和行列、调整单元格和行列的顺序、增删工作表和调整工作表的顺序等。

(二) Excel 文件的删除

Excel 文件的删除方法包括：

(1) 选中要删除的 Excel 文件，按 Delete 键进行删除。

(2) 用鼠标右键点击要删除的 Excel 文件，选择“删除”命令。

基础4 数据的输入与保护

一、数据的手工录入

在 Excel 中，数据的输入和修改都在当前单元格或者对应的编辑栏中进行。打开 Excel 文件后，所有单元格均默认处于就绪状态，等待数据的输入。

（一）在单个单元格中录入数据

在单个单元格中录入数据的具体步骤为：（1）选定目标单元格；（2）通过键盘从左向右依次录入所需的数字或文本；（3）采用适当方法确认录入的内容。

（二）在单张工作表的多个单元格中快速录入完全相同的数据

在单张工作表的多个单元格中快速录入完全相同的数据的具体步骤为：（1）选定单元格区域；（2）在当前活动单元格或者对应的编辑栏中，通过键盘从左向右依次录入所需的数字或文本；（3）通过组合键“Ctrl+Enter”确认录入的内容。

（三）在单张工作表的多个单元格中快速录入部分相同的数据

快速输入大量因系统性编码而部分重复的数据的具体步骤为：

（1）选中需要录入数据的单元格区域。

（2）按“Ctrl+1”键或通过其他方式打开“设置单元格格式”对话框（见图1-39）。

（3）选择“分类”列表中的“自定义”，在“类型”编辑框中输入“重复的数据@”，点击“确定”后完成设置。

图 1-39 Excel 2016“设置单元格格式”对话框

设置完成后，在相应的单元格中输入数据时，只需要输入不重复的数字部分，系统就会在输入的数字前自动加上重复的部分。

(四) 在工作组的一个单元格或多个单元格中快速录入相同的数据

在工作组中录入相同数据的具体步骤为：

(1) 将工作簿中的多张工作表组合成工作组。具体方法是，单击某个工作表标签后，按住 Shift 键不放，再单击另外一个工作表标签，这两个工作表标签之间的所有工作表均可被选中；如果按住 Ctrl 键不放，则可选中多个非连续的工作表。被选中的工作表共同组成工作组，工作簿标题栏中的文件名后面随之出现“[工作组]”字样。对于工作表较多的工作簿，通过快捷菜单“选定全部工作表”命令选定全部工作表来构成包含全部工作表的工作组较便捷。如果部分工作表不需列入工作组，可以在成组状态下按住 Ctrl 键来点选不需要的工作表。

(2) 在当前工作表中选定目标单元格，按照在单个单元格中录入数据的方法录入相关数据；在当前工作表中选定一个单元格区域或者不连续区域，按照在单张工作表的多个单元格中录入相同数据的方法录入相关数据。

(3) 完成数据录入后，可采用以下方法取消该工作组：单击所在工作簿中其他未选中的工作表标签（即组外工作表标签），如果该工作组包含工作簿中的所有工作表，则只需单击活动工作表以外的任意一个工作表标签；指向该工作簿任意一个工作表标签，单击右键，从弹出的快捷菜单中选定“取消组合工作表”（见图 1－40）。

（4）检查数据录入情况。

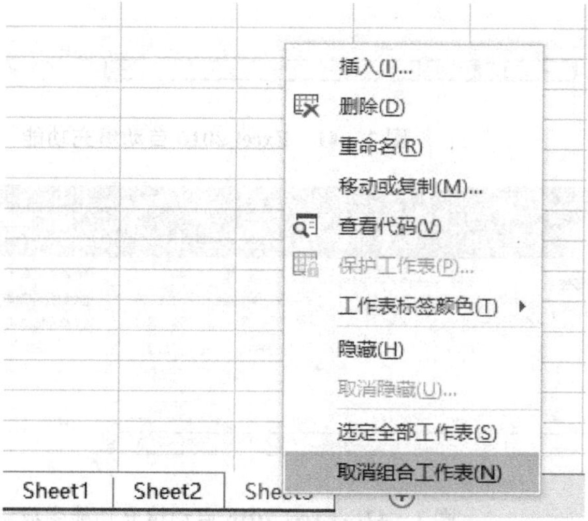

图 1－40　Excel 2016 取消组合工作表

二、数据的快速填充

（一）填充相同数据

需要复制某单元格的内容到其他单元格中时，通常可点击该单元格右下角的填充柄，待鼠标箭头变为黑十字形时，按住鼠标左键向上、下、左、右的任一方向拖动，然后松开鼠标左键，该单元格的内容即被填充到相邻单元格中。

（二）填充序列

序列指按照某种规律排列的一列数据，如等差数列、等比数列等。使用填充柄可自动根据已填入的数据填充序列的其他数据。填充序列的操作步骤如下：

（1）在需要输入序列的第一个单元格中输入序列的第一个数或文本内容，紧接着在第二个单元格中输入序列的第二个数或文本内容。

（2）选中上述两个单元格，点击第二个单元格右下角的填充柄，按住鼠标左键拖动，在适当的位置释放鼠标，拖过的单元格将会自动进行填充。

以填充等差数列为例（见图 1－41），在单元格 B1 中输入“1”，在单元格 C1 中输入“2”，然后利用 Excel 自动填充功能，在单元格 D1：G1 中自动生成数字 3～6，如图 1－42 所示。

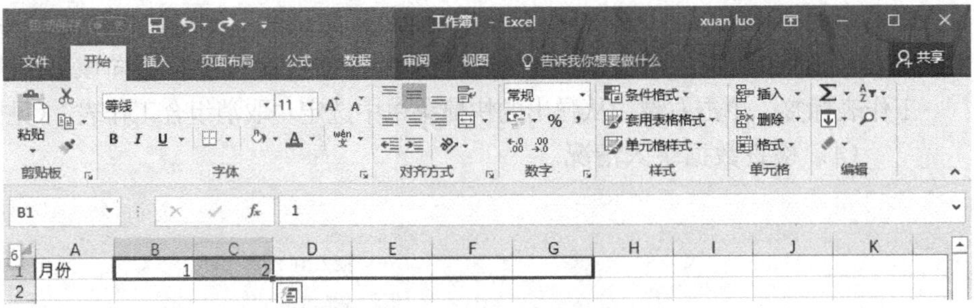

图 1－41 Excel 2016 自动填充功能

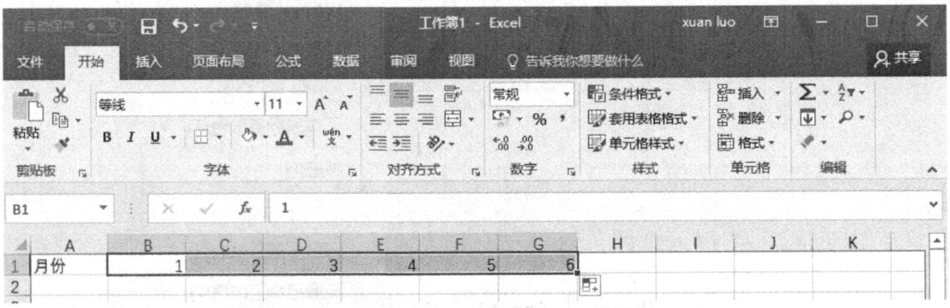

图 1－42 Excel 2016 自动填充功能生成结果

(三) 填充序列类型的指定

利用自动填充功能填充序列后，可以指定序列类型，如填充日期值时，可以指定按年填充、按月填充或者按日填充等。

拖动填充柄并释放鼠标时，鼠标箭头附近出现“自动填充选项”按钮，单击该按钮打开下拉菜单以选择填充序列的类型。

在单元格 B1 中输入“2013－1－1”，在单元格 C1 中输入“2013－1－2”，然后拖动填充柄至 E1，并释放鼠标，单击“自动填充选项”按钮，在出现的下拉菜单中选择“以天数填充”，得到结果如图 1－43 所示。

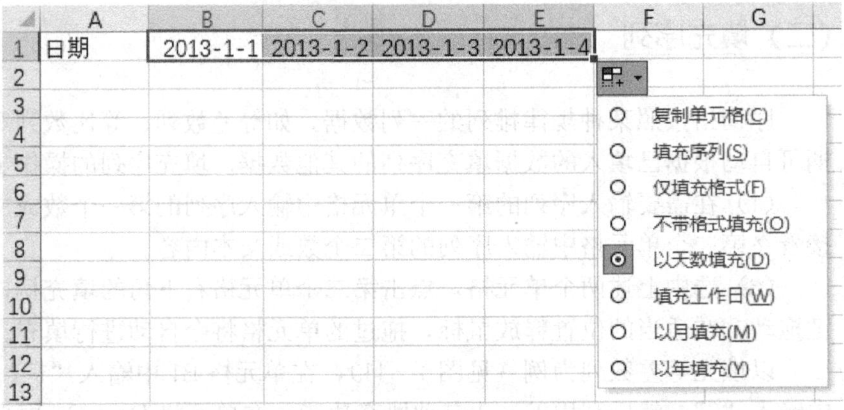

图 1－43 Excel 2016 自动填充选项

三、导入其他数据库的数据

Excel 可以获取 SQL Server、Access 等数据库的数据，实现与小型数据库管理系统的交互。

四、数据的复制和剪切

（一）数据的复制和粘贴

在 Excel 中，复制和粘贴数据的程序是：（1）选中含有复制内容的对象；（2）复制原单元格的内容；（3）选中需要粘贴的目标位置；（4）粘贴复制的内容。此外，还可以使用“选择性粘贴”命令有选择地粘贴剪贴板中的数值、格式、公式、批注等内容。在打开的快捷菜单中选择“选择性粘贴”命令，打开“选择性粘贴”对话框（见图 1－44），在“粘贴”区域选中需要粘贴选项的单选框（例如“数值”单选框），并单击“确定”按钮。

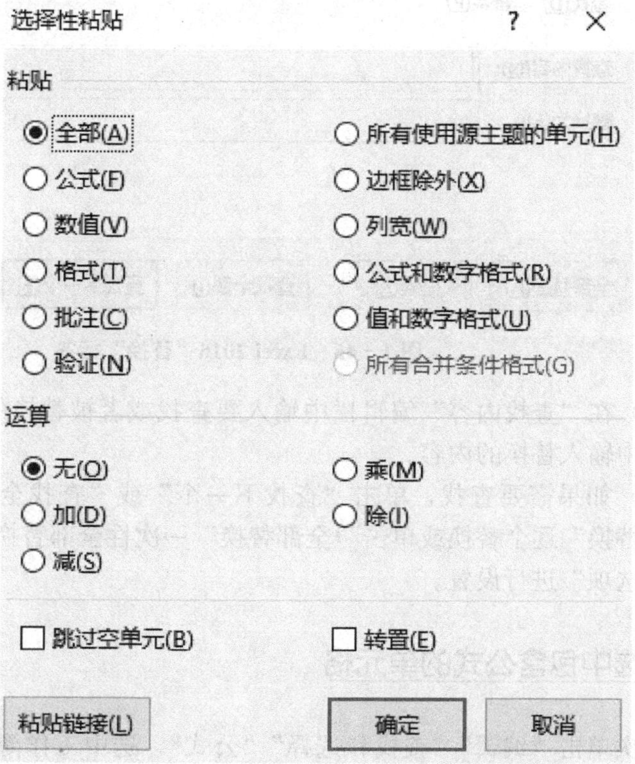

图 1－44　Excel 2016“选择性粘贴”对话框

(二) 数据的剪切和粘贴

数据的剪切与复制不同。复制数据后，原单元格中的数据仍然存在，目标单元格中同时增加原单元格中的数据；剪切数据后，原单元格中的数据不复存在，只在目标单元格中增加原单元格中的数据。

五、数据的查找和替换

(一) 查找和替换特定数据

查找和替换特定数据的常用方法如下：

(1) 依次单击“编辑”“查找和选择”“替换”，打开“查找和替换”对话框，或者按快捷键“Ctrl＋H”，弹出“替换”标签（见图 1－45），如果按快捷键“Ctrl＋F”，则弹出“查找”标签。

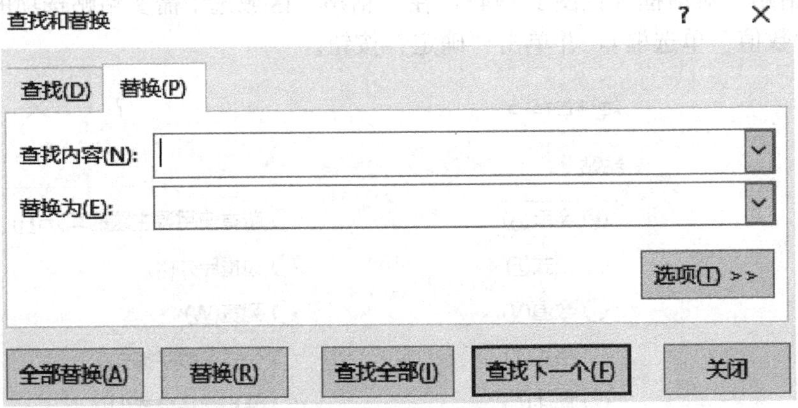

图 1－45 Excel 2016“替换”标签

(2) 在“查找内容”编辑栏中输入要查找或者被替换的内容，在“替换为”编辑栏中输入替换的内容。

(3) 如果需要查找，单击“查找下一个”或“查找全部”；如果需要替换，单击“替换”逐个替换或单击“全部替换”一次性全部替换。查找和替换方式可通过“选项”进行设置。

(二) 选中包含公式的单元格

依次单击“编辑”“查找和选择”“公式”，选中工作簿中所有包含公式的单元格。

(三) 替换格式

替换格式的操作步骤为：

(1) 按“Ctrl+H”键（或依次单击“编辑”“查找和选择”“替换”），打开“查找和替换”对话框。

(2) 在“查找内容”中输入要查找或者被替换的内容，在“替换为”编辑栏中输入替换内容，如图 1-46 所示。

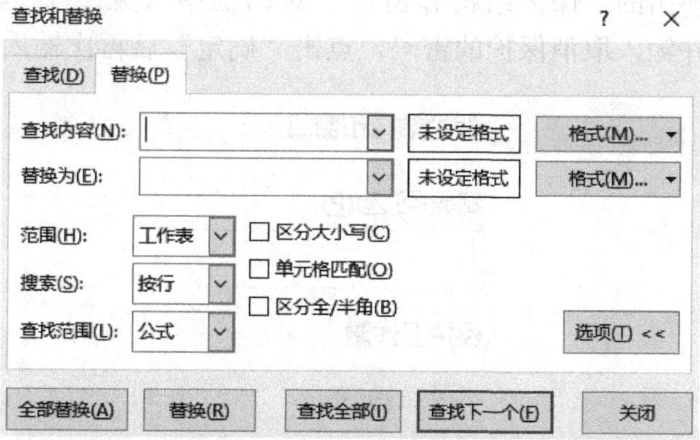

图 1-46 Excel 2016“查找和替换”对话框

(3) 单击“替换为”后的“格式”，打开“替换格式”对话框（见图 1-47）。进行相应格式设置后，单击“确定”回到“查找和替换”对话框，单击“全部替换”，即可完成对内容和格式的批量替换。

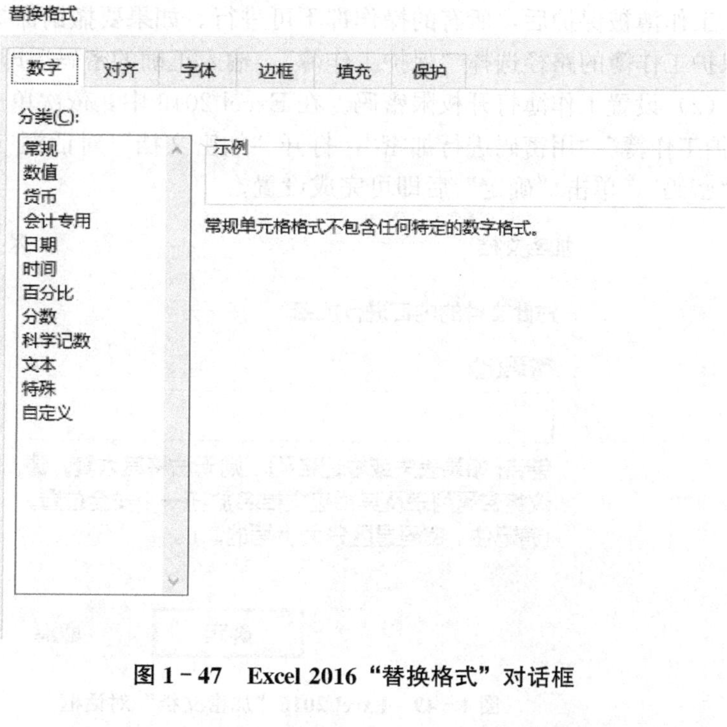

图 1-47 Excel 2016“替换格式”对话框

六、数据的保护

(一) 保护工作簿

Excel可以为重要的工作簿设置保护，限制对工作簿的相应操作。

(1) 限制编辑权限。在Excel 2016中，依次单击“审阅”“保护”“保护工作簿”，在弹出的“保护结构和窗口”对话框中（见图1-48），勾选“结构”和“窗口”并输入取消保护的密码，点击“确定”后再次输入密码即可完成设置。

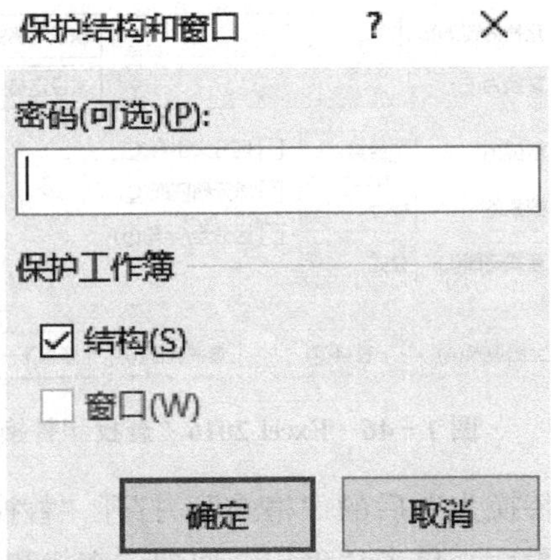

图1-48 Excel 2016“保护结构和窗口”对话框

工作簿被保护后，所有的操作都不可进行。如果要撤销保护工作簿，需按设置保护工作簿的路径选择“保护工作簿”，输入正确的密码后即可撤销保护。

(2) 设置工作簿打开权限密码。在Excel 2016中，依次单击“文件”“信息”“保护工作簿”“用密码进行加密”，打开“加密文档”对话框（见图1-49），设置“密码”，单击“确定”后即可完成设置。

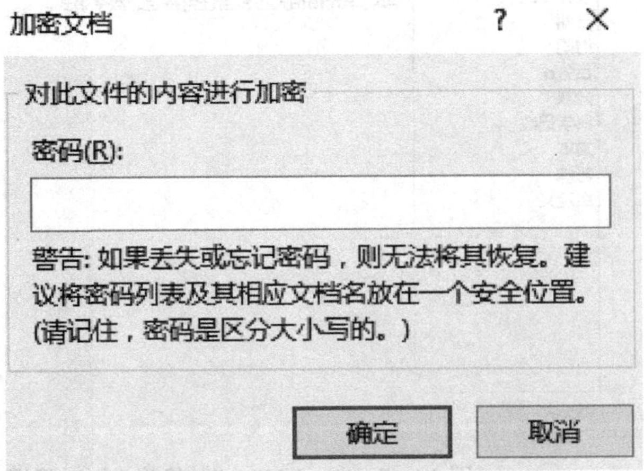

图1-49 Excel 2016“加密文档”对话框

设置完成后，当再次打开工作簿时，需要输入正确的密码。

(二) 保护工作表

在 Excel 2016 中，可以对工作表进行编辑权限设定，限制他人对工作表的编辑权限，如插入行、插入列等。取消权限保护需输入正确的密码。

依次选定“审阅”“保护”“保护工作表”，弹出“保护工作表”对话框（见图 1-50），设置需要限制的编辑权限和取消保护的密码，单击“确定”后即可完成设置。

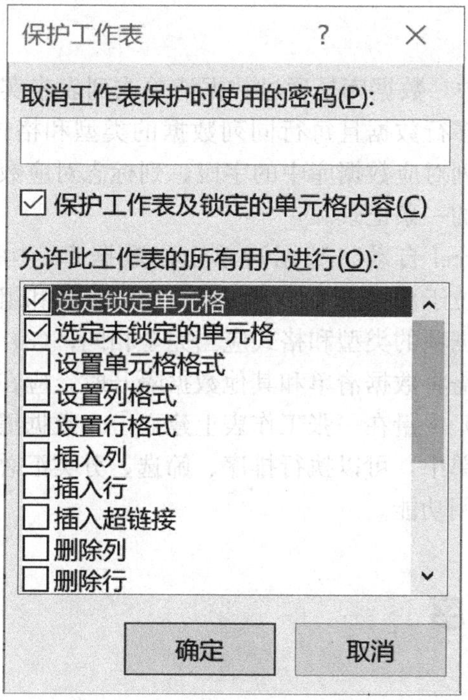

图 1-50 Excel 2016“保护工作表”对话框

如果要撤销保护工作表，需按设置保护工作簿的路径选择“保护工作表”，正确输入取消工作表保护时使用的密码后，可撤销保护。

(三) 锁定单元格

锁定单元格可以使单元格的内容不被修改，使用“锁定单元格”功能必须启用保护工作表功能。锁定单元格的操作步骤是：(1) 选中“设置单元格格式”→“保护”→“锁定”前钩去掉→“确定”；(2) 选中要锁定的单元格，重新选中“锁定”前钩；(3)“开始”→“格式”→“保护工作表”→“确定”。

基础 5 数据库的构建与运用

在 Excel 中，数据库是通过数据清单或列表来实现的。数据清单是一种包含一行列标题和多行数据且每行同列数据的类型和格式完全相同的 Excel 工作表。数据清单中的列对应数据库中的字段，列标志对应数据库中的字段名称，每一行对应数据库中的一条记录。

为了使 Excel 自动将数据清单当作数据库，构建数据清单的要求主要有：(1) 列标志应位于数据清单的第一行，用以查找和组织数据、创建报告；(2) 同一列中各行数据项的类型和格式应当完全相同；(3) 避免在数据清单中间放置空白的行或列，需将数据清单和其他数据隔开时，应在它们之间至少留出一个空白的行或列；(4) 尽量在一张工作表上建立一个数据清单。

在数据清单中，可以执行排序、筛选、分类汇总、插入图表和数据透视表等数据分析和运用功能。

一、数据的排序

数据的排序指在数据清单中，针对某些列的数据，通过“数据”菜单或功能区中的排序命令重新组织行的顺序，有快速排序和自定义排序两种方式。

(一) 快速排序

使用快速排序的操作步骤为：

(1) 在数据清单中选定需要排序的各行记录。

(2) 执行工具栏或功能区中的排序命令。在 Excel 2003 中，单击工具栏中的“升序排序”或“降序排序”按钮 (见图 1-51)；在 Excel 2016 中，单击“数据”功能区选项卡，再单击“排序和筛选”功能组中的“升序排序”或“降序排序”命令按钮 (见图 1-52)。

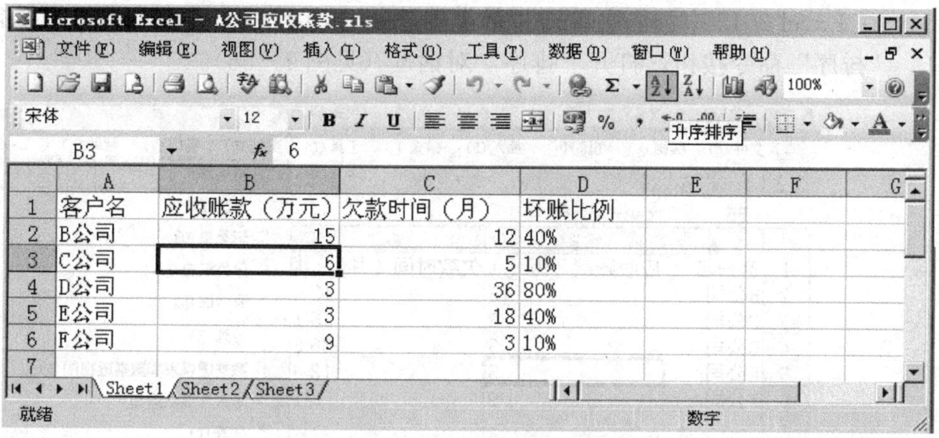

图 1-51 Excel 2003 快速排序

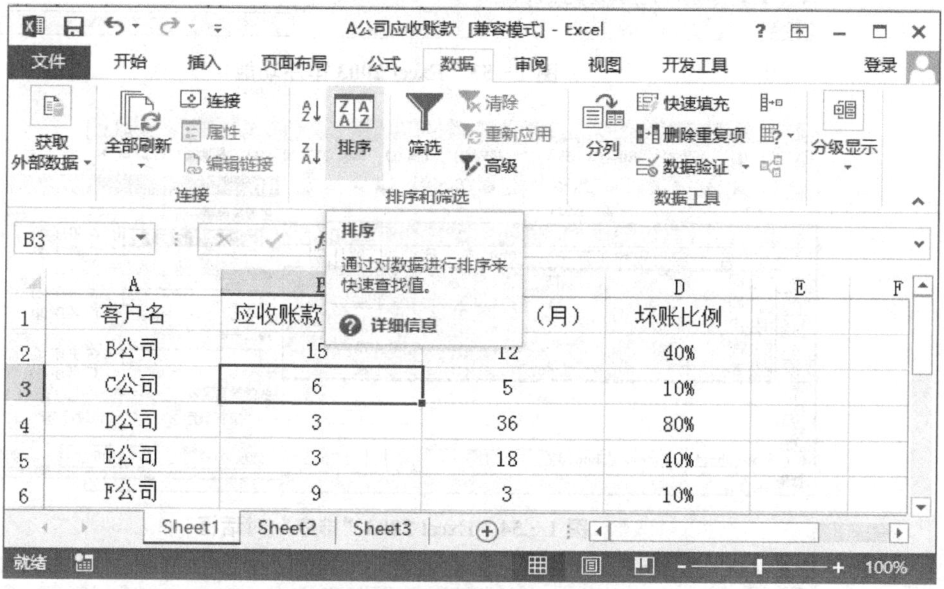

图 1-52 Excel 2016 快速排序

需要注意的是，如果数据清单由单列组成，可以不执行第一步，只要选定该数据清单的任意单元格，直接执行第二步，系统就会自动排序；如果数据清单由多列组成，应避免未经第一步而直接执行第二步，否则数据清单中光标所在列的各行数据会自动排序，而记录在其他列的数据不会随之调整，行的数据将会错开，不再一一对应。

（二）自定义排序

使用自定义排序的操作步骤为：

（1）在“数据”菜单或功能区中打开“排序”对话框。在 Excel 2003 中，单击“数据”菜单，选定“排序”命令（见图1-53），打开“排序”对话框（见图1-54）；

在 Excel 2016 中，依次单击“数据”功能选项卡和“排序和筛选”功能组中的“排序”命令按钮，打开“排序”对话框（见图 1－55)。

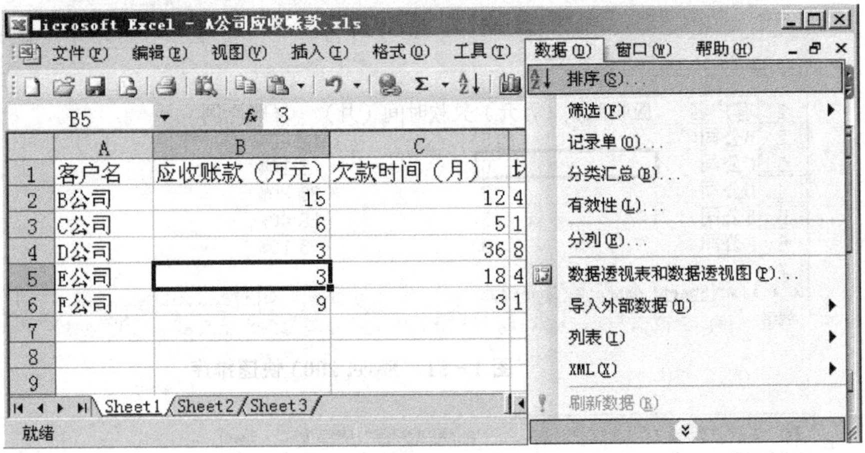

图 1－53 Excel 2003 排序功能

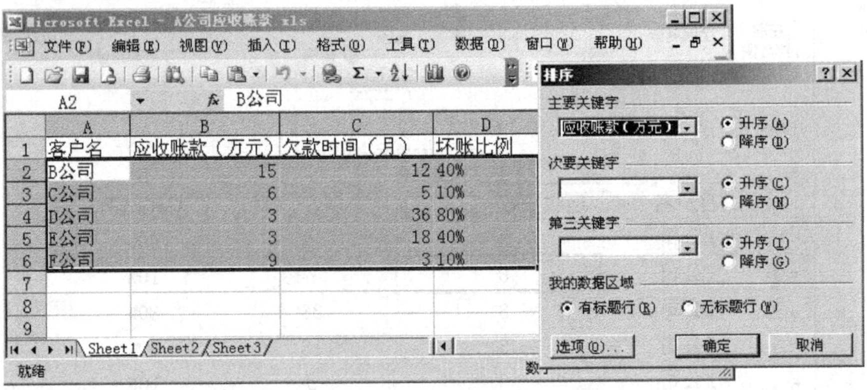

图 1－54 Excel 2003“排序”对话框

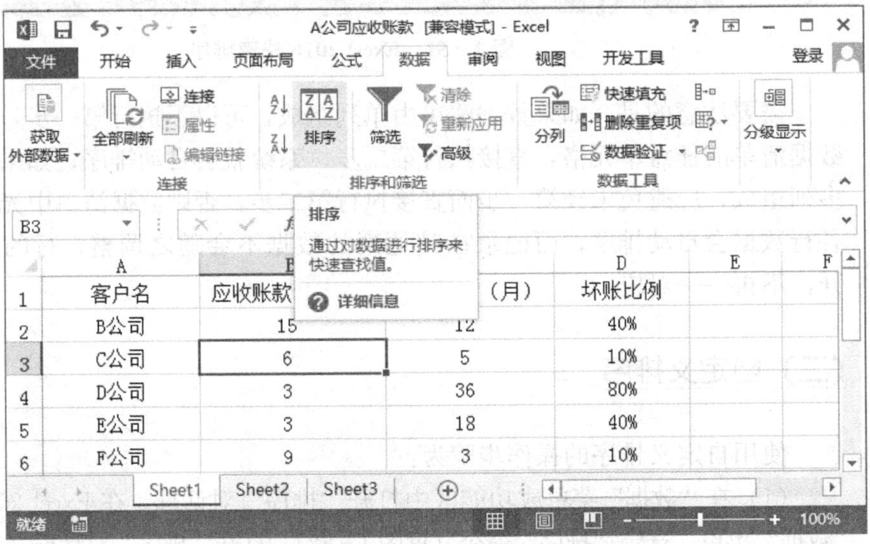

图 1－55 Excel 2016 自定义排序

（2）在“排序”对话框中选定排序的条件、依据和次序。在Excel 2003的“排序”对话框中，可分别从“主要关键字”“次要关键字”“第三关键字”下拉列表列出的“关键字”中选定排序的条件；从“升序”或“降序”选项按钮中选定排序的次序（见图1－54）。在Excel 2016的“排序”对话框中，不仅可以通过点击“添加条件”按钮添加多个“次要关键字”作为排序的条件，而且可以在“排序依据”下拉列表中选择“单元格颜色”“字体颜色”“条件格式图标”作为排序的依据（见图1－56）。

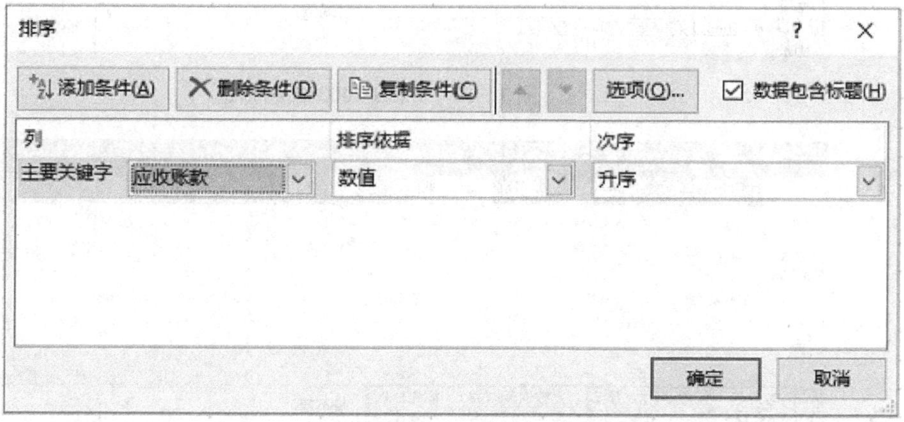

图1－56　Excel 2016“排序”对话框

二、数据的筛选

数据的筛选指利用“数据”菜单中的“筛选”命令对数据清单中的指定数据进行查找和其他工作。

筛选后的数据清单仅显示那些包含某一特定值或符合一组条件的行，暂时隐藏其他行。通过筛选工作表中的信息，用户可以快速查找数值。用户不但可以利用筛选功能控制需要显示的内容，而且能够控制需要排除的内容。

（一）快速筛选

快速筛选的操作步骤为：

（1）在数据清单中选定任意单元格或需要筛选的列。

（2）执行“数据”菜单或功能区中的“筛选”命令，第一行的列标识单元格右下角出现向下的三角图标。在Excel 2003中，单击“数据”菜单后，进入“筛选”子菜单，选定“自动筛选”菜单命令（见图1－57）；在Excel 2016中，依次单击“数据”功能区选项卡、“排序和筛选”功能组中的“筛选”命令按钮（见图1－58）。

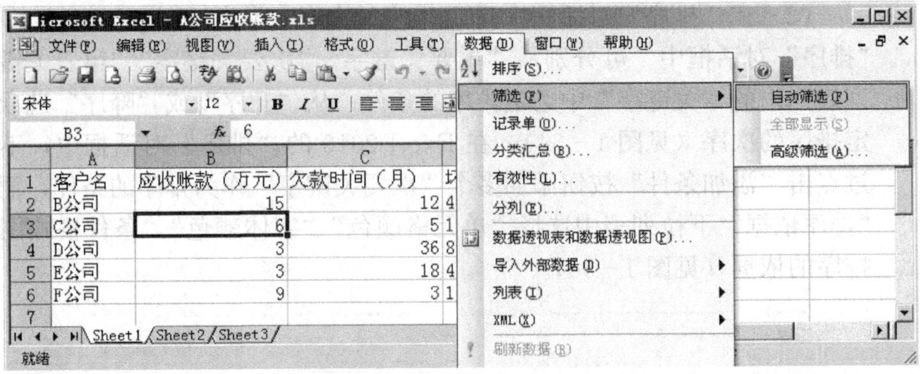

图 1－57 Excel 2003 快速筛选

图 1－58 Excel 2016 快速筛选

（3）单击适当列的第一行，在弹出的下拉列表中取消勾选“全选”，然后勾选筛选条件，单击“确定”按钮后，即可筛选出满足条件的记录。

（二）高级筛选

高级筛选的操作步骤为：

（1）编辑条件区域。

（2）打开“高级筛选”对话框。在 Excel 2003 中，单击“数据”菜单后，进入“筛选”子菜单，选定“高级筛选”菜单命令（见图 1－57）；在 Excel 2016 中，依次单击“数据”功能区选项卡、“排序和筛选”功能组中“高级”命令按钮（见图 1－58）。

（3）选定或输入“列表区域”和“条件区域”，单击“确定”按钮（见图 1－59）。

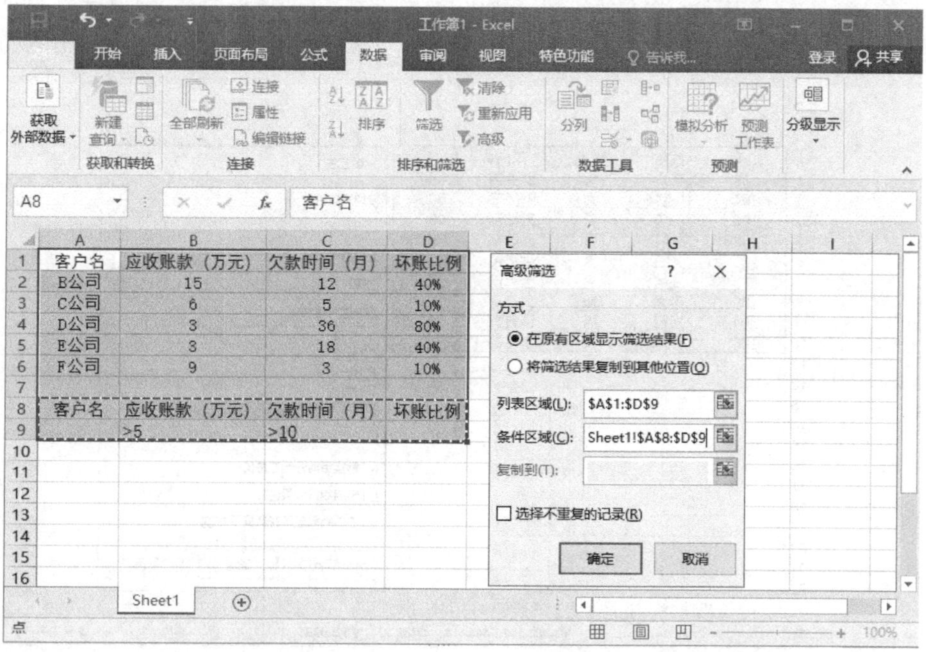

图 1－59　Excel 2016 选定或输入“列表区域”和“条件区域”

（三）清除筛选

对经过筛选后的数据清单进行第二次筛选时，之前的筛选将被清除。

三、数据的分类汇总

数据的分类汇总指在数据清单中按照不同的类别对数据进行汇总统计。分类汇总采用分级显示的方式显示数据，可以通过收缩或展开工作表的行数据或列数据实现各种汇总统计。

（一）创建分类汇总

创建分类汇总的操作步骤为：

（1）确定数据分类依据的字段，使数据清单按照该字段排序。

（2）排序完成后，在“数据”菜单或功能区中打开“分类汇总”对话框。在 Excel 2003 中，单击“数据”菜单，选定“分类汇总”菜单命令；在 Excel 2016 中，依次单击“数据”和“分级显示”功能组中的“分类汇总”命令按钮（见图 1－60）。

图1-60 Excel 2016“分类汇总”对话框

(3) 在“分类字段”下拉列表中选择分类依据的字段名，设置采用的“汇总方式”和“选定汇总项”的内容，单击“确定”按钮后即可完成设置。

数据清单将以选定的“汇总方式”按照“分类字段”进行分类统计，并将统计结果记录到选定的“选定汇总项”列下，同时可以通过单击级别序号来分级查看汇总结果（见图1-61）。

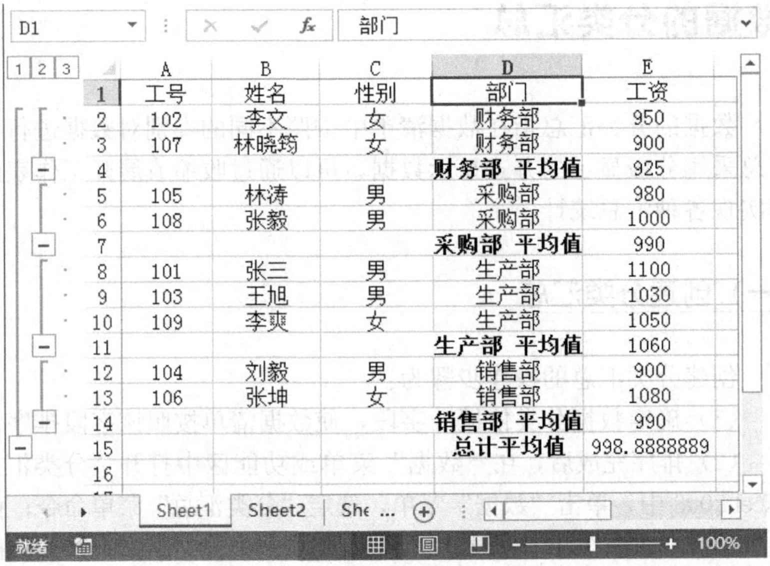

图1-61 Excel 2016 分类汇总结果

（二）清除分类汇总

打开“分类汇总”对话框后，单击“全部删除”按钮即可取消分类汇总。

四、数据透视表的插入

数据透视表是根据特定数据源生成的可以动态改变其版面布局的交互式汇总表格。数据透视表不仅能够按照改变后的版面布局自动重新计算数据，而且能够根据更改后的原始数据或数据源刷新计算结果。

（一）Excel 2003 数据透视表的创建

在 Excel 2003 中，创建数据透视表的操作步骤为：

(1) 打开需要创建数据透视表的工作簿。如果需要通过 Excel 数据清单或数据库建立报表，可以选中数据清单或数据库中的任意单元格。

(2) 单击“数据”菜单中的“数据透视表和数据透视图”命令项，按照“数据透视表和数据透视图向导”的提示进行以下操作（见图 1-62）：

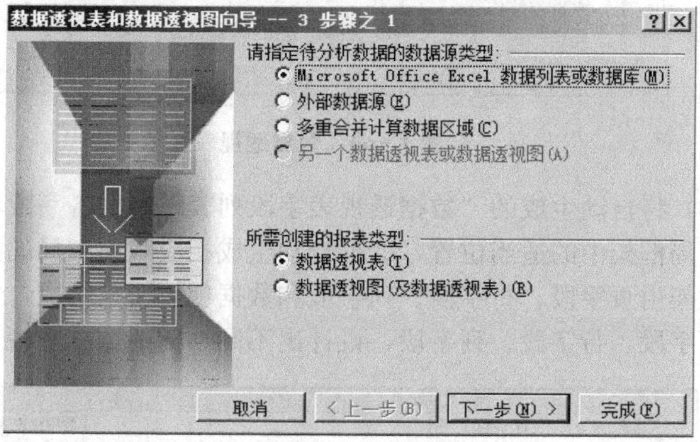

图 1-62 数据透视表和数据透视图向导

在弹出的“步骤之 1”对话框的“请指定待分析数据的数据源类型”中选择“Microsoft Office Excel 数据列表或数据库”项；在“所需创建的报表类型”中选择“数据透视表”项，然后单击“下一步”按钮。

在弹出的“步骤之 2”对话框中核对系统自动定位选中的区域是否正确（见图 1-63），如果不正确或未选中，在对话框中输入数据源地址或者用鼠标点选数据源区域，然后单击“下一步”按钮。

在弹出的“步骤之 3”对话框的“数据透视表显示位置”中选择“新建工作表”，然后单击“完成”按钮（见图 1-64）。

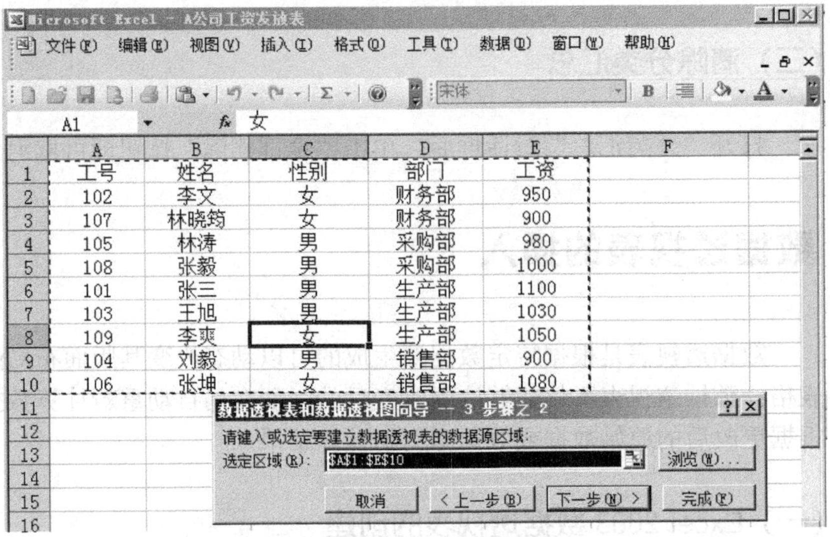

	A	B	C	D	E
1	工号	姓名	性别	部门	工资
2	102	李文	女	财务部	950
3	107	林晓筠	女	财务部	900
4	105	林涛	男	采购部	980
5	108	张毅	男	采购部	1000
6	101	张三	男	生产部	1100
7	103	王旭	男	生产部	1030
8	109	李爽	女	生产部	1050
9	104	刘毅	男	销售部	900
10	106	张坤	女	销售部	1080

图 1-63 核对系统自动定位选中的区域是否正确

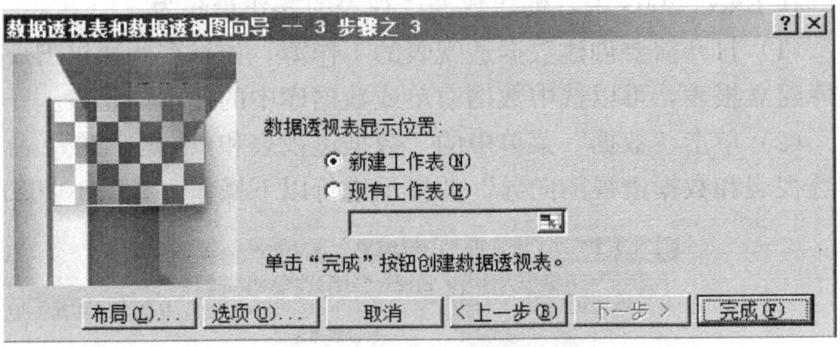

图 1-64 数据透视表显示位置

(3) 将自动生成的"数据透视表字段列表"中的各字段和数据项拖至数据透视表布局框架中的适当位置，即可自动生成相应版面布局的报表。数据透视表的布局框架由页字段、行字段、列字段和数据项等要素构成，可以根据需要选择不同的页字段、行字段、列字段，设计出不同结构的数据透视表（见图 1-65）。

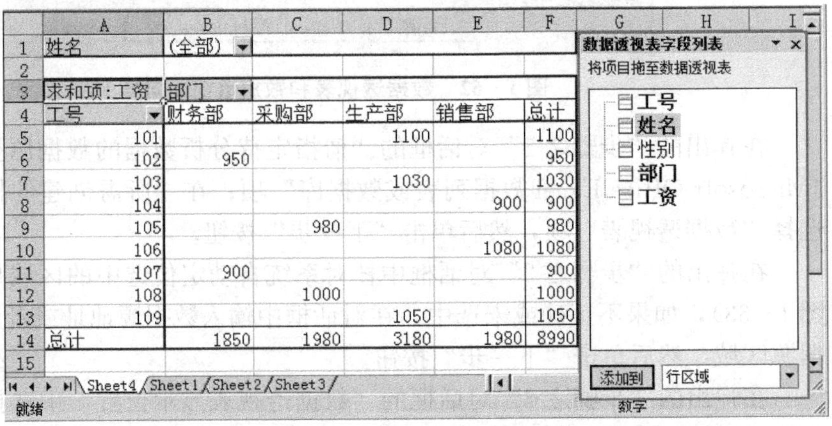

	A	B	C	D	E	F
1	姓名	(全部)				
2						
3	求和项:工资	部门				
4	工号	财务部	采购部	生产部	销售部	总计
5	101			1100		1100
6	102	950				950
7	103			1030		1030
8	104				900	900
9	105		980			980
10	106				1080	1080
11	107	900				900
12	108		1000			1000
13	109			1050		1050
14	总计	1850	1980	3180	1980	8990

图 1-65 通过拖动各字段和数据项生成数据透视表

（二）Excel 2016 数据透视表的创建

在 Excel 2016 中，创建数据透视表的步骤相对简单，具体如下：

（1）打开需要创建数据透视表的工作簿。如果需要通过 Excel 数据清单或数据库建立报表，可以选中数据清单或数据库中的任意单元格。

（2）点击“插入”功能选项卡，选中“数据透视表”或“推荐的数据透视表”功能按钮，如不改变相关选项，可直接点击“确定”按钮自动生成数据透视表（见图 1-66）。

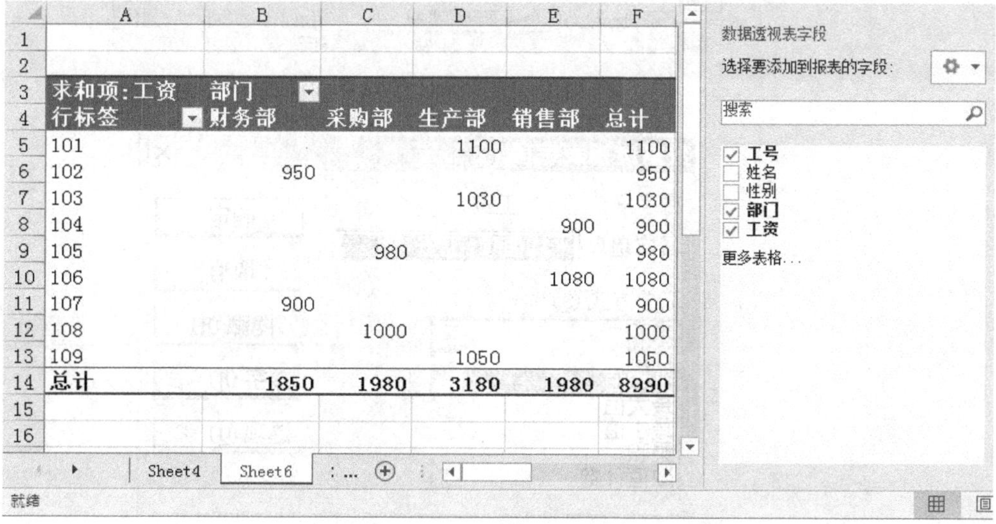

求和项:工资	部门				
行标签	财务部	采购部	生产部	销售部	总计
101			1100		1100
102	950				950
103			1030		1030
104				900	900
105		980			980
106				1080	1080
107	900				900
108		1000			1000
109			1050		1050
总计	1850	1980	3180	1980	8990

图 1-66　Excel 2016 生成数据透视表

（三）数据透视表的设置

设置数据透视表的操作步骤为：

（1）重新设计版面布局。在数据透视表布局框架中选定已拖入的字段、数据项，将其拖出，并将“数据透视表字段列表”（适用于 Excel 2003）中的字段和数据项重新拖至数据透视表框架中的适当位置，报表的版面布局立即自动更新。

（2）设置值的汇总依据。值的汇总依据有求和、计数、平均值、最大值、最小值、乘积、数值计数、标准偏差、总体偏差、方差和总体方差等。

在 Excel 2003 中，可通过右键单击数据透视表的“计数项”单元格，选择“字段设置”（见图 1-67），打开“数据透视表字段”对话框，选择“汇总方式”中的一种（见图 1-68）；在 Excel 2016 中，可通过鼠标右键单击数据透视表的“计数项”单元格，在“值汇总依据”菜单中选定其中一种（见图 1-69）。

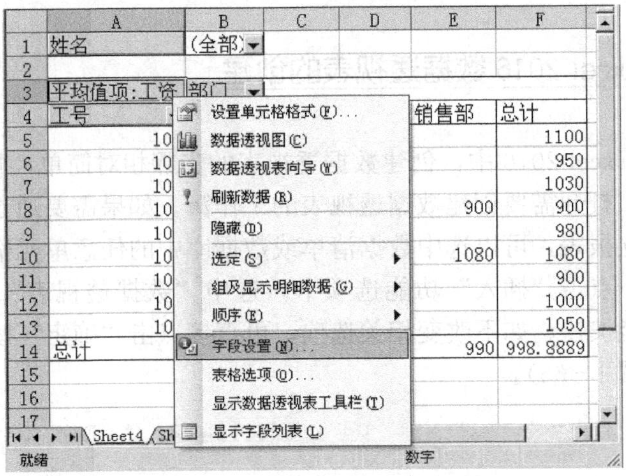

图 1-67　Excel 2003 字段设置

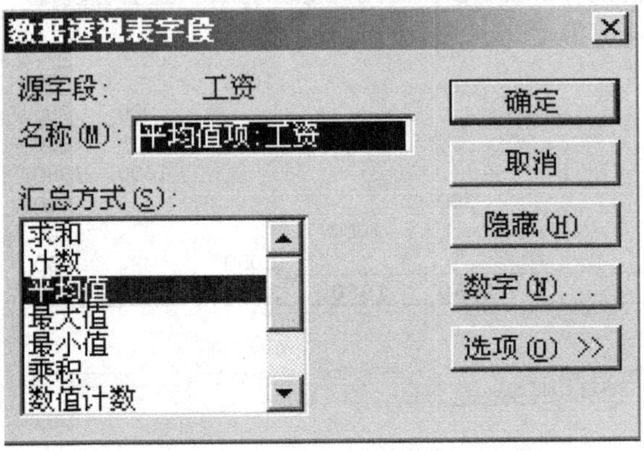

图 1-68　Excel 2003 设置汇总依据

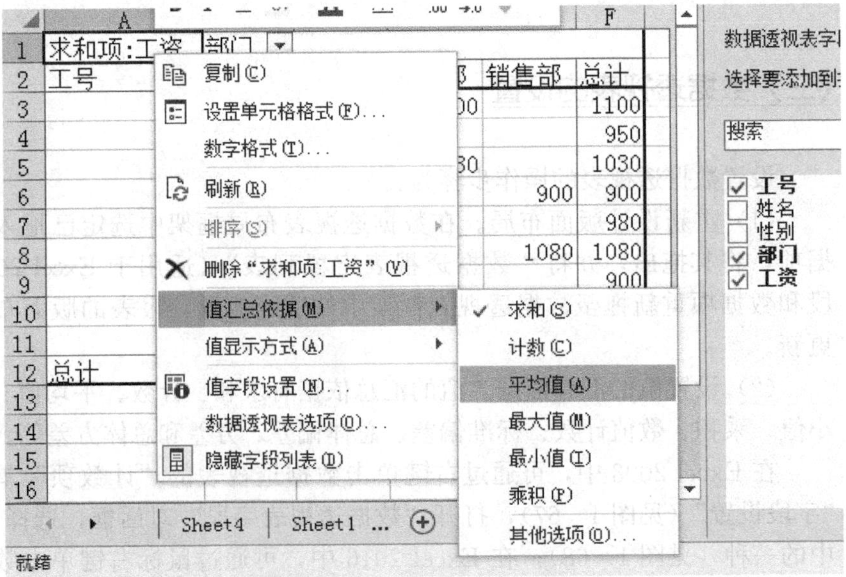

图 1-69　Excel 2016 设置值的汇总依据

（3）设置值显示方式。值显示方式有无计算、百分比、升序排列、降序排列等。在 Excel 2016 中，可通过鼠标右键单击数据透视表的“计数项”单元格，在“值显示方式”菜单中选定其中一种（见图 1-70）。

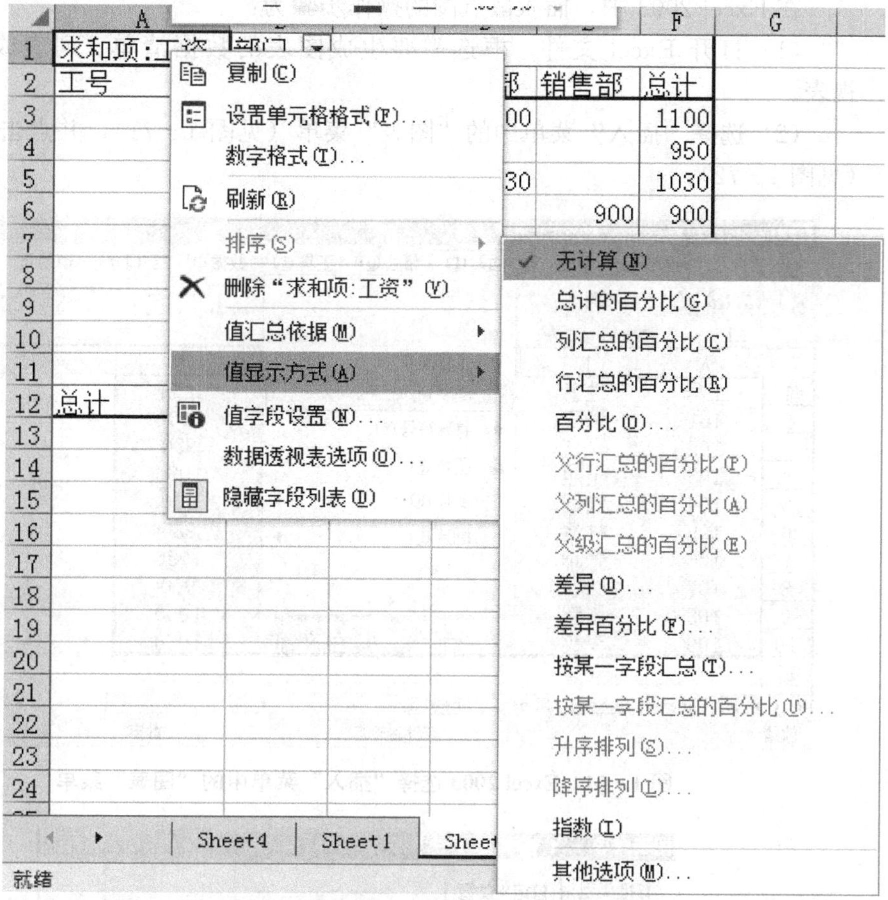

图 1-70　Excel 2016 设置值显示方式

（4）进行数据的筛选。分别对报表的行和列进行数据的筛选，系统会根据条件自行筛选出符合条件的数据列表。

（5）设定报表样式。在数据透视表中，既可通过单击“自动套用格式”（适用于 Excel 2003，单击“格式”菜单后进入）或“套用报表格式”（适用于 Excel 2016）按钮选用系统自带的各种报表样式，也可通过设置单元格格式的方法自定义报表样式。

五、图表的插入

在 Excel 2003 和 Excel 2016 中，插入图表的步骤大同小异，现以插入散点图为例。

(一) 在 Excel 2003 中插入散点图

在 Excel 2003 中，插入散点图的操作步骤为：

(1) 打开 Excel 文件，框选需要生成图表的数据清单、列表或者数据透视表。

(2) 选择“插入”菜单中的“图表”菜单（见图 1-71），并点击“下一步”（见图 1-72）。

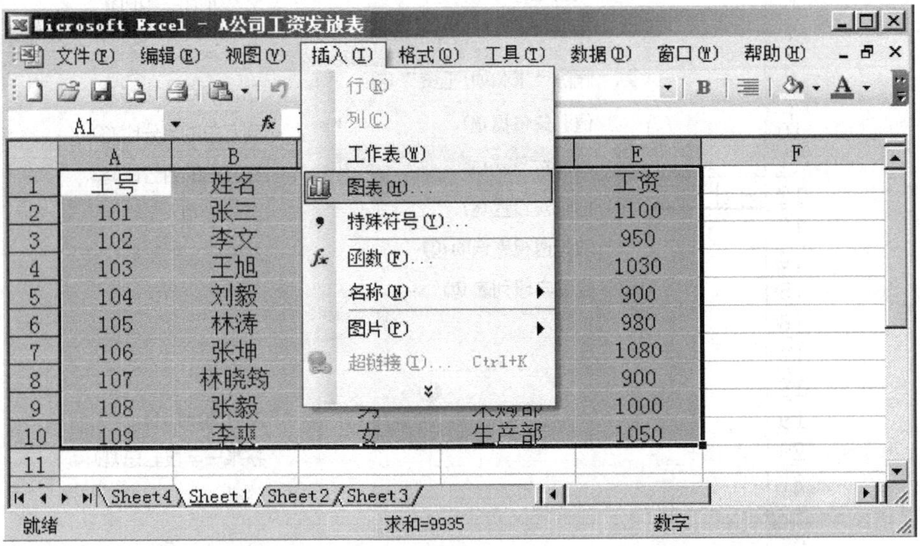

图 1-71 Excel 2003 选择“插入”菜单中的“图表”菜单

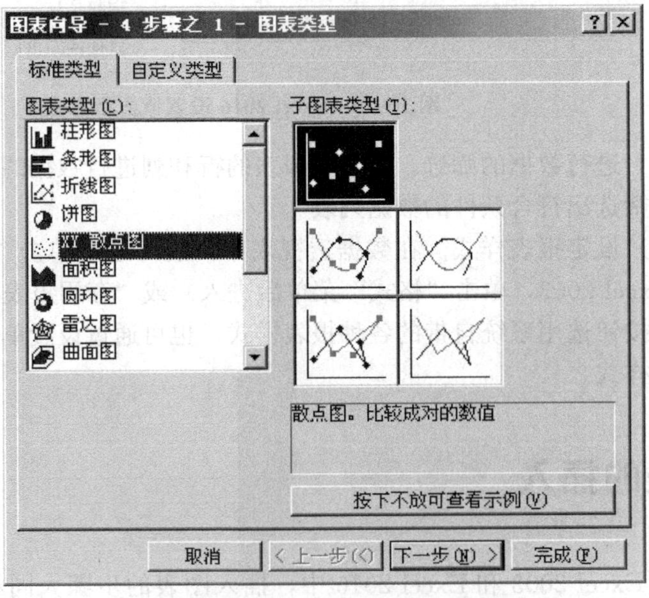

图 1-72 Excel 2003 图表向导步骤之 1

（3）选择图表源数据，由于在第一步已经选择，此处可直接点击“下一步”（见图 1－73）。

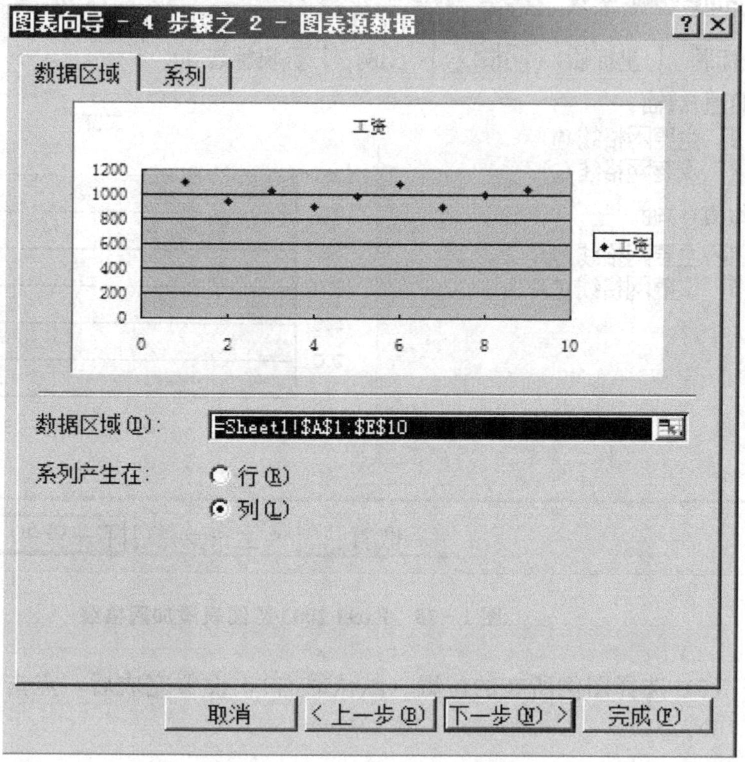

图 1－73　Excel 2003 图表向导步骤之 2

（4）输入图表标题和各轴所代表的数据含义（默认没有，见图 1－74）。

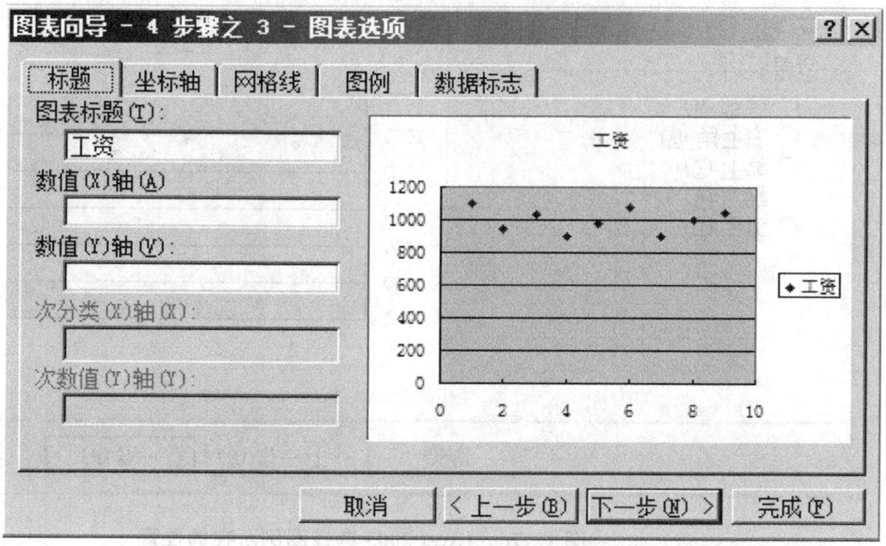

图 1－74　Excel 2003 输入图表标题和各轴所代表的数据含义

（5）给图表添加网格线（默认没有，见图 1－75）。

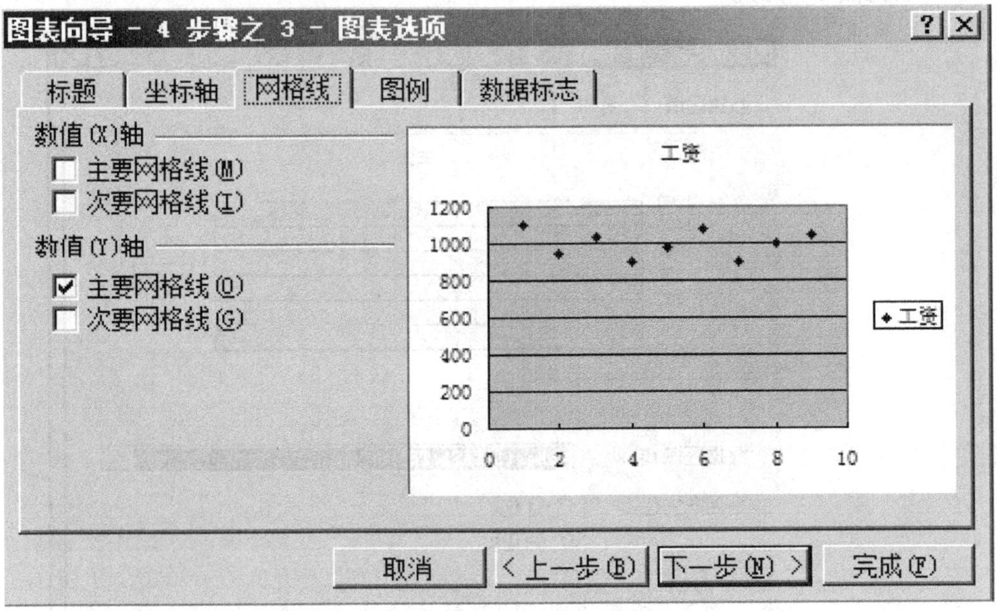

图 1－75　Excel 2003 给图表添加网格线

（6）选择图例所在的位置（默认靠右），设置完成后，点击“下一步”（见图 1－76）。

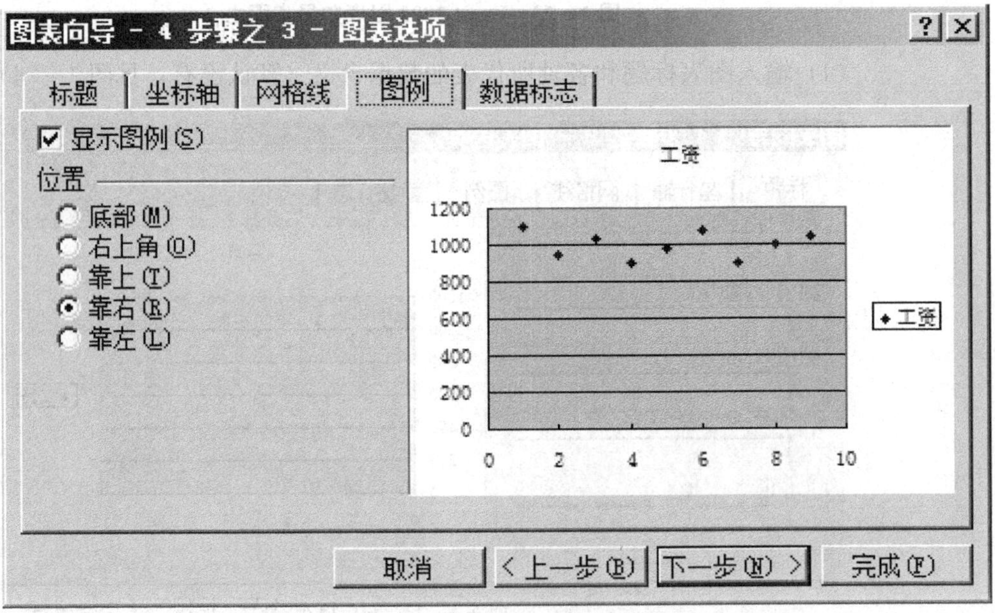

图 1－76　Excel 2003 选择图例所在的位置

(7) 选择插入的位置，位置默认为当前页（见图1-77）。

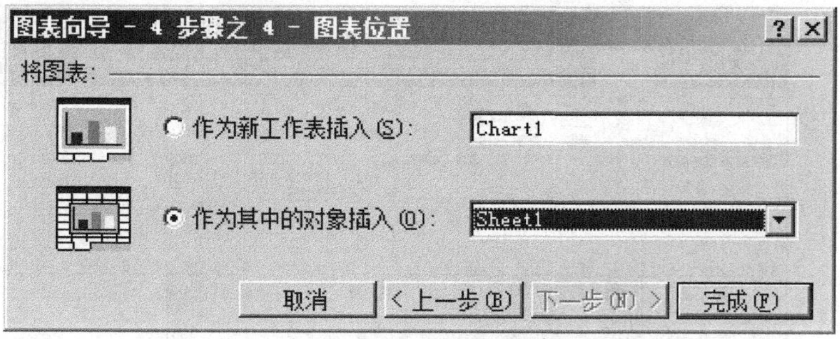

图1-77 Excel 2003 选择图表插入的位置

(8) 根据工作需要调整图表的大小，将图表拖动到窗口的合适位置（见图1-78）。

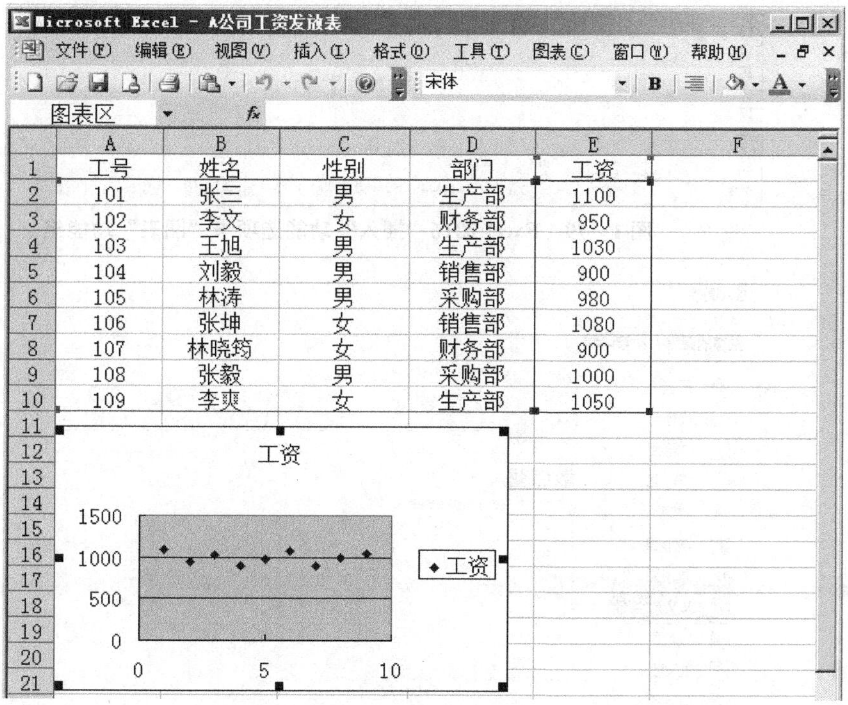

图1-78 Excel 2003 插入图表结果

(9) 保存 Excel 文件。

(二) 在 Excel 2016 中插入散点图

在 Excel 2016 中，插入散点图的操作步骤为：

(1) 打开 Excel 文件，框选需要生成图表的数据清单、列表或者数据透视表。

(2) 点击“插入”功能选项卡，在“图表”功能组中点击需要的图表按钮（见图1-79），或者点击位于该功能组右下角的箭头查看所有图表，打开后更改图表类型，选中需要的图表菜单，点击对应的图例，并点击“确定”按钮（见图 1 - 80）。

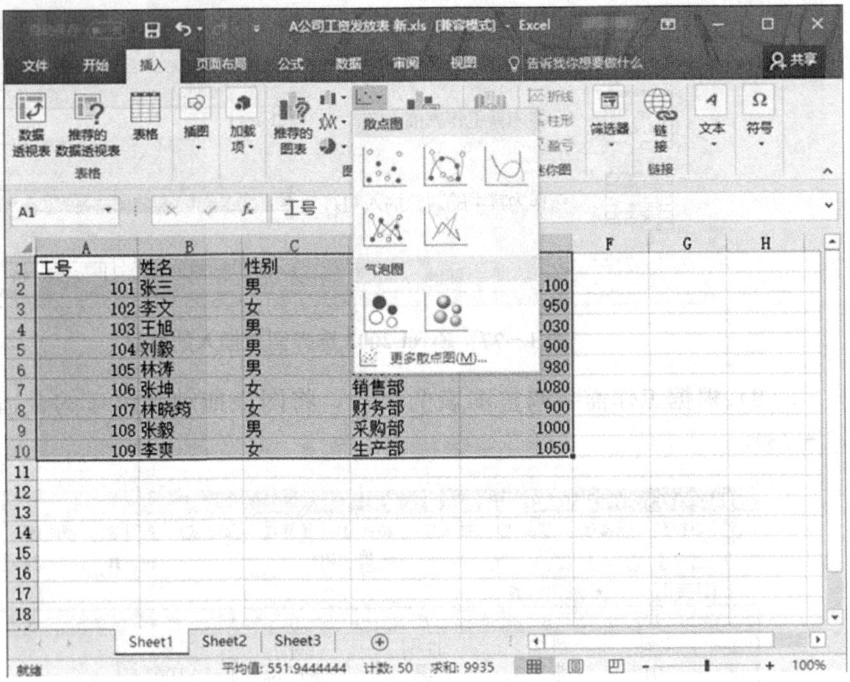

图 1 - 79 Excel 2016“插入”功能选项卡“图表”功能组

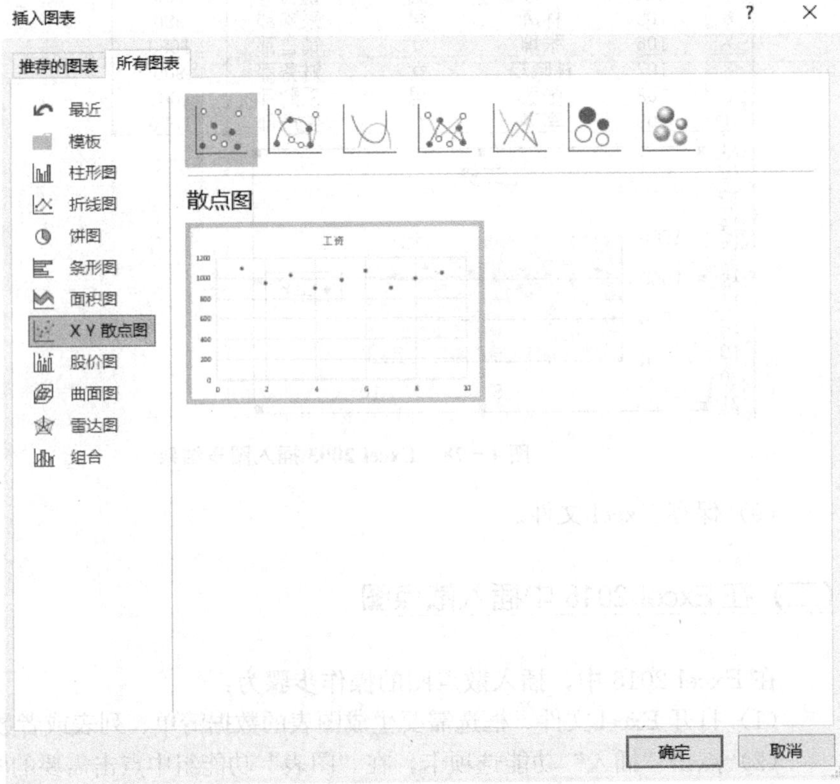

图 1 - 80 Excel 2016 查看所有图表

（3）Excel 界面上会出现一个空白框（见图 1－81），双击该空白框，打开“选择数据源”对话框（见图 1－82）。

（4）选择图表源数据，由于在第一步已经选择，此时可直接点击“确定”。

（5）给图表添加网格线（见图 1－83）。

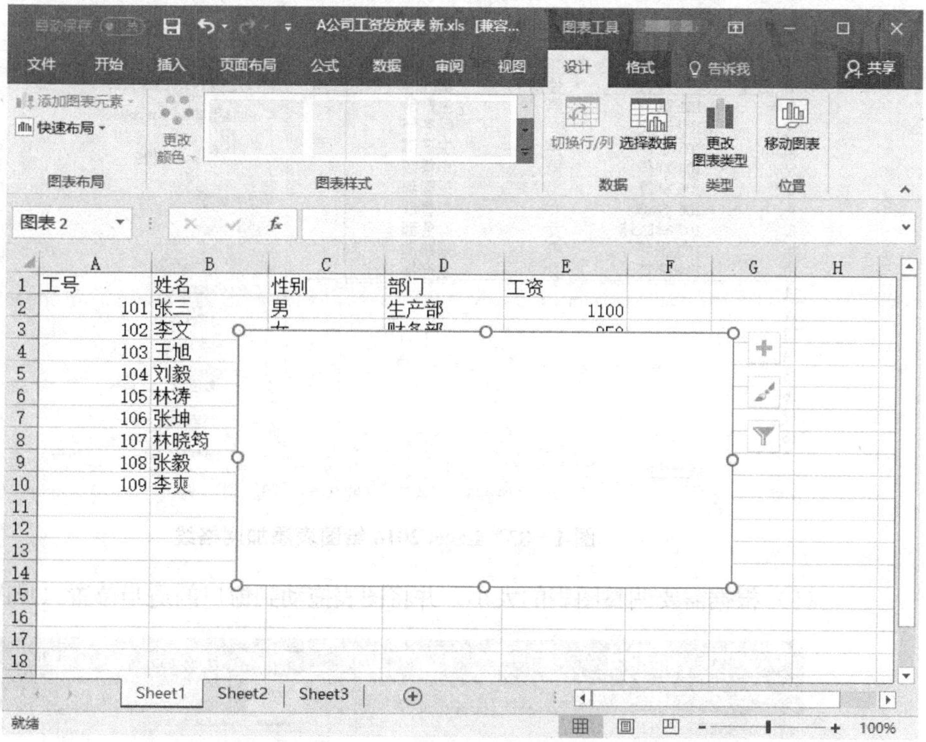

图 1－81　Excel 2016 图表空白框

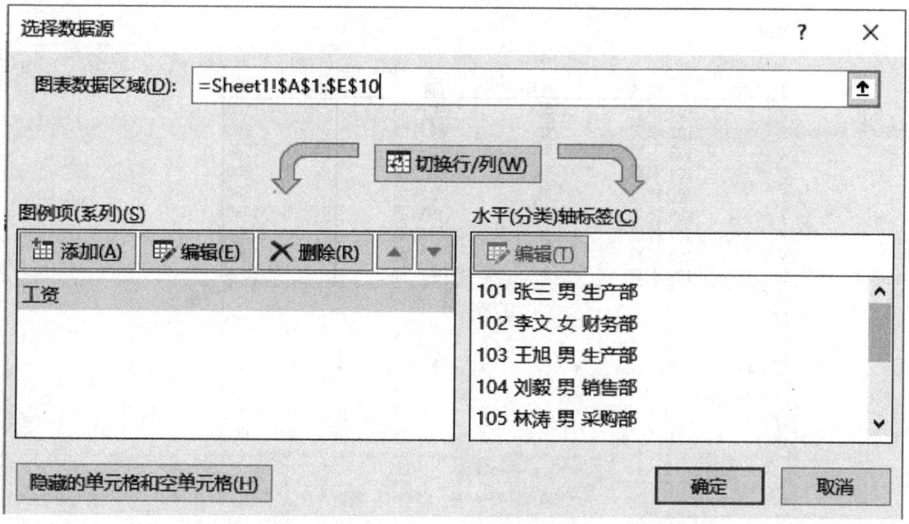

图 1－82　Excel 2016 “选择数据源”对话框

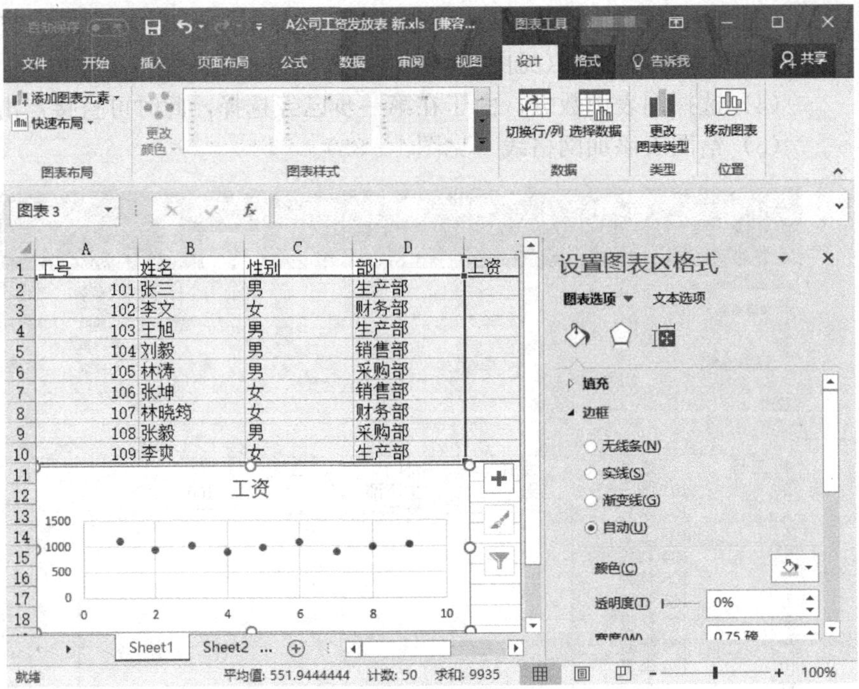

图 1－83　Excel 2016 给图表添加网格线

（6）根据需要调整图表的大小，并将图表拖动到窗口的适当位置（见图 1－84）。

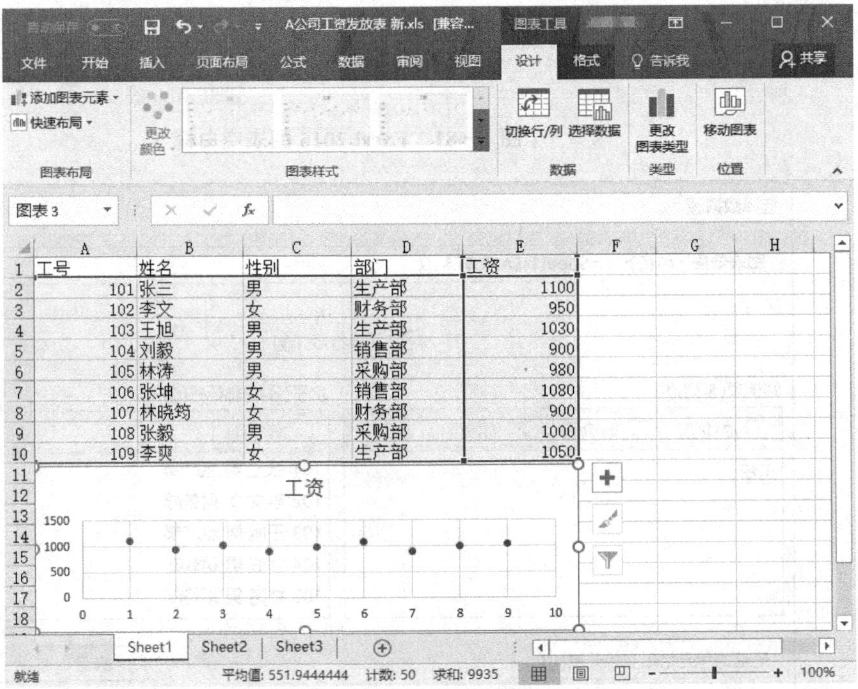

图 1－84　Excel 2016 插入图表结果

（7）保存 Excel 文件。

基础 6 公　式

一、公式的概念及其构成

公式指由等号“＝”、运算体和运算符在单元格中按特定顺序连接而成的运算表达式。运算体指能够运算的数据或者数据所在单元格的地址名称、函数等；运算符是使 Excel 自动执行特定运算的符号。例如：“2＋3”的运算体分别是“2”和“3”，运算符是“＋”，要求执行加法运算。在 Excel 中，运算符主要有算术运算符、比较运算符、文本运算符和引用运算符等四种类型（见表 1－1）。

表 1－1　　Excel 中运算符的类型及其功能

类型	基本功能	符号	名称	具体作用	示例
算术运算符	完成基本的数学运算、数字合并、数值结果生成等	＋	加号	加法	1＋2
		－	减号	减法 负数	2－1 －1
		*	星号	乘法	2 * 3
		/	正斜杠	除法	2/3
		%	百分号	百分比（数组中无法进行运算）	10%
		^	脱字号	乘方	2^10
比较运算符	比较两个值时，结果为逻辑值 TRUE 或 FALSE	＝	等号	等于	A1＝B1
		＞	大于号	大于	A1＞B1
		＜	小于号	小于	A1＜B1
		＞＝	大于等于号	大于等于	A1＞＝B1
		＜＝	小于等于号	小于等于	A1＜＝B1
		＜＞	不等号	不等于	A1＜＞B1

续前表

类型	基本功能	符号	名称	具体作用	示例
文本运算符	连接两个文本字符串（串联），生成一段文本	&	与号	将两个文本值连接或串成一个连续的文本值	"中华人民共和国"&"财政部"
引用运算符	对单元格区域引用进行合并计算	：	冒号（区域运算符）	生成对两个引用之间所有单元格的引用，其中包括这两个引用	A1：B3
		，	逗号（联合运算符）	将多个引用合并为一个引用	SUM（A1：B3，A5：B7）
			空格（交叉运算符）	生成对两个引用共同的单元格的引用	A5：E5 C3：C7

在 Excel 中，公式总是以等号“＝”开始，以运算体结束，相邻的两个运算体之间必须由能够正确表达二者运算关系的运算符进行连接。公式的完整表达式按以下方式依次构成：等号“＝”、第一个运算体、第一个运算符、第二个运算体……以此类推，直至最后一个运算体为止。

二、公式的创建与修改

（一）公式的创建

在 Excel 中，创建公式的方式包括手动输入和移动点击输入。

手动输入公式的具体步骤为：（1）选定目标单元格。（2）在目标单元格或其对应的编辑栏中输入等号“＝”，输入的内容在单元格和编辑栏中同步显示。（3）输入第一个运算体、第一个运算符、第二个运算体……以此类推，直至最后一个运算体为止。如有圆括号，应注意其位置是否适当以及左圆括号是否与右圆括号相匹配。（4）确认新创建的公式。

如图 1－85 所示，在单元格 A1 中输入公式“＝2＊3＋2^4”并确认后，单元格内将显示结果 22，而编辑栏内显示该公式的完整内容；如果输入“＝2＊(3＋2)^4”，结果为 1 250。

当输入的公式中含有其他单元格的数值时，鉴于重复输入费时而且容易出错，可以通过移动鼠标单击输入数值所在单元格的地址（即引用单元格的数值）来创建公式。

如图 1－86 所示，已知某公司资产与负债的金额分别列示于单元格 B1 和 B2，为计算所有者权益的金额，可在单元格 B3 中输入公式“＝B1－B2”。

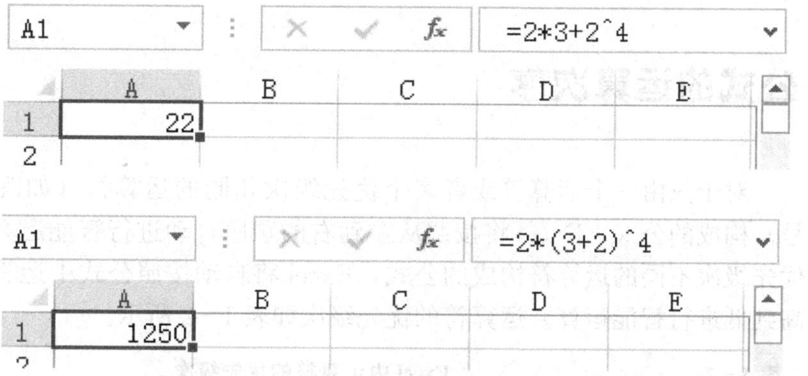

图 1-85 Excel 2016 手动输入公式的方法

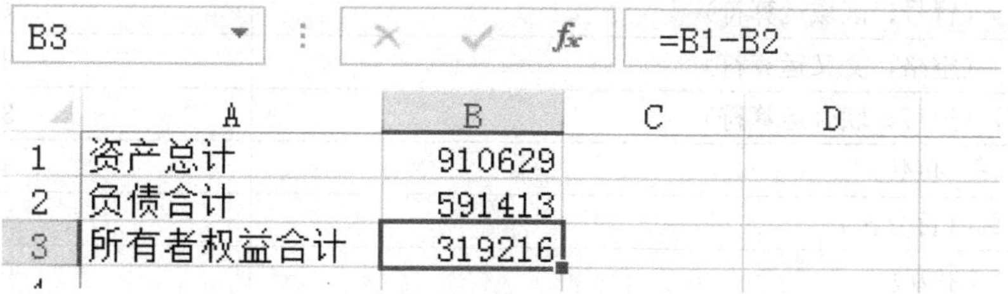

图 1-86 Excel 2016 引用单元格的数值创建公式

(二) 公式的编辑和修改

编辑和修改公式的方法有：

(1) 双击公式所在的单元格，直接在单元格内修改内容。

(2) 选中公式所在的单元格，按下 F2 键后直接在单元格内更改内容。

(3) 选中公式所在的单元格后单击公式编辑栏，在公式编辑栏中做相应更改。

需注意的是，在编辑或者移动点击输入公式时，不能随意移动方向键或者单击公式所在单元格以外的单元格，否则单元格内光标移动之前的位置将自动输入单击单元格的地址名称。

如图 1-87 所示，在编辑公式“=2＊3+2^4”的情况下，如果光标在“3”之前闪烁，这时单击单元格 C2，单元格内“3”之前的位置将自动输入单击单元格的地址名称“C2”。

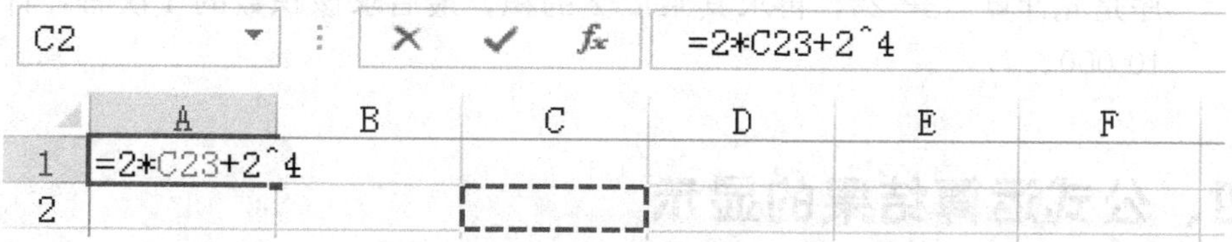

图 1-87 Excel 2016 编辑或者数据点模式下单击其他单元格

三、公式的运算次序

对于只由一个运算符或者多个优先级次相同的运算符（如既有加号又有减号）构成的公式，Excel 将按照从左到右的顺序自动进行智能运算；对于由多个优先级次不同的运算符构成的公式，Excel 将自动按照公式中运算符优先级次从高到低进行智能运算。运算符的优先级次如表 1－2 所示。

表 1－2　　　　Excel 中运算符的优先级次

运算符	优先级次
：（冒号，区域运算符）	1
（空格，交叉运算符）	2
，（逗号，联合运算符）	3
－（负数）	4
%（百分比）	5
^（乘方）	6
* 和/（乘和除）	7
＋和 －（加和减）	8
&（与号，连接两个文本字符串）	9
＝（等于）	10
＜和 ＞（小于和大于）	11
＜＝（小于等于）	12
＞＝（大于等于）	13
＜＞（不等于）	14

为了改变运算优先顺序，应将公式中需要优先计算的部分使用一对圆括号括起来，且不能使用中括号。公式中圆括号的对数超过一对时，Excel 将自动按照从内向外的顺序进行计算。

例如，对公式“＝2 * 3＋2^4”进行计算的次序是先计算“2^4”，接着计算“2 * 3”，最后将该乘积与前一步骤的幂相加，计算结果为 22（见图 1－85）；对公式“＝2 *(3＋2)^4”进行计算的次序是先计算“3＋2”，求其 4 次幂后再乘以 2，计算结果为 1 250（见图 1－85）；对公式“＝(2 *(3＋2))^4”进行计算的次序是先计算“3＋2”，再求其乘以 2 的积，最后求该积数的 4 次幂，计算结果为 10 000。

四、公式运算结果的显示

Excel 根据公式自动进行智能运算的结果默认显示在该公式所在的单元格里，

编辑栏内相应显示公式表达式的完整内容（见图 1－85）。单元格处于编辑状态时，显示等号“＝”及其运算体和运算符，它与对应编辑栏显示的内容相一致（见图 1－87）。

（一）查看公式中某步骤的运算结果

在默认状态下，单元格中显示的运算结果是根据完整的公式表达式进行运算的结果，可通过以下方法查看公式中某步骤的运算结果：

（1）选中公式所在的单元格，双击或按 F2 键进入编辑状态。

（2）选中公式中需要查看运算结果的运算体和运算符，按 F9 键后，被选中的内容将转化为运算结果，该运算结果同时处于被选中状态。

如图 1－88 所示，若要查看公式中“2＊3”的运算结果，需选中“2＊3”后按 F9 键，此时显示运算结果 6。

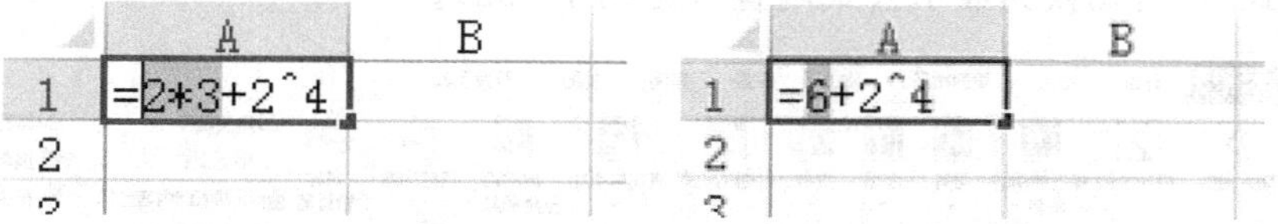

图 1－88 Excel 2016 查看公式中某步骤的运算结果

需注意的是，查看内容必须以一个运算体（或左圆括号）为起点、以另一个运算体（或右圆括号）为终点，否则按 F9 键后将无法运算，并自动弹出报错对话框（见图 1－89）。

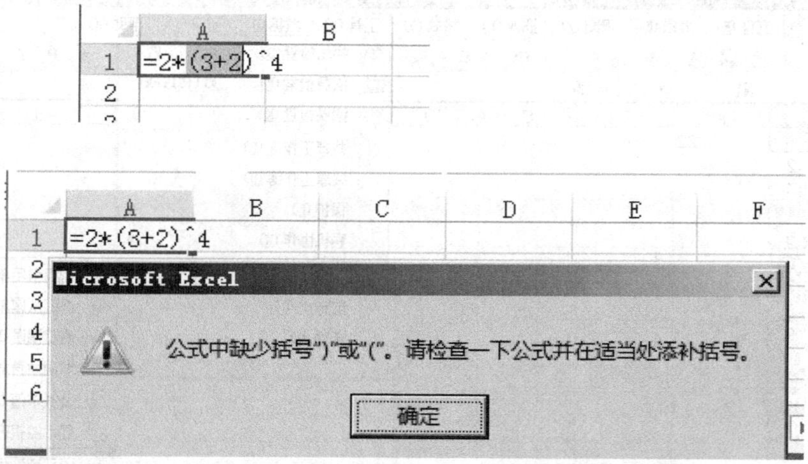

图 1－89 Excel 2016 因无法运算弹出的报错对话框

在运算结果处于被选中状态下，如果按下确认键或者移动光标键，公式中参与运算的运算体和运算符将不复存在，并被该结果所替代；如果移动鼠标指针点击其他单元格，公式所在单元格将由编辑状态切换成数据点状态，并同时显示被选中单元格的地址或名称（见图 1－90）。

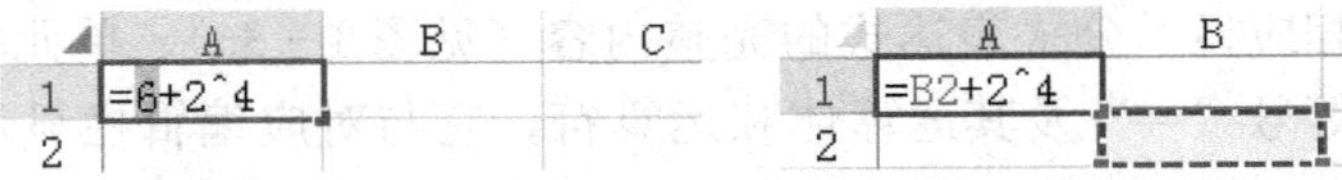

图 1-90 Excel 2016 单元格由编辑状态切换成数据点状态

(二) 公式默认显示方式的改变

为了检查公式整体或者其中某一组成部分的表述是否正确，可通过以下方法使单元格默认显示完整的公式表达式，实现公式表达式与运算结果之间的便捷切换。

(1) 在单元格显示运行结果时，选中单元格，按下“Ctrl+`”组合键或者点击“显示公式”菜单命令（适用于 Excel 2016，见图 1-91），可将原有状态切换为显示公式内容。在 Excel 2003 中，依次点击“工具”“公式审核”“公式审核模式”，可切换为显示公式内容（见图 1-92）。

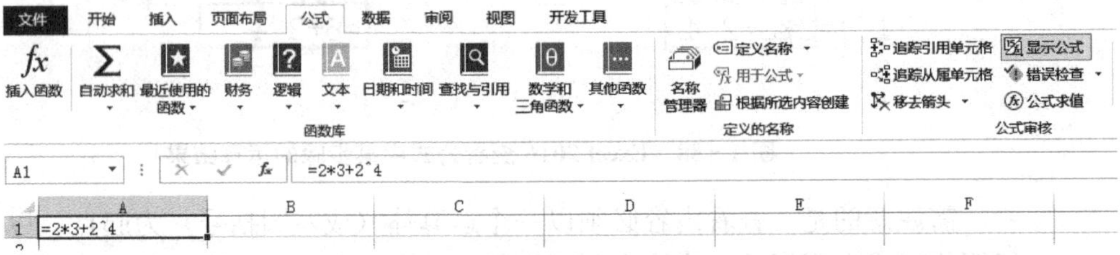

图 1-91 Excel 2016 显示公式

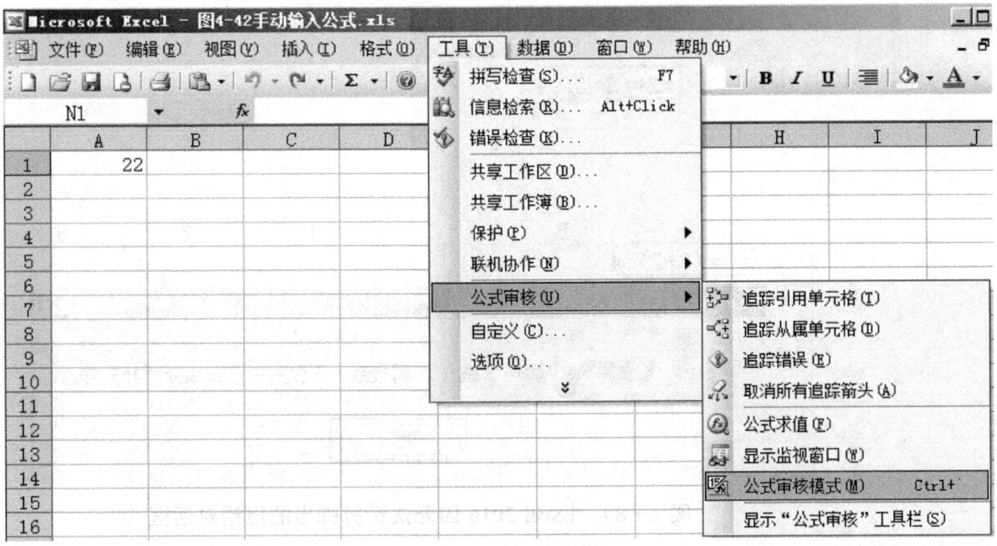

图 1-92 Excel 2003 显示公式

(2) 在单元格显示公式内容时，选中单元格，按下“Ctrl+`”组合键或者点击“显示公式”菜单命令（适用于 Excel 2016，在 Excel 2003 中要点击“公式审核模式”），可切换为显示运行结果。

（三）将公式运算结果转换为数值

采用复制粘贴的方法将公式原地复制后，再进行选择性粘贴，只能粘贴数值。

复制的步骤是先选中单元格，再按下“Ctrl＋C”组合键或点击“复制”菜单命令。在 Excel 2003 中，依次点击“编辑”“复制”（见图 1－93）；在 Excel 2016 中，依次点击“开始”“复制”（见图 1－94）。

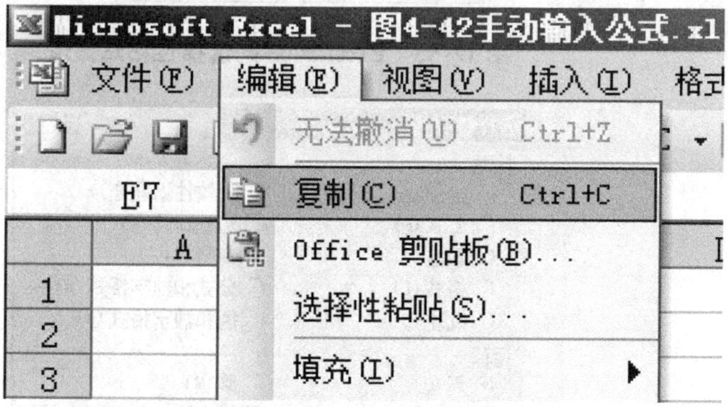

图 1－93 Excel 2003“复制”菜单命令

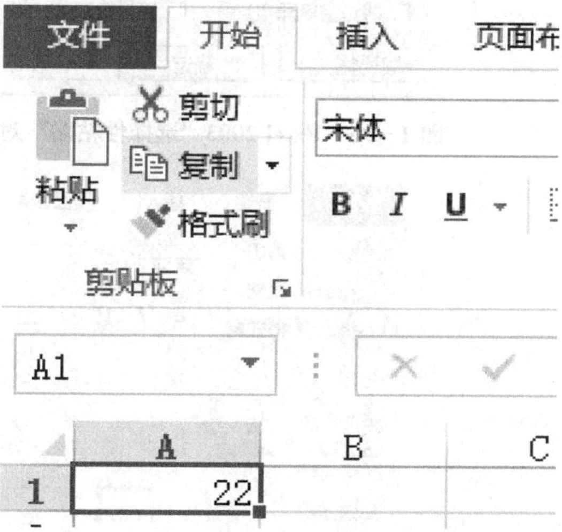

图 1－94 Excel 2016“复制”菜单命令

在 Excel 2003 中，选择性粘贴的步骤是依次点击“编辑”“选择性粘贴”（见图 1－95），打开“选择性粘贴”对话框（见图 1－96），选择“数值”后，单击“确定”。

在 Excel 2016 中，选择性粘贴的方法有：（1）单击右键快速打开粘贴选项，选择其中的“值”选项图标（或按下 V 键）；（2）按“Ctrl＋Alt＋V”键或点击“开始”功能区“粘贴”命令的下拉箭头（见图 1－97），选择“选择性粘贴”后，打开“选择性粘贴”对话框。

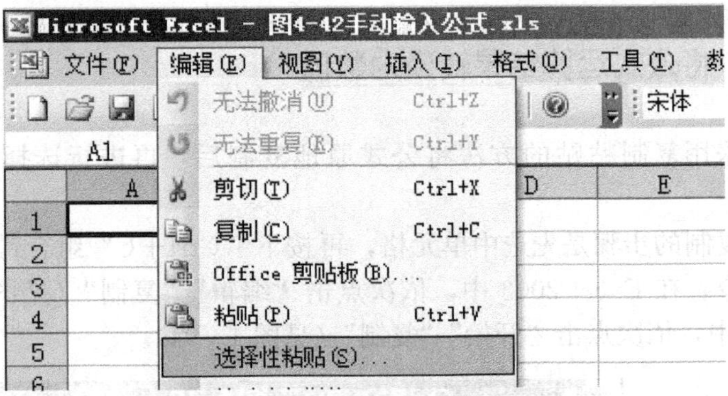

图 1-95 Excel 2003 的选择性粘贴方法

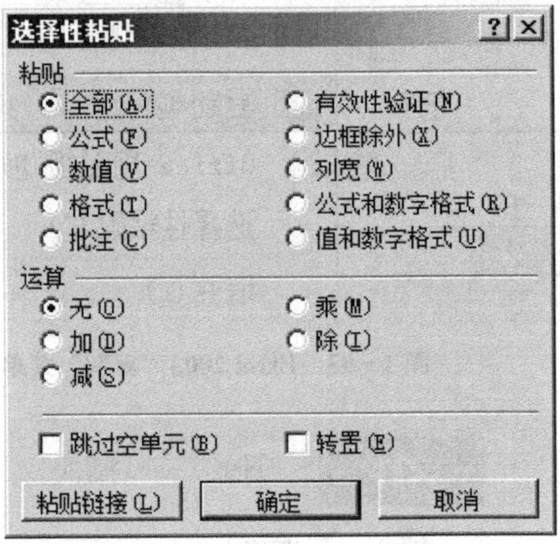

图 1-96 Excel 2003 “选择性粘贴”对话框

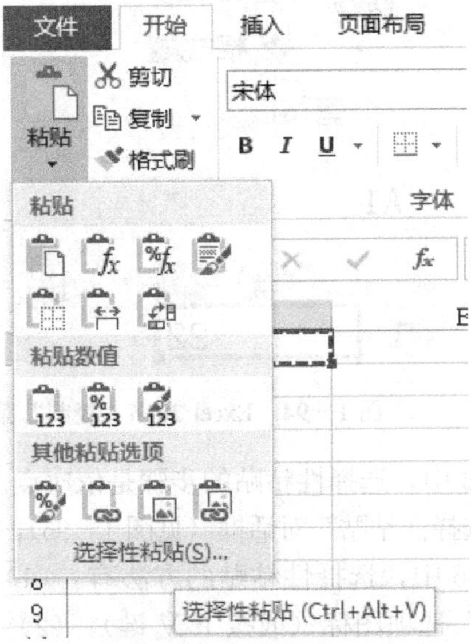

图 1-97 Excel 2016 的选择性粘贴方法

基础 7 函数

在 Excel 中，函数是预先按特定格式编写的公式，可以对一个或多个值执行运算，并返回一个或多个值。函数只能出现在公式中，用于替代、简化或缩短工作表中的公式，这种作用在用公式执行很长或复杂的计算时尤为明显。用户不仅可以调用内置工作簿函数，还可以根据编制和调用需要自定义函数。

函数的基本格式是：函数名（参数序列）。参数序列是用于限定函数运算的各个参数，这些参数除中文外都必须使用英文半角字符。

一、常用统计函数

（一）MAX

MAX 函数用于返回一组值中的最大值（但忽略逻辑值及文本），语法为：

MAX（number1，[number2],…）

上式中，number1，number2，…是准备从中求取最大值的一系列数值（最多可输入 255 项），包括数值、空单元格、逻辑值或文本。其中，number1 为必需参数，后续数字为可选参数。

如图 1－98 所示，计算 A 公司 7 月个人销售额最大值，在单元格 G2 中输入公式“＝MAX(D2：D8)”。

（二）MIN

MIN 函数用于返回一组值中的最小值（但忽略逻辑值及文本），语法为：

MIN（number1，[number2],…）

上式中，number1，number2，…是准备从中求取最小值的一系列数值（最多可输入 255 项），包括数值、空单元格、逻辑值或文本。其中，number1 为必需参数，后续数字为可选参数。

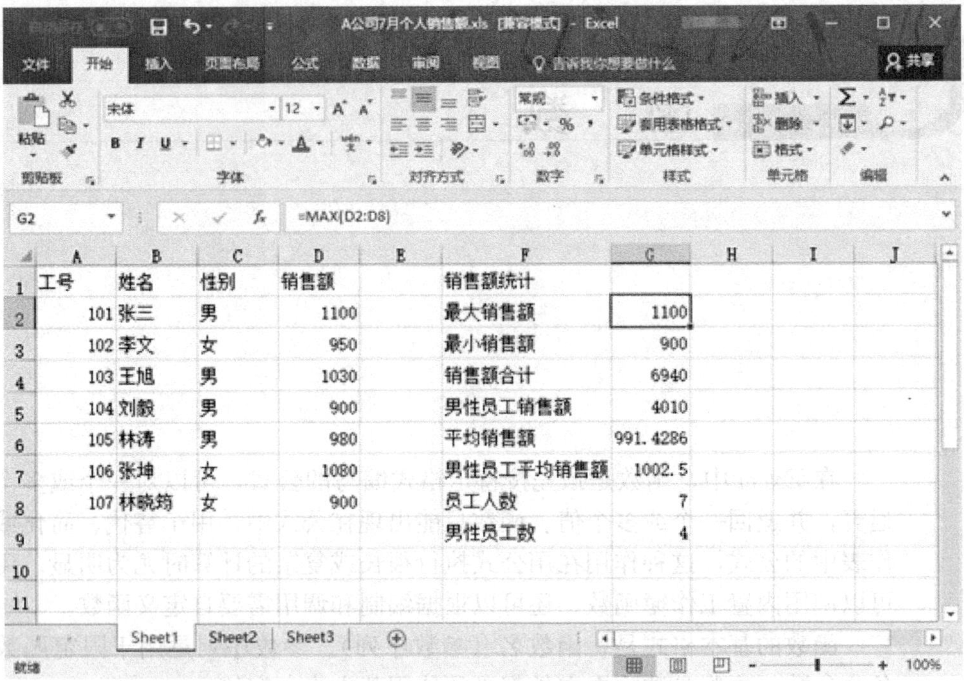

图1-98 MAX函数计算过程示意图

如图1-99所示，计算销售额最小值，在单元格G3中输入公式“=MIN(D2：D9)”。

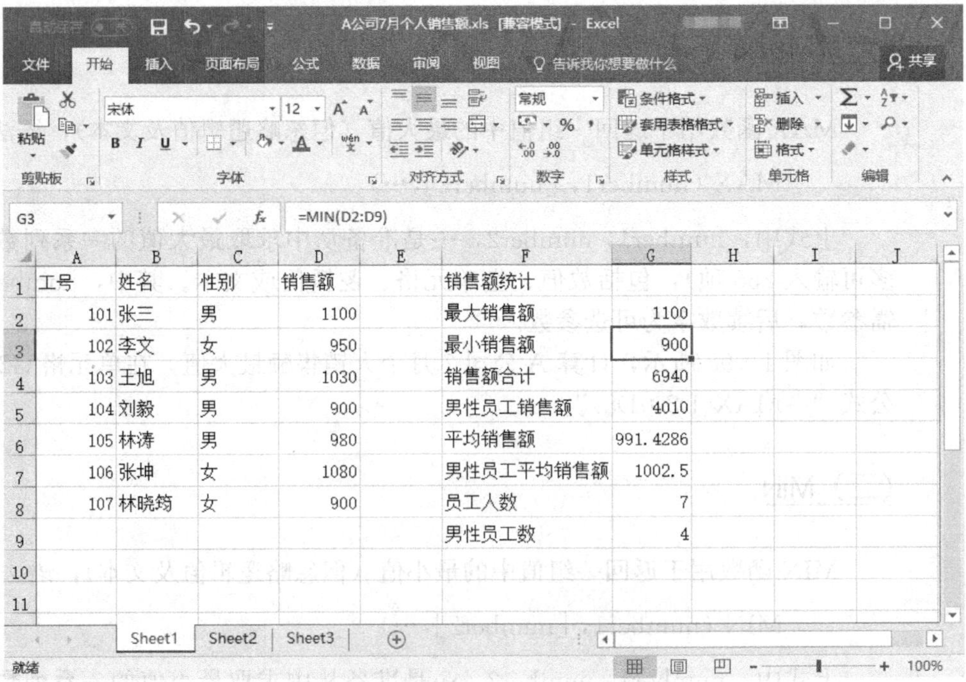

图1-99 MIN函数计算过程示意图

（三）SUM

SUM 函数用于计算单元格区域中所有数值的和，语法为：

SUM（number1,[number2],…）

上式中，number1，number2，…是准备从中求和的一系列数值（最多可输入 255 项），包括数值、单元格引用、区域或者三者的组合。单元格中的逻辑值和文本虽然被忽略，但可作为参数输入。其中，number1 为必需参数，后续数字为可选参数。

如图 1－100 所示，计算总销售额，在单元格 G4 中输入公式“＝SUM(D2：D8)”。

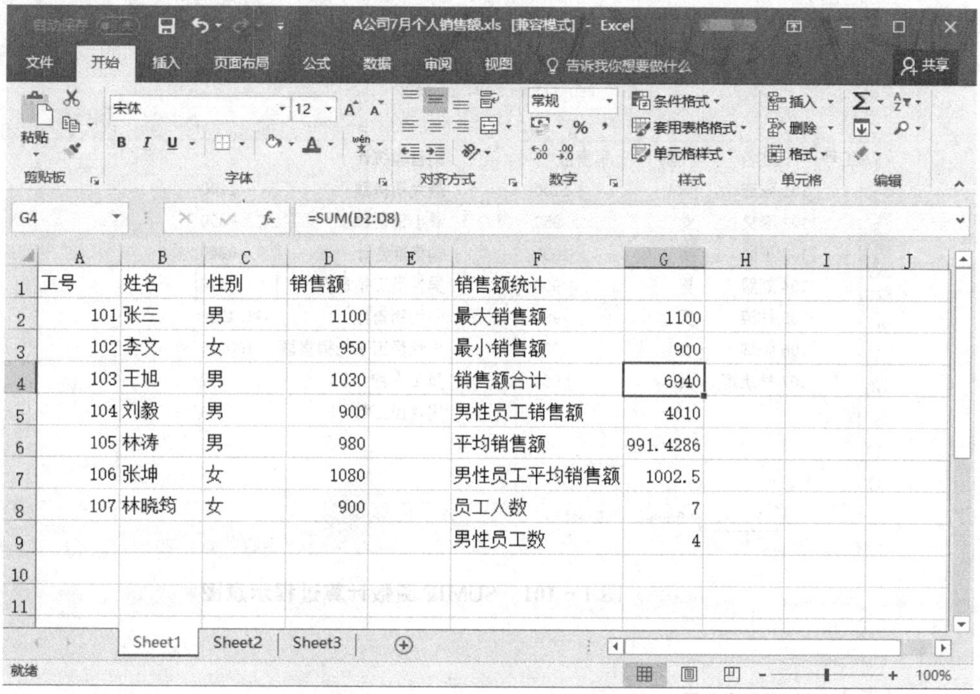

	A	B	C	D	E	F	G
1	工号	姓名	性别	销售额		销售额统计	
2	101	张三	男	1100		最大销售额	1100
3	102	李文	女	950		最小销售额	900
4	103	王旭	男	1030		销售额合计	6940
5	104	刘毅	男	900		男性员工销售额	4010
6	105	林涛	男	980		平均销售额	991.4286
7	106	张坤	女	1080		男性员工平均销售额	1002.5
8	107	林晓筠	女	900		员工人数	7
9						男性员工数	4

图 1－100 SUM 函数计算过程示意图

（四）SUMIF

SUMIF 函数用于对范围中符合指定条件的值求和，语法为：

SUMIF（range，criteria，[sum_range]）

上式中，range 为必需参数，表示根据条件进行计算的单元格区域。每个区域中的单元格必须是数值、包含数值的名称、数组或包含数字的引用（空值和文本值将被忽略)。criteria 为必需参数，用于确定求和的条件，形式可以是数字、表达式、单元格引用、文本或函数。例如，条件可以表示为 12,"12",">12","orange"。sum _ range 为可选参数，表示需要求和的实际单元格（如果要对未在 range 参数中指定的单元格求和)。如果省略 sum _ range 参数，Excel 会对在 range 参数中指定的单元格求和。

如图 1 - 101 所示，计算男性员工销售额，在单元格 G5 中输入公式“=SUMIF(C2：C8，"男"，D2：D8)”。

如果要计算销售额大于 1 000 元的销售额总计，公式为“=SUMIF(D2：D8，">1000"，D2：D8)”。

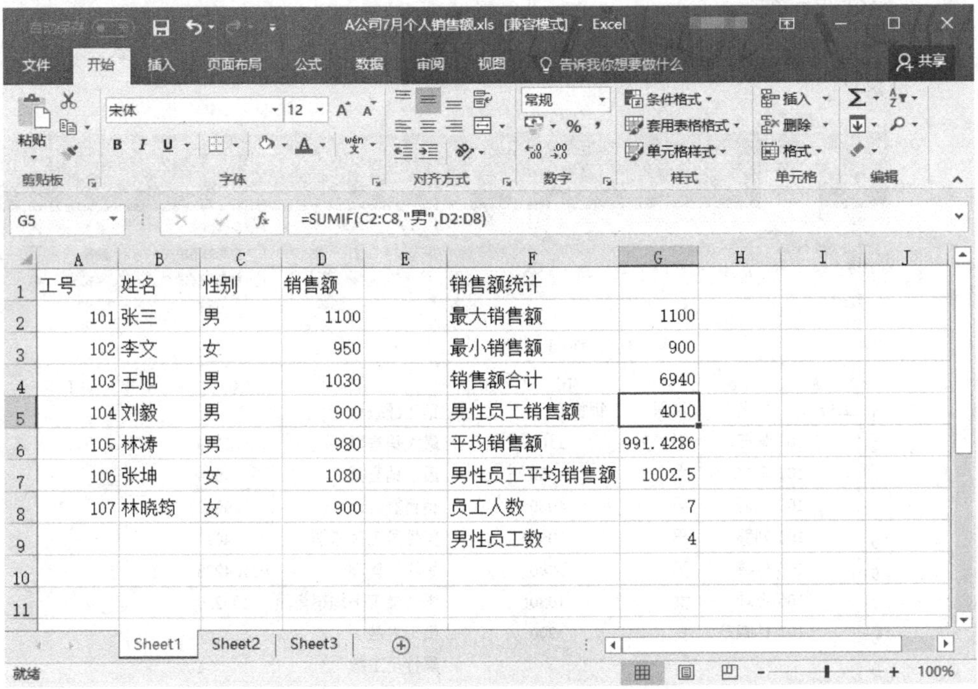

	A	B	C	D	E	F	G
1	工号	姓名	性别	销售额		销售额统计	
2	101	张三	男	1100		最大销售额	1100
3	102	李文	女	950		最小销售额	900
4	103	王旭	男	1030		销售额合计	6940
5	104	刘毅	男	900		男性员工销售额	4010
6	105	林涛	男	980		平均销售额	991.4286
7	106	张坤	女	1080		男性员工平均销售额	1002.5
8	107	林晓筠	女	900		员工人数	7
9						男性员工数	4

图 1 - 101 SUMIF 函数计算过程示意图

(五) AVERAGE

AVERAGE 函数用于返回参数的平均值（算术平均值)，语法为：

AVERAGE (number1，[number2]，…)

上式中，number1，number2，…是用于计算平均值的数值（最多可输入 255 项)，包括数值、包含数值的名称、数组或引用。其中，number1 为必需参数，后续数字为可选参数。如果区域或单元格引用参数包含文本、逻辑值或空单元格，这些值将被忽略，但包含 0 值的单元格将被计算在内。如果参数为错误值或不能转换为数字的文本，将会导致错误。

如图 1-102 所示，计算平均销售额，在单元格 G6 中输入公式“=AVERAGE(D2：D8)”。

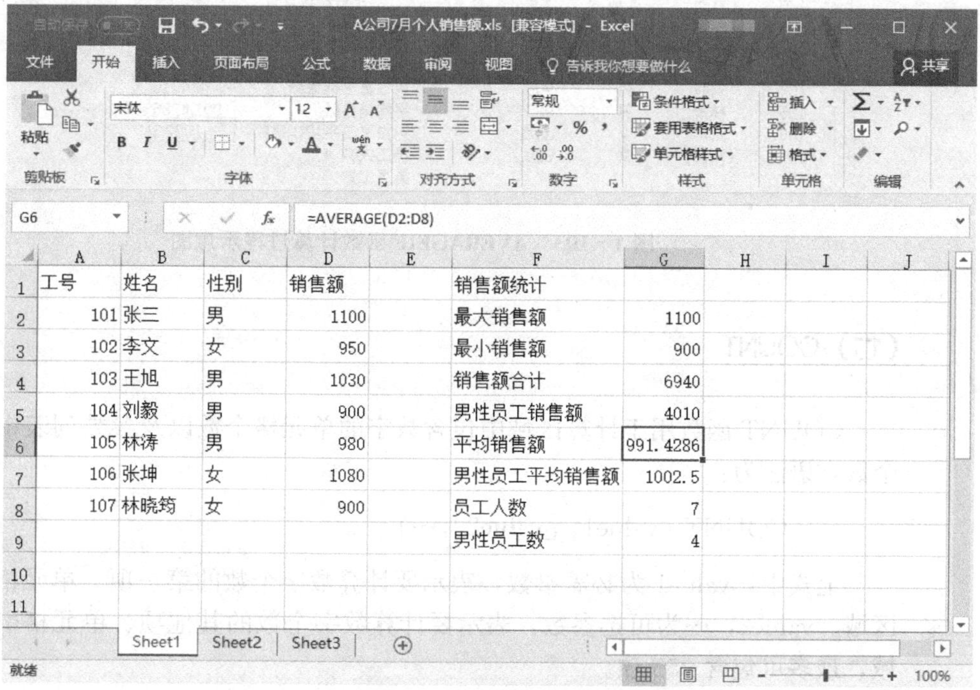

图 1-102 AVERAGE 函数计算过程示意图

（六）AVERAGEIF

AVERAGEIF 函数用于查找给定条件指定的单元格的平均值（算术平均值），语法为：

AVERAGEIF（range，criteria，[average_range]）

上式中，range 为必需参数，表示计算平均值的一个或多个单元格区域，包括有数字或包含数字的名称、数组或引用。criteria 为必需参数，用于定义计算平均值的单元格的条件，形式可以是数字、表达式、单元格引用、文本或函数。average _ range 为可选参数，用于计算平均值的实际单元格组，如果省略，则使用 range。如果 average _ range 中的单元格为空单元格，AVERAGEIF 函数将忽略它。如果 range 为空值或文本，AVERAGEIF 函数将返回错误值 #DIV0!。如果条件中的单元格为空单元格，AVERAGEIF 函数将会视其为 0 值。如果区域中没有满足条件的单元格，AVERAGEIF 函数将返回错误值 #DIV/0!。

与 SUMIF 函数类似，如图 1-103 所示，计算男性员工平均销售额，在单元格 G7 中输入公式“=AVERAGEIF(C2：C8，"男"，D2：D8)”。

G7 =AVERAGEIF(C2:C8,"男",D2:D8)

	A	B	C	D	E	F	G	H	I
1	工号	姓名	性别	工资		销售额统计			
2	101	张三	男	1100		最大销售额	1100		
3	102	李文	女	950		最小销售额	900		
4	103	王旭	男	1030		销售额合计	6940		
5	104	刘毅	男	900		男性员工销售额	4010		
6	105	林涛	男	980		平均销售额	991.4286		
7	106	张坤	女	1080		男性员工平均销售额	1002.5		
8	107	林晓筠	女	900		员工人数			
9						男员工数			
10									

图 1-103　AVERAGEIF 函数计算过程示意图

（七）COUNT

COUNT 函数用于计算区域中包含数字的单元格个数以及参数列表中数字的个数，语法为：

COUNT（value1，[value2]，…）

上式中，value1 为必需参数，表示要计算数字个数的第一项、单元格引用或区域。value2，…为可选参数，表示要计算数字个数的其他项、单元格引用或区域，最多可包含 255 项。

如图 1-104 所示，计算员工人数，在单元格 G8 中输入公式“=COUNT（A2：A8)”。

G8 =COUNT(A2:A8)

	A	B	C	D	E	F	G	H	I
1	工号	姓名	性别	销售额		销售额统计			
2	101	张三	男	1100		最大销售额	1100		
3	102	李文	女	950		最小销售额	900		
4	103	王旭	男	1030		销售额合计	6940		
5	104	刘毅	男	900		男性员工销售额	4010		
6	105	林涛	男	980		平均销售额	991.429		
7	106	张坤	女	1080		男性员工平均销售额	1002.5		
8	107	林晓筠	女	900		员工人数	7		
9						男员工数	4		
10									
11									

图 1-104　COUNT 函数计算过程示意图

（八）COUNTIF

COUNTIF 函数用于计算某个区域中满足给定条件的单元格数目，语法为：

COUNTIF(range，criteria)

上式中，range 为必需参数，表示要进行计数的单元格组。区域可以包括数字、数组、命名区域或包含数字的引用，空白和文本将被忽略。criteria 为必需参数，用于决定统计哪些单元格的数量的数字、表达式、单元格引用或文本字符串。

如图 1－105 所示，计算男员工数，在单元格 G9 中输入公式“＝COUNTIF(C2：C8，"男")”。

G9　=COUNTIF(C2:C8,"男")

	A	B	C	D	E	F	G	H	I
1	工号	姓名	性别	销售额		销售额统计			
2	101	张三	男	1100		最大销售额	1100		
3	102	李文	女	950		最小销售额	900		
4	103	王旭	男	1030		销售额合计	6940		
5	104	刘毅	男	900		男性员工销售额	4010		
6	105	林涛	男	980		平均销售额	991.429		
7	106	张坤	女	1080		男性员工平均销售额	1002.5		
8	107	林晓筠	女	900		员工人数	7		
9						男员工数	4		
10									
11									

图 1－105　COUNTIF 函数计算过程示意图

二、常用文本函数

(一) LEN

LEN 函数用于返回文本字符串中的字符数，语法为：

LEN(text)

上式中，text 为必需参数，表示待确定长度的文本。空格将作为字符进行计数。

如图 1－106 所示，在单元格 B1 中输入公式“＝LEN(A1)”，即可返回单元格 A1 中文本字符串的个数。

B1　=LEN(A1)

	A	B	C	D
1	会计电算化	5		
2				
3				

图 1－106　LEN 函数计算过程示意图

（二）RIGHT

RIGHT 函数用于从文本字符串最后一个字符开始返回指定个数的字符，语法为：

RIGHT（text,[num_chars]）

上式中，text 为必需参数，是包含要提取字符的文本串。num _ chars 为可选参数，用于指定希望 RIGHT 函数提取的字符数，它必须大于等于 0。如果 num _ chars 大于文本长度，将返回所有文本。如果忽略 num _ chars，则假定其为 1。

如图 1－107 所示，提取 A 公司固定电话号码后 7 位，在单元格 D2 中输入公式“＝RIGHT(B2，7)”。

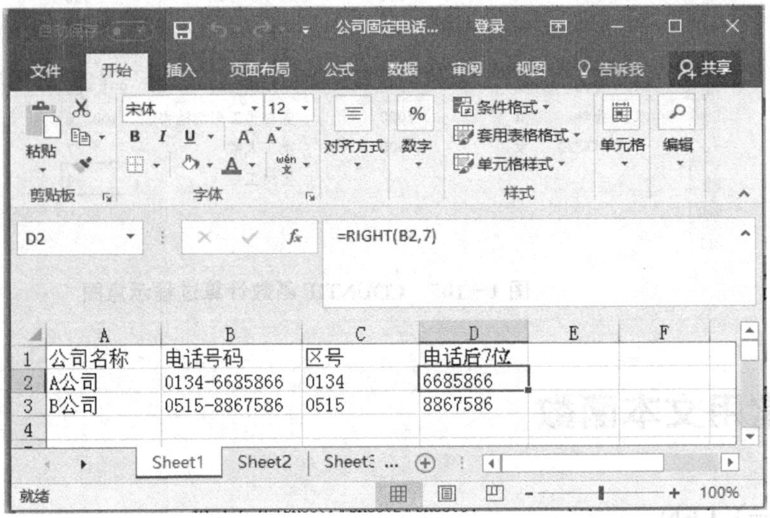

图 1－107　RIGHT 函数计算过程示意图

（三）MID

MID 函数用于返回文本字符串中从指定位置开始的特定数目的字符，语法为：

MID（text，start_num，num_chars）

上式中，text 为必需参数，包含了要提取字符的文本串。start _ num 也为必需参数，指明了文本中要提取的第一个字符的位置，文本中第一个字符的 start _ num 为 1，以此类推。num _ chars 也为必需参数，用于指定希望 MID 函数从文本中返回字符的个数。如果 start _ num 大于文本长度，则 MID 返回空文本（""）。如果 start _ num 小于文本长度，但 start _ num 加上 num _ chars 后超过了文本长度，则 MID 函数只返回最多到文本末尾的字符。如果 start _ num 小于 1，则 MID 返回错误值＃VALUE!。

如图 1－108 所示，根据员工的身份证号码提取生日信息，员工张三的生日的计算方法为在单元格 D2 中输入公式“＝MID(C2，7，8)”。

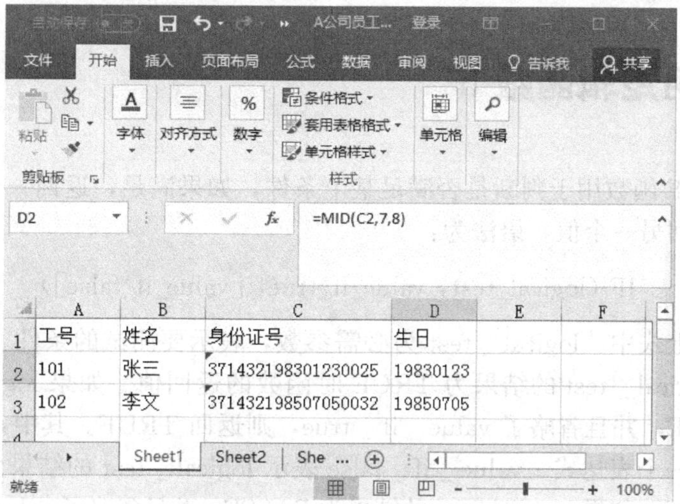

图 1-108 MID 函数计算过程示意图

（四）LEFT

LEFT 函数用于返回从文本字符串第一个字符开始指定个数的字符，语法为：

LEFT（text，[num_chars]）

上式中，text 为必需参数，包含要提取字符的文本字符串。num _ chars 为可选参数，用于指定需要 LEFT 函数提取的字符的数量。num _ chars 必须大于等于 0。如果 num _ chars 大于文本长度，则 LEFT 函数返回全部文本。如果省略 num _ chars，则假定其为 1。

如图 1-109 所示，提取 A 公司区号，在单元格 C2 中输入公式“=LEFT(B2,4)”。

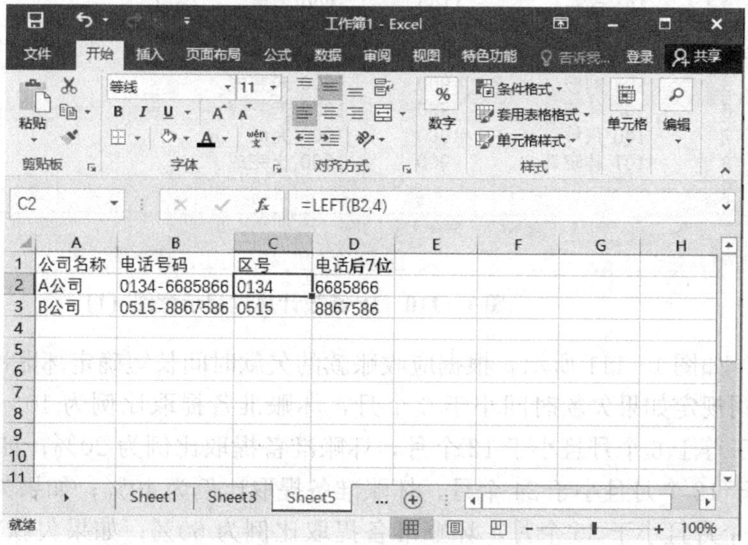

图 1-109 LEFT 函数计算过程示意图

三、常用逻辑函数 IF

IF 函数用于判断是否满足某个条件，如果满足，返回一个值，如果不满足，则返回另一个值，语法为：

IF（logical_test，value_if_true，[value_if_false]）

上式中，logical _ test 为必需参数，表示要测试的条件。value _ if _ true 表示 logical _ test 的结果为 TRUE 时函数的返回值。如果 logical _ test 的结果为 TRUE，并且省略了 value _ if _ true，则返回 TRUE。其中，value _ if _ true 可以是一个表达式。value _ if _ false 表示 logical _ test 的结果为 FALSE 时函数的返回值。如果 logical _ test 的结果为 FALSE，并且省略了 value _ if _ false，则返回 FALSE，value _ if _ false 也可以是一个表达式。

如图 1－110 所示，计算 A 公司的员工完成任务与否条件下的计划的销售额，在单元格 E2 中输入公式“＝IF(C2＞＝D2，"完成"，"未完成")”。

	A	B	C	D	E
1	工号	姓名	销售额	计划销售额	是否完成任务
2	101	张三	1100	1000	完成
3	102	李文	950	1000	未完成
4	103	王旭	1030	1000	完成
5	104	刘毅	900	1000	未完成
6	105	林涛	980	1000	未完成
7	106	张坤	1080	1000	完成
8	107	林晓筠	900	1000	未完成

图 1－110　IF 函数计算过程示意图（1）

如图 1－111 所示，根据应收账款的欠款时间长短确定坏账准备提取比例，A 公司规定如果欠款时间小于 6 个月，坏账准备提取比例为 10％；如果欠款时间大于等于 6 个月且小于 12 个月，坏账准备提取比例为 20％；如果欠款时间大于等于 12 个月且小于 24 个月，坏账准备提取比例为 40％；如果欠款时间大于等于 24 个月且小于 36 个月，坏账准备提取比例为 60％；如果欠款时间大于等于 36 个月，坏账准备提取比例为 80％。在 D2 中输入公式：

=IF(C2>=36,"80%",IF(C2>=24,"60%",IF(C2>=12,"40%",IF(C2>=6,"20%",IF(C2>=0,"10%",)))))

其中，第二个 IF 语句同时是第一个 IF 语句的参数。同样，第三个 IF 语句是第二个 IF 语句的参数，以此类推。例如，若第一个逻辑判断表达式“C2>=36”成立，则单元格 D2 赋值为“80%”；如果第一个逻辑判断表达式“C2>=36”不成立，则计算第二个 IF 语句“IF(C2>=24)”。以此类推，直至计算结束。该函数广泛用于需要进行逻辑判断的计算。

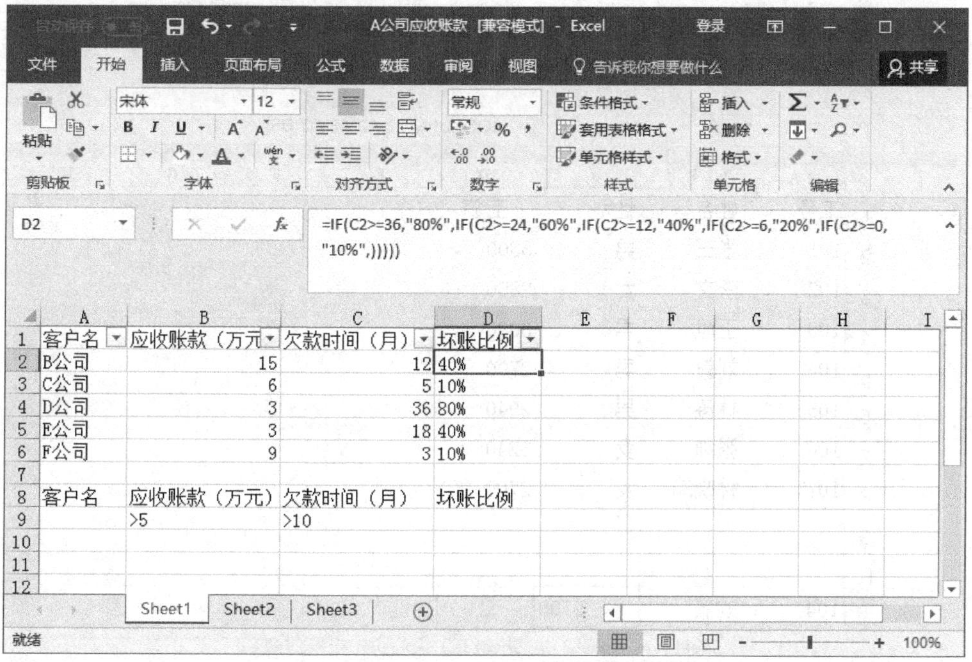

图 1-111　IF 函数计算过程示意图（2）

四、常用查找与引用函数

（一）LOOKUP

LOOKUP 函数用于返回向量（单行区域或单列区域）或数组中的数值。它具有向量形式和数组形式两种语法形式，其中，向量形式用于从单行、单列或数组中查找一个值，语法为：

LOOKUP(lookup_value，lookup_vector，result_vector)

上式中，lookup _ value 为必需参数，指的是 LOOKUP 函数要在 lookup _ vector 中查找的值，可以是数字、文本、逻辑值或包含数值的名称、引用。lookup _ vector 为必需参数，指的是只包含单行或单列的区域，lookup _ vector 的数值可以是文本、数字或逻辑值。result _ vector 为可选参数，指的是只包含单行或单列的区域。result _ vector 参数的大小必须与 lookup _ vector 参数相同。

如图 1 - 112 所示，查找工号为 104 的员工的工资，在单元格 C11 中输入公式“=LOOKUP(A11，A2：A8，D2：D8)”。

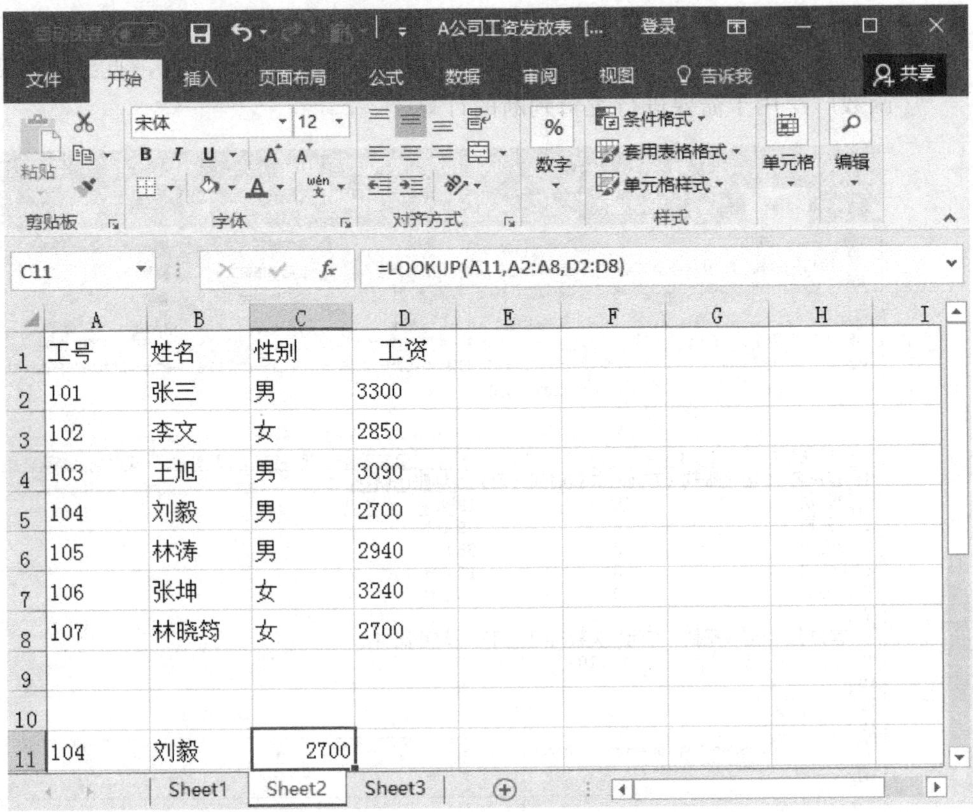

图 1 - 112　LOOKUP 函数计算过程示意图

数组形式用于在数组的第一行或第一列中查找指定的值，并返回数组最后一行或最后一列中处于同一位置的值（数组指用于建立可生成多个结果或可对在行和列中排列的一组参数进行运算的单个公式，数组区域共用一个公式，数组常量是用作参数的一组常量），语法为：

LOOKUP(lookup_value，array)

上式中，lookup _ value 是必需参数，为 LOOKUP 函数在 array 中所要查找的数值。lookup _ value 可以是数字、文本、逻辑值、名称或对值的引用。如果 LOOKUP 函数找不到 lookup _ value，则使用数组中小于或等于 lookup _ value 的最大数值。array 为包含文本、数字或逻辑值的单元格区域，它的值用于与 lookup _ value 进行比较。

如图 1 - 113 所示，在单元格 A10 中输入公式“=LOOKUP(104，A2：G8)”后，将返回最后一列处于同一位置的值 2 700。

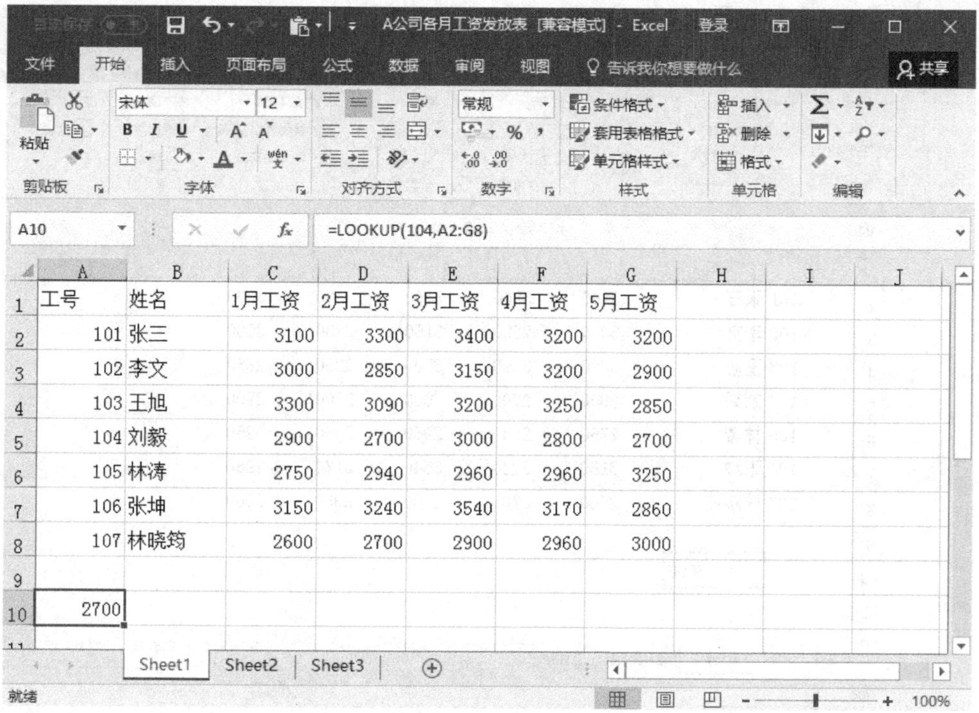

工号	姓名	1月工资	2月工资	3月工资	4月工资	5月工资
101	张三	3100	3300	3400	3200	3200
102	李文	3000	2850	3150	3200	2900
103	王旭	3300	3090	3200	3250	2850
104	刘毅	2900	2700	3000	2800	2700
105	林涛	2750	2940	2960	2960	3250
106	张坤	3150	3240	3540	3170	2860
107	林晓筠	2600	2700	2900	2960	3000
2700						

图 1-113 LOOKUP 数组形式的应用

(二) INDEX

INDEX 函数用于在给定的单元格区域中返回特定行列交叉处单元格的值或引用，语法为：

INDEX(array，row_num，column_num)

上式中，array 为必需参数，指的是单元格区域或数组常数。如果数组只包含一行或一列，则相对应的参数 row _ num 或 column _ num 为可选参数。如果数组有多行和多列，并只使用 row _ num 或 column _ num，INDEX 函数返回数组中的整行或整列，且返回值也为数组。

row _ num 为必需参数，指的是数组或引用中要返回的行序号。如果省略 row _ num，则必须有 column _ num。column _ num 为可选参数，指的是数组或引用中要返回的列序号。如果省略 column _ num，则必须有 row _ num。

如图 1-114 所示，公式"=INDEX(A1：G8，4，4)"表示返回 A1：G8 区域中第四行第四列的值，结果为 3 090。如果要根据工号和月份直接查找出工资的值，则 INDEX 函数需要与 MATCH 函数（详见 MATCH 函数有关内容）配合使用。如图 1-115 所示，在单元格 B12 中输入"=INDEX(A1：G8，MATCH(B10，A1：A8，0)，MATCH(B11，A1：G1，0))"，即可求出工号为 103 的员工 2 月的工资。

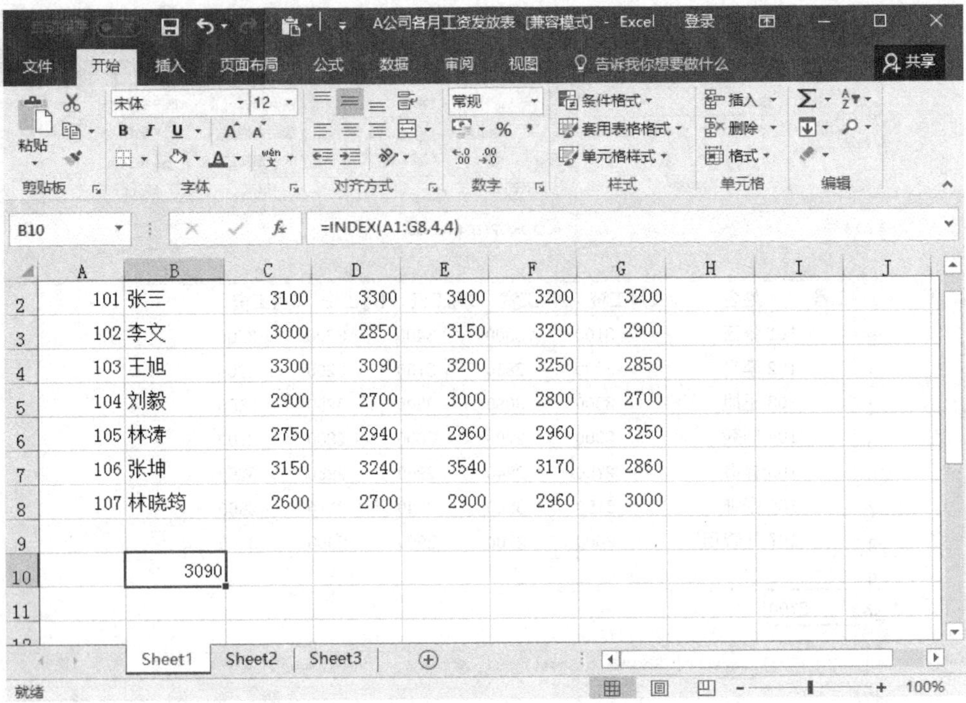

图 1-114 INDEX 函数计算过程示意图

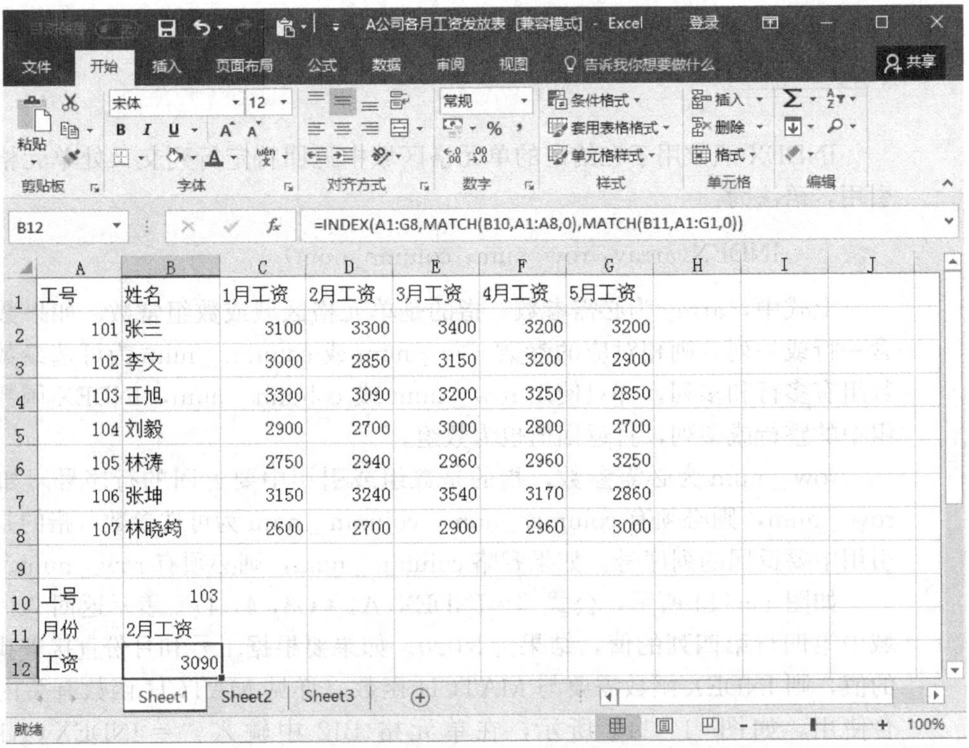

图 1-115 INDEX 函数与 MATCH 函数配合使用示意图

(三) MATCH

MATCH 函数用于返回指定数值在指定数组区域中的位置，语法为：

MATCH(lookup_value，lookup_array,[match_type])

上式中，lookup_value 为必需参数，指的是在数组中所要查找的值，可以是值（包括数字、文本或逻辑值）以及这些值的单元格引用。lookup_array 为必需参数，是含有要查找值的连续单元格区域，可以是数组或数组引用。match_type 为可选参数，指定了 lookup_value 与 lookup_array 中的数值匹配的方式。若 match_type 为 1，则此函数查找小于或等于 lookup_value 的最大数值；若 match_type 为 0，则此函数查找等于 lookup_value 的第一个数值；若 match_type 为−1，则此函数查找大于或等于 lookup_value 的最小数值。

如图 1－116 所示，查找 3 月工资为 3 000 的位置，输入公式“＝MATCH(3000，E2：E8，0)”，即可返回区域 E2：E8 中等于 3 000 的值的位置 4。

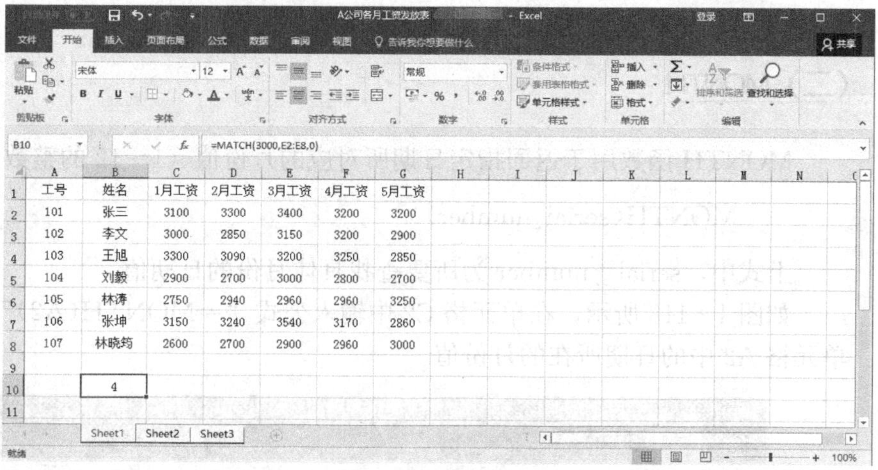

	A	B	C	D	E	F	G
1	工号	姓名	1月工资	2月工资	3月工资	4月工资	5月工资
2	101	张三	3100	3300	3400	3200	3200
3	102	李文	3000	2850	3150	3200	2900
4	103	王旭	3300	3090	3200	3250	2850
5	104	刘毅	2900	2700	3000	2800	2700
6	105	林涛	2750	2940	2960	2960	3250
7	106	张坤	3150	3240	3540	3170	2860
8	107	林晓筠	2600	2700	2900	2960	3000
9							
10		4					

图 1－116 MATCH 函数计算过程示意图

五、日期与时间函数

(一) YEAR

YEAR 函数用于返回指定日期所对应的年份值（1 900～9 999 的整数），语法为：

YEAR(serial_number)

上式中，serial_number 为所要查找具体年份的日期值。

如图 1－117 所示，在单元格 B2 中输入公式“＝YEAR(A2)”，即可返回单元格 A2 中的日期所在的年份值。

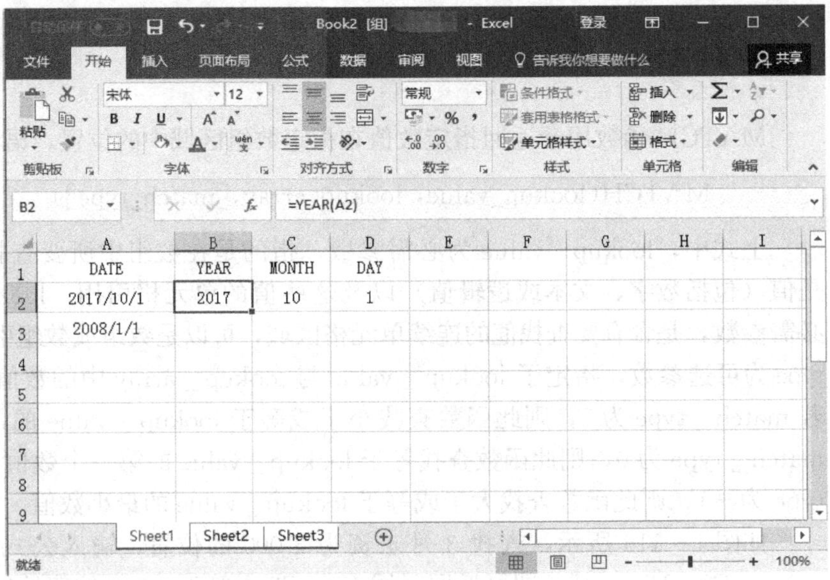

图 1-117 YEAR 函数的应用

（二）MONTH

MONTH 函数用于返回指定日期所对应的月份值（1～12 的整数），语法为：

MONTH(serial_number)

上式中，serial _ number 为所要查找具体月份的日期值。

如图 1-118 所示，在单元格 C2 中输入公式“＝MONTH(A2)”，即可返回单元格 A2 中的日期所在的月份值。

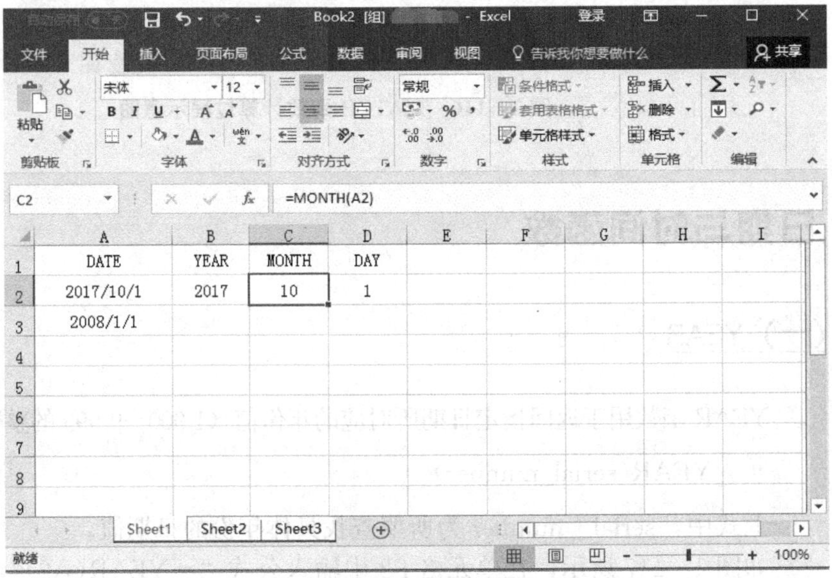

图 1-118 MONTH 函数的应用

（三）DAY

DAY 函数用于返回指定日期所对应的月份中的具体天数值（1～31 的整数），语法为：

DAY(serial_number)

上式中，serial _ number 为所要查找月份具体天数的日期值。

如图 1－119 所示，在单元格 D2 中输入公式“＝DAY(A2)”，即可返回单元格 A2 中的日期所在月份的具体天数值。

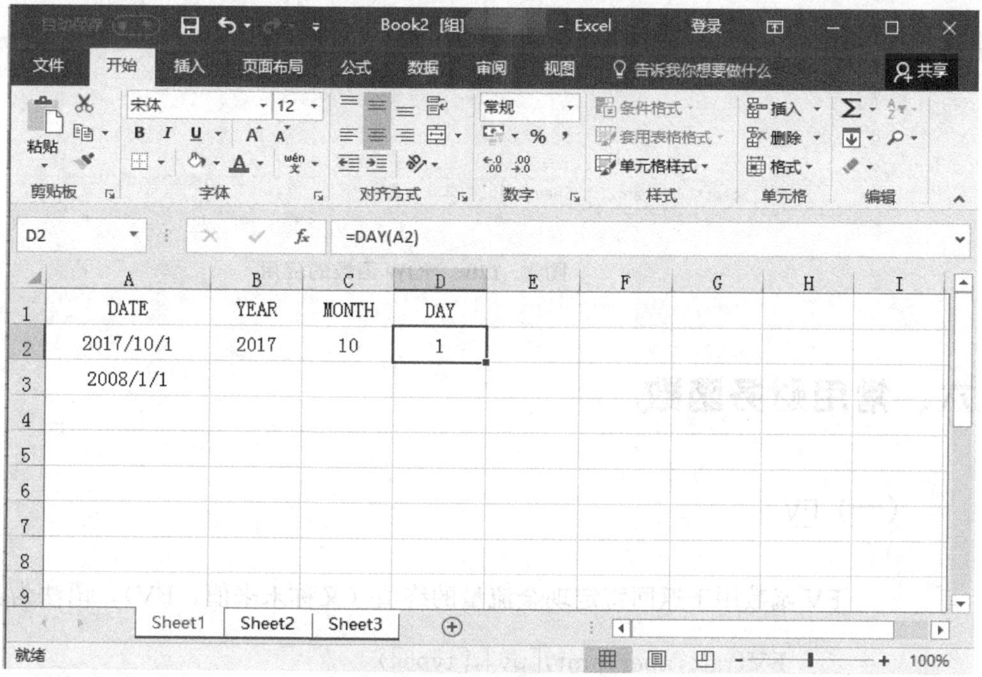

图 1－119 DAY 函数的应用

（四）NOW

NOW 函数用于返回操作该命令时系统的当前日期和时间，语法为：

NOW()

需注意的是，该函数不需要参数。

如图 1－120 所示，输入公式“＝NOW()”，即可返回系统当前的日期和时间。

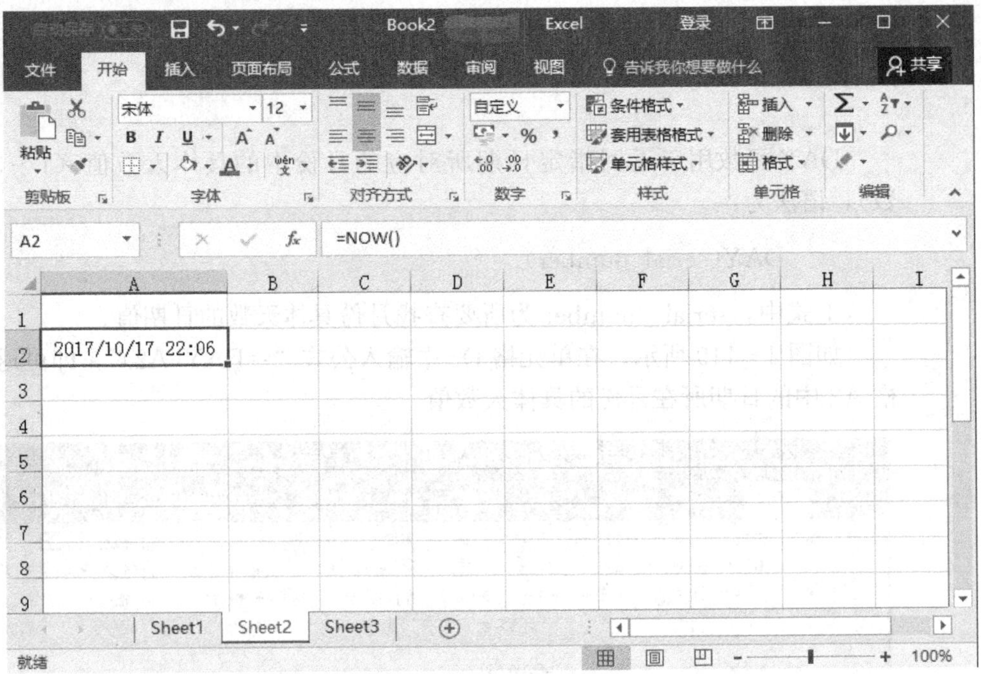

图1-120　NOW函数的应用

六、常用财务函数

（一）FV

FV函数用于返回特定现金流量的终值（又称未来值，FV），语法为：

FV(rate,nper,pmt,[pv],[type])

上式中，rate为必需参数，表示各期固定的利率。nper为必需参数，表示现金流的总期数。pmt为必需参数，表示各期现金流，其数值在整个期间保持不变。pv为可选参数，表示本金。如果省略pv，则假设其为0。type为可选参数，用数字0或1表示，0表示各期现金流发生在期末，1表示发生在期初。如果省略type，则假设其为0。需注意的是，应确保指定rate和nper所用的单位是一致的。如果项目为期四年（年利率12%），每月产生一次现金流，则rate应为12%/12，nper应为4＊12。如果对相同项目每年产生一次现金流，则rate应为12%，nper应为4。

如图1-121所示，根据相关数据计算现金流终值，公式为“＝FV(A2，B2，C2，0，0)”。

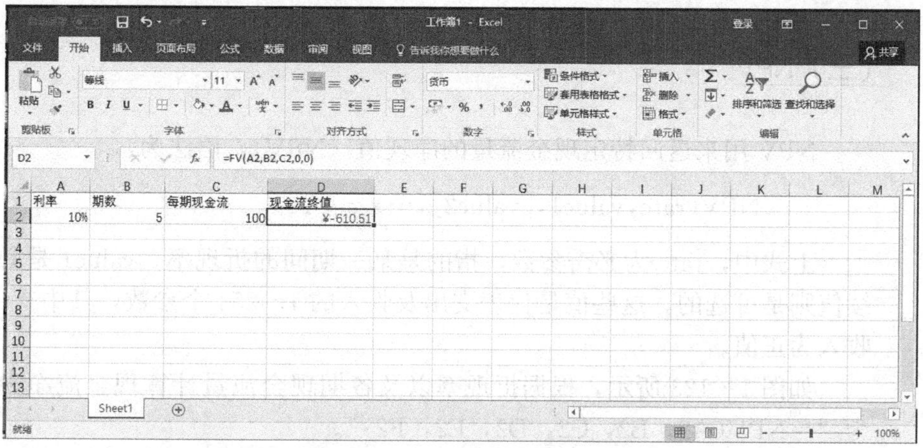

图 1-121 计算现金流终值

（二）PV

PV 函数用于返回特定现金流量的现值（PV），语法为：

PV(rate,nper,pmt,[fv],[type])

上式中，rate 为必需参数，指的是各期利率。nper 为必需参数，即该项投资（或贷款）的付款期总数。pmt 为必需参数，是各期所应支付的金额，其数值在整个年金期间保持不变。pmt 通常包括本金和利息，不包括其他费用及税款。fv 为可选参数，指的是未来值或在最后一次支付后希望得到的现金余额。如果省略 fv，则假设其为 0；如果省略 fv，则必须包含 pmt 参数。type 为可选参数，用数字 0 或 1 用以指定各期的付款时间在期初还是期末。其中，type 为 0 或被省略，默认付款时间为期末，type 为 1，则默认付款时间为期初。

如图 1-122 所示，根据相关数据计算现金流现值，公式为“=PV(A2，B2，C2，0，0)”。

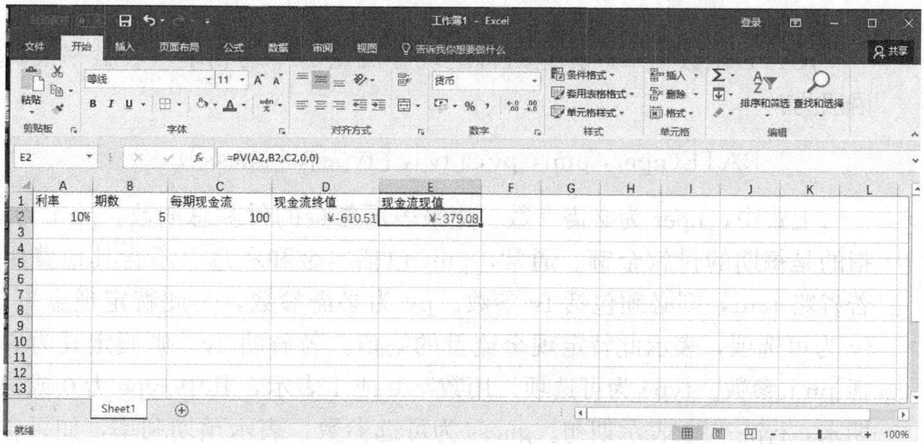

图 1-122 计算现金流现值

(三) NPV

NPV 用来返回特定现金流量的净现值（NPV），语法为：

NPV(rate,value1,[value2],…)

上式中，rate 为必需参数，指的是某一期间的折现率。value1 是必需的，后续值则是可选的。这些值是代表支出及收入的 1～254 个参数，其中支出为负值，收入为正值。

如图 1－123 所示，根据折现率以及各期现金流量计算现金流净现值，公式为“＝NPV(A2，B2，C2，D2，E2，F2)”。

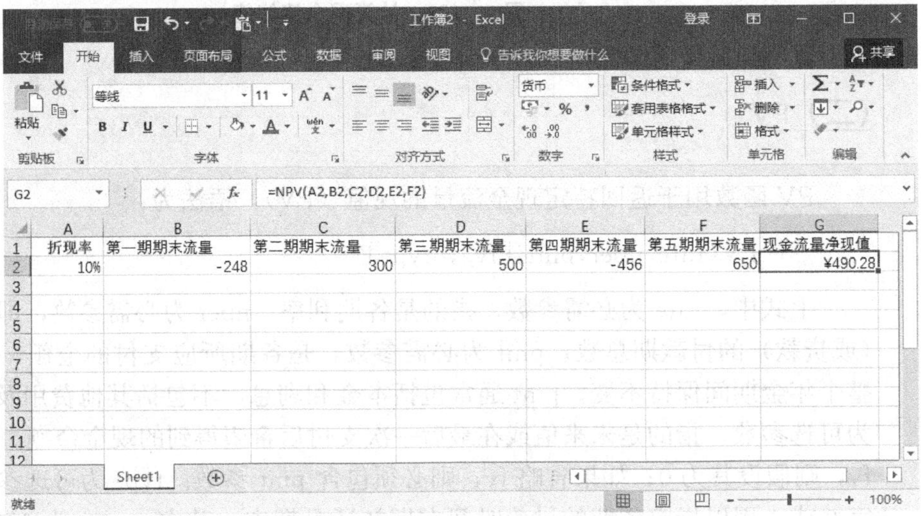

图 1－123　计算项目的现金流净现值

(四) RATE

RATE 函数用来计算返回特定现金流量的年均利率（收益率或资本成本），语法为：

RATE(nper，pmt，pv，[fv]，[type]，[guess])

上式中，nper 为必需参数，用来表示年金的付款总期数。pmt 为必需参数，指的是每期的付款金额。通常，pmt 包括本金和利息（不含其他费用或税金），若省略 pmt，则必须包括 fv 参数。pv 为必需参数，是此特定现金流量的现值。fv 为可选项，表示此特定现金流量的终值。若省略 fv，则假定其为 0 且必须包括 pmt 参数。type 为可选项，用数字 0 或 1 表示，其中 type 为 0 或被省略表示期末，type 为 1 表示期初。guess 为可选参数，表示预期利率，如果省略预期利率，则默认该值为 0.1（10%）。

如图1－124所示，使用公式“＝RATE(B1＊12，B2，B3，0，0，10％)＊12”计算项目的贷款年利率。

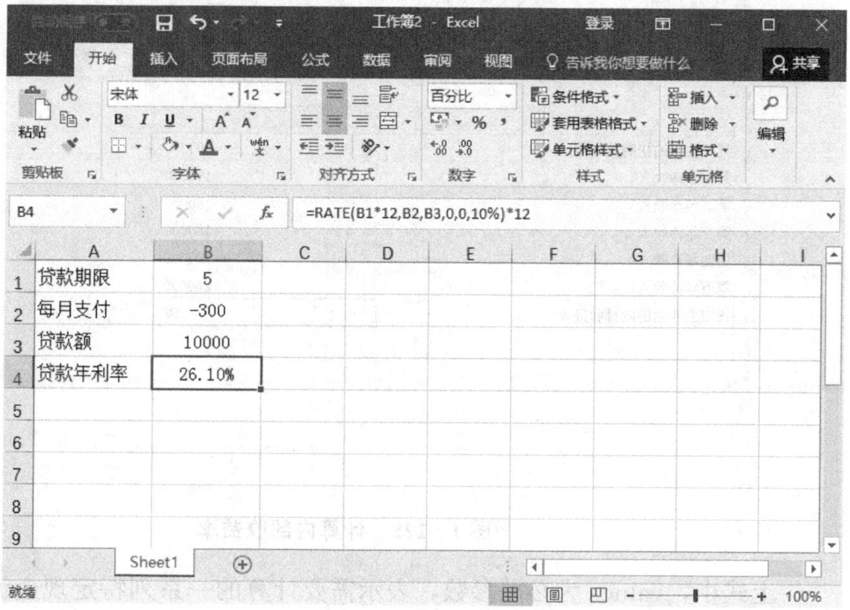

图1－124 计算项目的贷款年利率

(五) IRR

IRR函数用于返回特定现金流量的内部收益率（又称内含报酬率，IRR），语法为：

IRR(values,[guess])

上式中，values为必需参数，表示一系列具有特定顺序的现金流，其数值可以是数组或对单元格的引用，它必须包含至少一个正值和一个负值。一般来说，基期的投资额或本金可以设为负值，以后期间的现金流可根据实际情况设置。guess为可选参数，是对IRR函数计算结果的估计值。如果省略guess，则Excel使用其预设值0.1（10％）。

如图1－125所示，使用公式“＝IRR(D1：D6，10％)”计算投资五年后的内部收益率。

(六) MIRR

MIRR函数用于返回考虑投资成本和再投资收益率后的特定现金流量的修正后内部收益率（MIRR），语法为：

MIRR(values，finance_rate，reinvest_rate)

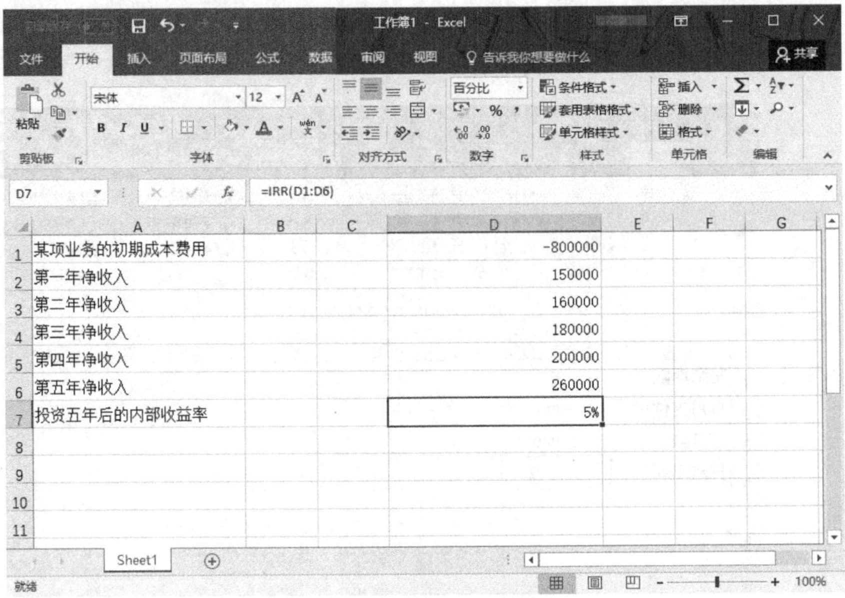

图 1-125　计算内部收益率

上式中，values 为必需参数，表示需要计算的一系列特定现金流，其数值包括数组或对包含数值的单元格的引用，它必须包含至少一个正值和一个负值。finance_rate 为必需参数，表示各期现金流出的利率（投资成本）。reinvest_rate 为必需参数，表示各期现金流入的利率（再投资收益率）。

如图 1-126 所示，根据公式"=MIRR(D1：D6，D8，D9)"计算投资五年后的修正后内部收益率。

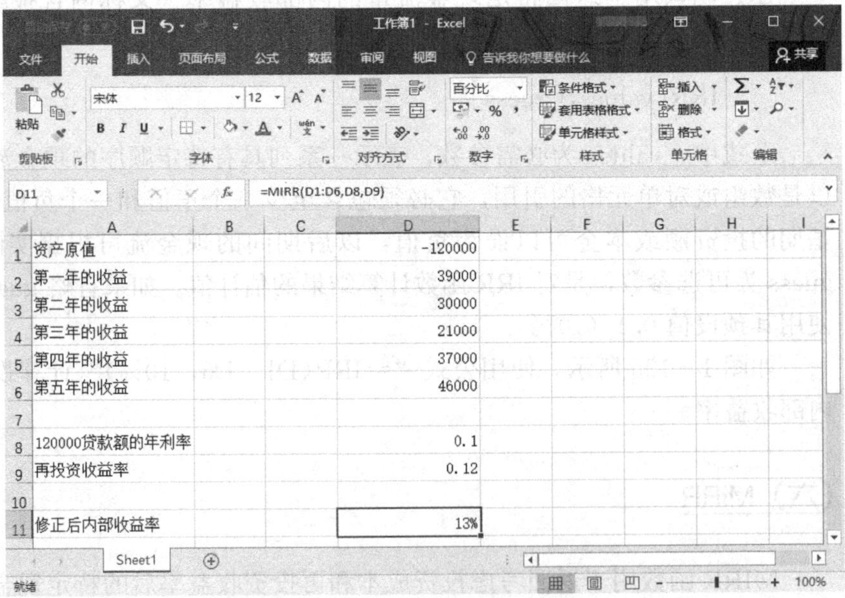

图 1-126　计算修正后内部收益率

基础 8 引 用

引用指在不同单元格之间建立链接，以直接使用来自指定单元格（或单元格区域）的数据。引用的作用在于标识工作表上特定的单元格或单元格区域，并指明公式中使用数据的位置。

通过引用，不仅可以在一个公式中使用多个指定单元格（或单元格区域）的数据，也可以在多个公式中使用同一单元格的数据。根据链接的方式和位置，引用通常有表内引用、表间引用、跨工作簿引用和远程引用四种类型。

一、表内引用的样式与类型

表内引用指采用 A1 或 R1C1 样式引用同一工作表中的单元格，具体包括相对引用、绝对引用和混合引用三种类型。

（一）表内引用的样式

1. A1 引用样式

在默认状态下，Excel 使用 A1 引用样式，即以字母标识列（Excel 2003 及早期版本中从 A 到 IV，共 256 列；Excel 2007 及后期版本中从 A 到 XFD，共 16 384 列）和以数字标识行（Excel 2003 及早期版本中从 1 到 65 536；Excel 2007 及后期版本中从 1 到 1 048 576）。这些字母和数字分别称为列标题和行标题。通过顺序输入列字母和行数字可引用对应的单元格或单元格区域。

如图 1－127 所示，在产品销售情况表中，销售金额＝销售数量×单价。在单元格 E5 中输入并确认“＝D5 * C5”，即可自动计算并生成产品 A 的销售金额。根据单元格 C5 列示的销售数量 21 和单元格 D5 列示的单价 56，可计算出产品 A 的销售金额。

如果要引用单元格区域，应输入区域左上角单元格的引用、冒号“：”和区域右下角单元格的引用。例如，在单元格 E11 中列示销售金额的合计数，其实就是对列 E 中第 5 行到第 10 行的销售金额求和，在单元格 E11 中输入并确认

图 1－127 “销售金额”公式中的相对引用

“＝SUM(E5：E10)”，即可自动计算并生成合计数。再如，列 A 第 1 行到列 E 第 10 行的单元格区域为 A1：E10；列 A 中的所有单元格为 A：A；行 1 中的所有单元格为 1：1；列 A 到列 E 的所有单元格为 A：E；行 1 到行 10 的所有单元格为 1：10。

2. R1C1 引用样式

在 R1C1 引用样式下，Excel 使用“R”加行数字和“C”加列数字的形式指示单元格的位置。需注意的是，Excel 的列标题以自然数 1，2，3，…表示，与 A1 引用样式下列标题 A，B，C，…相对应（见图 1－128）。

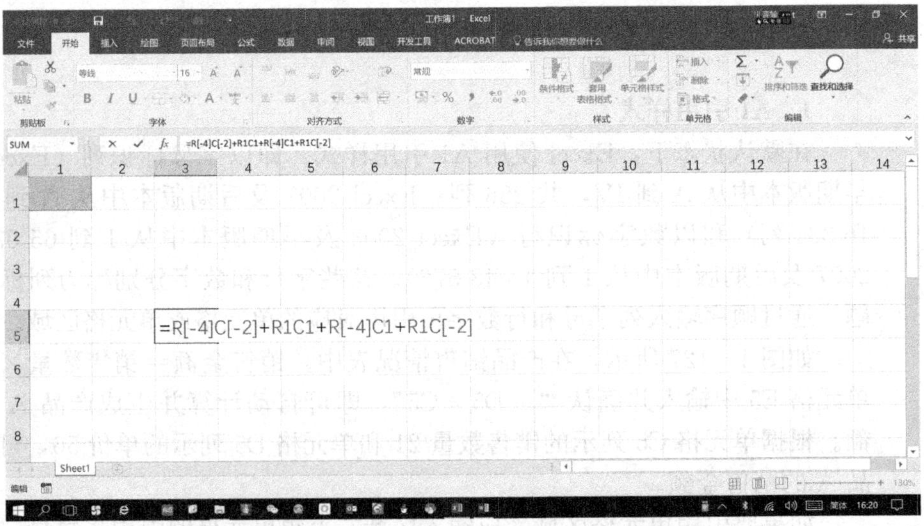

图 1－128 R1C1 引用样式下以自然数表示的列标题

在 R1C1 引用样式下，“R”后的数字 n 表示对位于当前工作表第 n 行单元格的绝对引用；“C”后的数字 m 则表示对位于当前工作表第 m 列单元格的绝对引用。例如，R1C1 表示对位于当前工作表第 1 行、第 1 列单元格的绝对引用，与 A1 引用样式中的绝对引用 $A$1 等价（见图 1-128）；R1 表示对位于当前工作表第 1 行单元格区域的绝对引用，与 A1 引用样式中的绝对引用 $1：$1 等价；C1 表示对当前工作表第 1 列单元格区域的绝对引用，与 A1 引用样式中的绝对引用 $A：$A 等价（应注意不要与 A1 引用样式下的单元格 C1 相混淆）。

在 R1C1 引用样式下，如果数字被放入中括号，则表示相对引用（相对引用和绝对引用的关系详见“表内引用的类型”）。其中，正数 n 表示向下 n 行或向右 n 列；负数 n 表示向上 n 行或向左 n 列。如图 1-128 所示的 R[-4]C[-2] 表示对当前单元格上面 4 行和左边 2 列单元格的相对引用（当前单元格和相对引用的单元格分别对应 A1 引用样式下的 C5 和 A1）。又如，R[-5] C 表示对位于当前单元格同一列且向上 5 行的单元格的相对引用；R[-1] 表示对当前单元格上面整行单元格区域的相对引用；C[-1] 表示对当前单元格左边整列单元格区域的相对引用；C[1] 表示对当前单元格右边整列单元格区域的相对引用。

可见，在 R1C1 引用样式中，Excel 指出了行号在“R”后且列号在“C”后的单元格位置。通过 R1C1 引用样式，可以清楚地表明单元格的相对偏移、单元格之间的相对位置，或者指定单元格在工作表中的绝对位置。因此，R1C1 引用样式对计算位于宏内的行和列很有用。在录制宏时，Excel 使用 R1C1 引用样式录制命令，而不使用 A1 引用样式。现在用户大多习惯 Excel 默认的 A1 引用样式，而很少有人使用 R1C1 引用样式。针对 Excel 软件的不同版本，可通过以下步骤打开或关闭 R1C1 引用样式。

在 Excel 2003 及早期版本中的步骤为：打开“工具”菜单，单击“选项”；单击“常规”选项卡；在“设置”下取消勾选“R1C1 引用样式”复选框（左上角）；点击“确定”（见图 1-23）。

在 Excel 2007 及后期版本中的步骤为：在“文件”标签下选择“选项”；在打开的“Excel 选项”对话框中选择“公式”下面的“使用公式”，勾选“R1C1 引用样式”复选框；点击“确定”。Excel 会将行标题和列标题的引用样式及单元格引用由 A1 引用样式更改为 R1C1 引用样式（见图 1-129）。如果要使用 A1 引用样式，应取消勾选“R1C1 引用样式”复选框（见图 1-130）。后文均以默认的 A1 引用样式为基础。

(二) 表内引用的类型

1. 相对引用

Excel 默认使用的单元格引用类型是相对引用。在相对引用情况下，公式记忆的是源数据所在单元格位于引用源数据的单元格的相对位置。把使用相对引用的公式复制到其他单元格时，被粘贴公式中的引用将自动更新，数据源将指向与当前公式所在单元格位置相对应的单元格。在相对引用中，引用的单元格地址的列标题和行标题前面没有任何标示符号。

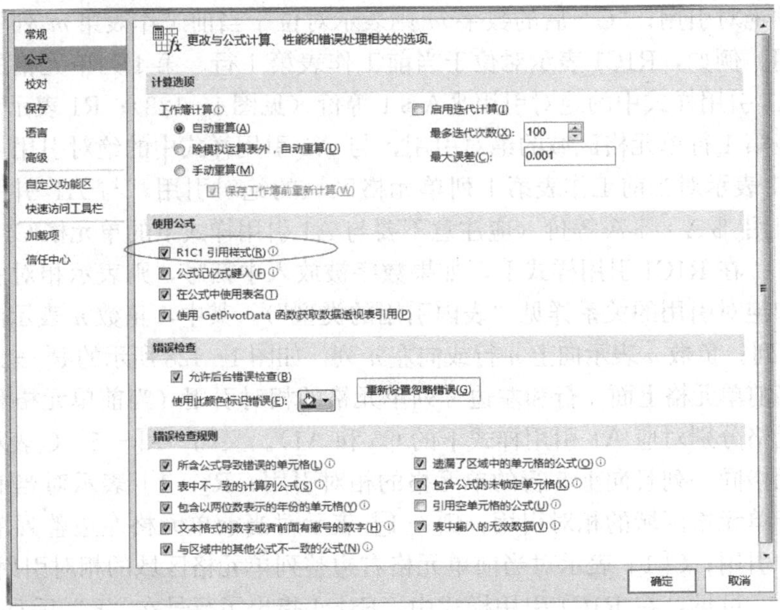

图 1-129 Excel 2016 勾选"R1C1 引用样式"

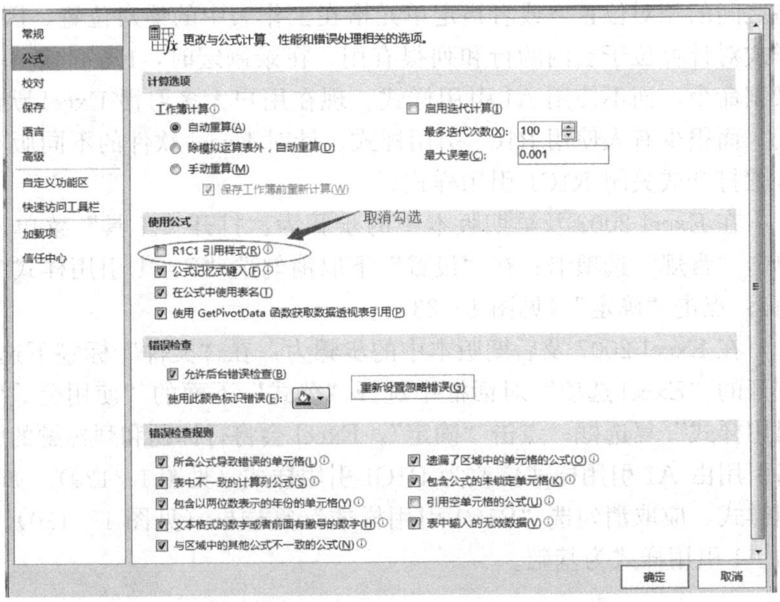

图 1-130 Excel 2016 取消"R1C1 引用样式"

若想把图 1-127 中的单元格 E5 复制到单元格 E6 中，公式应变为 E6=D6 * C6，此时 Excel 自动计算并生成产品 B 的销售金额（见图 1-131）。

2. 绝对引用

如果公式使用的是绝对引用，公式记忆的是源数据所在单元格在工作表中的绝对位置。当复制使用了绝对引用的公式到其他单元格时，被粘贴公式中的引用

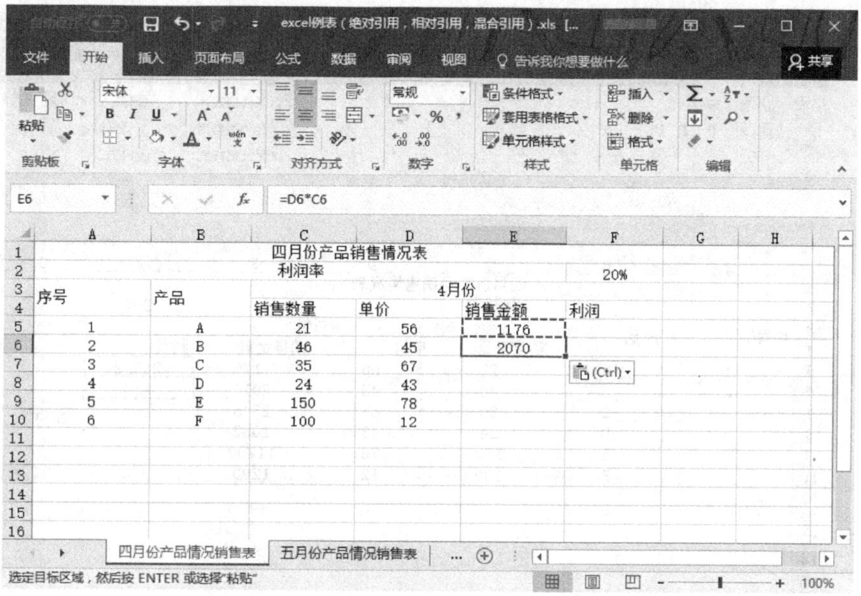

图 1－131　"销售金额"公式自动计算结果

不会更新，数据源仍然指向原来的单元格。如果要使复制公式或自动填充时的数据源位置保持不变，应当使用绝对引用。实现绝对引用的方法通常是在引用单元格地址的列标题和行标题前分别添加标示符号"$"，对于自定义名称的单元格，可以直接按其名称进行绝对引用。

如图 1－132 所示，在产品销售情况表中，利润＝销售金额×利润率。其中，销售金额为相对引用，但为了使利润率保持不变，应使用绝对引用。在单元格 F5 中，输入"＝E5＊$F$2"。把该公式复制到单元格 F6 中，得到 F6＝E6＊$F$2（见图 1－133）。

图 1－132　"利润"公式中的绝对引用

图 1－133 “利润”公式自动计算结果

3. 混合引用

混合引用指所用单元格地址的行标与列标中有一个是相对引用，另一个是绝对引用（如＄F2，F＄2）。其中，＄F2 表示公式记忆的是源数据所在单元格在工作表中列 F 的绝对位置，当复制该公式到其他单元格时，被粘贴公式对列 F 的引用不会更新，但行会相应调整；F＄2 表示公式记忆的是源数据所在单元格在工作表中第 2 行的绝对位置，当复制该公式到其他单元格时，被粘贴公式对第 2 行的引用不会更新，但列会相应调整。

在公式中，可以通过直接输入单元格的地址引用单元格，也可以使用鼠标或键盘的方向键移点选择单元格。输入单元格地址后，通常可使用以下两种方法来改变表内引用的类型：（1）在单元格地址的列标、行标前直接输入符号“＄”；（2）输入单元格地址后，重复按放 F4 键选择合适的引用类型。

二、表间引用

表间引用又称跨工作表引用或三维引用，指引用同一工作簿其他工作表中的单元格，需要按照以下格式进行跨表引用：工作表名！数据源所在单元格地址。

图 1－134 所示的是某公司四月份产品销售情况表，现需在编制 A 产品第二季度的销售情况表时引用该表数据。在 A 产品第二季度的销售情况表的单元格

B3 中输入“=四月份产品情况销售表！C5”，即可引入 A 产品在四月份的销售数量（见图 1-135）。

图 1-134　某公司四月份产品销售情况表

图 1-135　跨工作表单元格引用

对于跨工作表引用，因为数据都是引用其他表的链接，所以“Excel 选项”菜单中的“自动重算”功能必须打开（见图 1-136），否则计算结果不能自动更新。

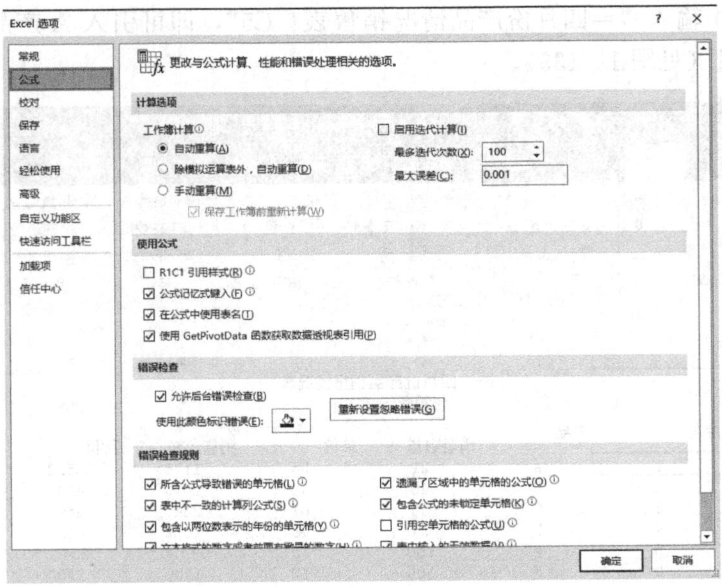

图 1－136　设置“自动重算”功能

三、跨工作簿引用

跨工作簿引用又称外部引用，指引用其他工作簿中的单元格，需要按照以下格式进行跨工作簿引用：[工作簿名] 工作表名！数据源所在单元格地址。

对于跨工作簿引用，因为数据都是引用其他表的链接，所以“Excel 选项”菜单中的“自动重算”功能必须打开（见图 1－137），否则计算结果不能自动更新。如果改变被引用工作簿的名称或位置，结果将会出错。

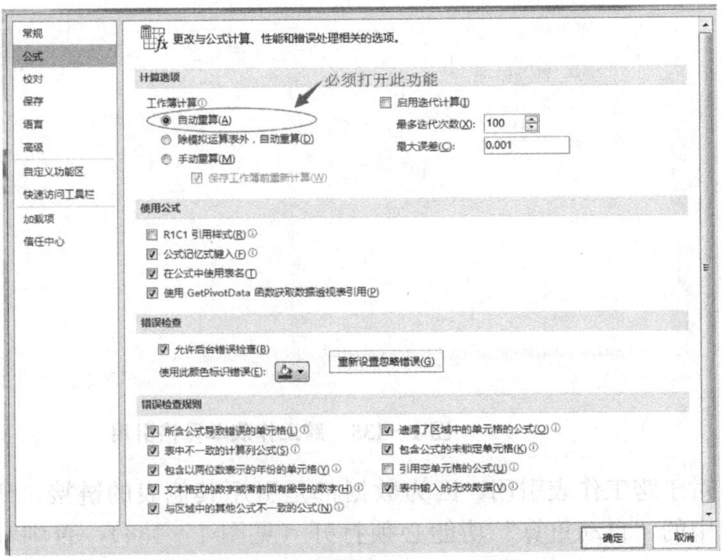

图 1－137　“自动重算”功能的打开

四、远程引用

远程引用指引用其他程序中的数据。例如，Excel 可以引用 SQL Server、Access 等数据库的数据，实现与小型数据库管理系统的交互。

第二部分

常用模型设计与实验

实验 1 构建计算现金流量现值的通用模板

一、实验目标

（1）构建能够计算一次性收付款项、普通年金和预付年金现值的通用模板。
（2）实践一次性收付款项、普通年金和预付年金的现值计算原理。
（3）透彻理解一次性收付款项、普通年金和预付年金的现值之间的相互关系。
（4）灵活运用内置函数 PV 和引用。
（5）熟悉窗体、按钮、宏的录制和调用。

二、相关理论与知识

（一）现金流量理论

（1）现金流量的构成要素。
（2）现金流量的表述（时间线）。
（3）现金流量的分类。

（二）时间价值理论

（1）一次性收付款项的现值。
（2）普通年金的现值。
（3）预付年金的现值。

（三）Excel 相关知识

（1）数值的计算。

（2）内置函数 PV 及其调用。

（3）内置函数 PV 的引用。

（4）宏的录制、编辑（VB）与调用。

（5）窗体与控件。

（6）对错误自动提示符号的理解及解决方法。

三、实验内容

（一）实例

某企业决定租入一台设备，租金支付方案有四种：

方案 1：现在一次性支付 100 万元，但需放弃对甲项目的投资。

方案 2：第 5 年末一次性支付租金 130 万元，且现在不必放弃对甲项目的投资。

方案 3：每年末支付租金 25 万元，连续支付 5 年，共 125 万元，且现在不必放弃对甲项目的投资。

方案 4：现在开始每年初支付租金 24 万元，连续支付 5 年，共 120 万元，且现在不必放弃对甲项目的投资。

经测算，甲项目年均收益率预计为 7.05%。试问，应选择何种付款方案？思路是比较四种方案的现值。

（二）已构建通用模板的展示

计算规则现金流量现值的通用模板如图 2－1 所示。

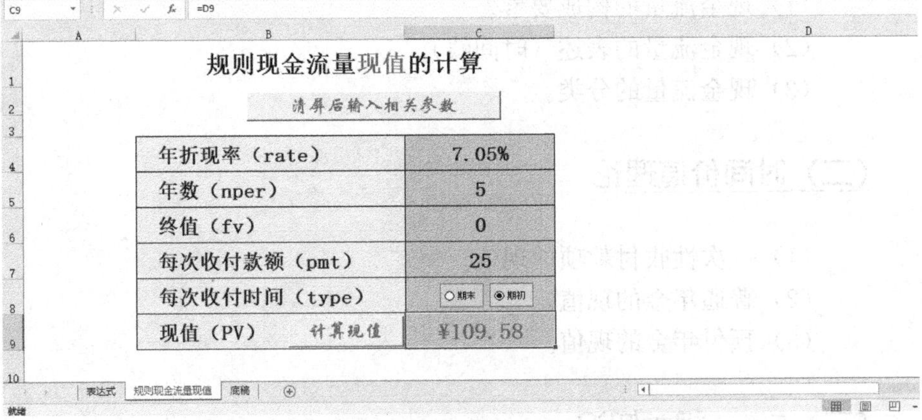

图 2－1　计算规则现金流量现值的通用模板

(三) 通用模板的功能分析

(1) 点击“计算现值”按钮，实现自动计算功能。

(2) 点击“期末”或“期初”选项按钮，显示的结果为普通年金或预付年金的现值。

(3) 为便于数据输入，点击“清屏后输入相关参数”按钮，相关栏目中的数据将全部自动清除，光标移至“年折现率（rate）”右边的单元格，等待输入相关数据。

(四) 实例的普适性思考

1. 基本规定

(1)“现在一次性支付100万元”中的“100”为现值，用“PV”表示。

(2)“年均收益率预计为7.05%”中的“7.05%”为各期平均收益率或折现率，用“rate”表示。

(3)“第5年末”或“连续支付5年”中的“5年”为期数，用“nper”表示。

(4)“第5年末一次性支付租金130万元”中的“130”为终值，用“fv”表示。

(5)“每年末支付租金25万元”或“每年初支付租金24万元”中的“25”或“24”为每次收付额（即年金），用“pmt”表示。

(6)“每年末支付租金25万元”中的“每年末”为年金收付时点，用“type”标识，每期末收付时，type为0（或省略）。

(7)“每年初支付租金24万元”中的“每年初”为年金收付时点，用“type”标识，每期初收付时，type为1。

2. 计算一次性收付款项、普通年金和预付年金现值的通式

根据时间价值原理，计算一次性收付款项、普通年金和预付年金现值的通式可概括为：

$$现值=pmt\times\frac{1-(1+rate)^{-nper}}{rate}\times(1+rate)^{type}+\frac{fv}{(1+rate)^{nper}}$$

在运用上式时，需特别注意以下问题：

(1) rate>0，并在各期保持不变。

(2) nper表示一笔款项从付到收（或从收到付）的时间间隔（如1年、2个半年、4个季度、12个月、54周等），或者年金收付的次数（如2次、3次、5次等）。可见，nper只强调每次的时间跨度相同，其计量单位不一定是“年”，可以是“半年”“季度”“月”“周”“次”等；其数值尽管通常为自然数，但有时可以为小数或分数，即 nper＞0。在对 nper 赋值时，应特别注意 rate 和 nper 在计量单位上的一致性。例如，同样是 3 年期年利率为 6％的贷款，利息如果按年支付（或计算），rate 应为 6％，nper 应为 3；如果按月支付（或计算），rate 应为 6％/12，nper 应为 3＊12；如果按季支付（或计算），rate 应为 6％/4，nper 应为 3＊4。

（3）由于是计算特定现金流量（pmt 或/和 fv）的现值，故 pmt 与 fv 不能同时为 0。

（4）pmt≠0 时，type 是数字 0 或 1，用以指定年金在各期流入或流出的时间是期末或期初。type 值为 0 时，表示年金在每期末收支；type 值为 1 时，表示年金在每期初收支。

（5）如果 pmt＝0，fv≠0，公式的结果是一次性收付款项的现值，type 的赋值情况不影响公式。

（6）如果 pmt≠0，fv＝0，公式的结果是年金的现值，type 的赋值情况影响公式。如果 type＝0，公式的结果是普通年金的现值；如果 type＝1，公式的结果是预付年金的现值。

（7）如果 pmt≠0，fv≠0，type＝0，公式的结果是每年末付息、到期按面值偿还的债券的现值。

3. 运用公式直接计算

$$\text{PV(方案 2)} = \frac{\text{fv}}{(1+\text{rate})^{\text{nper}}} = \frac{130}{(1+7.05\%)^{5}} = 92.47(\text{万元})$$

$$\text{PV(方案 3)} = \text{pmt}\times\frac{1-(1+\text{rate})^{-\text{nper}}}{\text{rate}} = 25\times\frac{1-(1+7.05\%)^{-5}}{7.05\%} = 102.37(\text{万元})$$

$$\text{PV(方案 4)} = \text{pmt}\times\frac{1-(1+\text{rate})^{-\text{nper}}}{\text{rate}}\times(1+\text{rate})^{\text{type}} = 24\times\frac{1-(1+7.05\%)^{-5}}{7.05\%}\times(1+7.05\%)^{1} = 105.20(\text{万元})$$

4. 在 Excel 中直接计算

在 Excel 的任一单元格中输入下列各计算式等号及其右边的运算式，即可分别得出各方案的现值：

PV(方案 2)＝0＊25＊((1－(1+7.05％)^(－5))/7.05％)
＊(1+7.05％)^0+130＊(1+7.05％)^(－5)

PV(方案 3)＝25＊((1－(1+7.05％)^(－5))/7.05％)＊(1+7.05％)^0
+0＊(1+7.05％)^(－5)

PV(方案4)＝24＊((1－(1＋7.05％)^(－5))/7.05％)＊(1＋7.05％)^1
＋0＊(1＋7.05％)^(－5)

5. 调用Excel内置函数PV

Excel内置函数PV具有计算一次性收付款项、普通年金和预付年金现值的功能，语法如下：

现值＝PV(rate,nper,pmt,[fv],type)

通过对上式中pmt，fv，type等参数①的合理赋值，Excel内置函数PV可以分别用来计算一次性收付款项、普通年金、预付年金、标准债券的现值，具体如表2－1所示。

表2－1　内置函数PV的参数设置及其表达式

现值	pmt	fv	type	基本表达式	最简洁表达式②
一次性收付款项	0或省略③	＜0④	不适用⑤	＝PV(rate，nper，0，fv，type)	＝PV(rate，nper，fv)
普通年金	＜0	0或省略	0或省略	＝PV(rate，nper，pmt，0，0)	＝PV(rate，nper，pmt)
预付年金	＜0	0或省略	1	＝PV(rate，nper，pmt，0，1)	＝PV(rate，nper，pmt，1)
标准债券	＜0	＜0	0或省略	＝PV(rate，nper，pmt，fv，0)	＝PV(rate，nper，pmt，fv)

在Excel的任一单元格中输入下列各计算式等号及其右边的运算式，即可分别得出各方案的现值：

PV(方案2)＝PV(7.05％,5,0,－130,0)→一次性收付款项的现值
PV(方案3)＝PV(7.05％,5,－25,0,0)→普通年金的现值
PV(方案4)＝PV(7.05％,5,－24,0,1)→预付年金的现值

---

① rate和nper均为必需参数，且均大于0。

② Excel内置函数PV的调用除了具有最简洁表达式外，还有其他的变通表达式，本书从略。最简洁表达式虽然简洁，但容易出错，而基本表达式中参数齐全，且按规律排列，相对位置清晰明了，故极力推荐通过基本表达式调用Excel内置函数PV。

③ 一次性收付款项中虽然不存在pmt的收付，但为了调用函数PV，需要假设pmt为0或做省略处理。pmt虽能省略，但pmt后为了标识不同参数相对位置的逗号不能省略。

④ 由于函数PV默认以正负号区分现金流量的方向，根据公式计算出的结果在正负号上与fv和/或pmt相反，因此为了使计算结果与fv和/或pmt正负号相同，必须在fv和/或pmt前加上负号（“－”）。后文均按此方法处理。

⑤ type作为判断年金收支时点的逻辑变量，对于一次性收付款项，不涉及type的赋值问题；对于预付年金，type的值设为1；对于普通年金，type的值设为0或省略。由于type是函数PV的最后一个参数，如果省略了type的值，其前面的逗号可一并省略。

（五）通用模板的设计流程

1. 列示表头

合并B1和C1，输入“规则现金流量现值的计算”字样（可根据个人喜好和版面美观设定字体、字号、颜色）。

2. 标明拟输入参数的提示性文字

在B4：B8中分别输入“年折现率（rate）”“年数（nper）”“终值（fv）”“每次收付款额（pmt）”“每次收付时间（type）”等文字，提示用户分别在C4：C8中人工输入或选择相应的参数。其中，C4：C7是数字，需手工输入，C8中已列明每次收付时间是“期末”或“期初”，供用户选择。

3. 在C8中绘制“期末”“期初”选项按钮并设置选择功能

（1）在Excel 2003中，点击“视图”菜单，选择“工具栏”命令右侧的扩展符，选中“窗体”命令，在“窗体”工具栏中点击“选项按钮”（见图2-2、图2-3），待鼠标指针变成“+”形状点击C8后，将会出现“选项按钮1”（见图2-2）。采用同样的方法绘制出“选项按钮2”（或将鼠标指针移至“选项按钮1”，点击鼠标右键选中后选择“复制”命令，然后选择“粘贴”命令）。在Excel 2016中，点击“开发工具”，选择“插入”，点击表单控件中“选项按钮（窗体控件）”，鼠标指针将变成“+”形状，点击C8后，将会出现“选项按钮1”（见图2-3），采用与Excel 2003同样的方法绘制出“选项按钮2”。

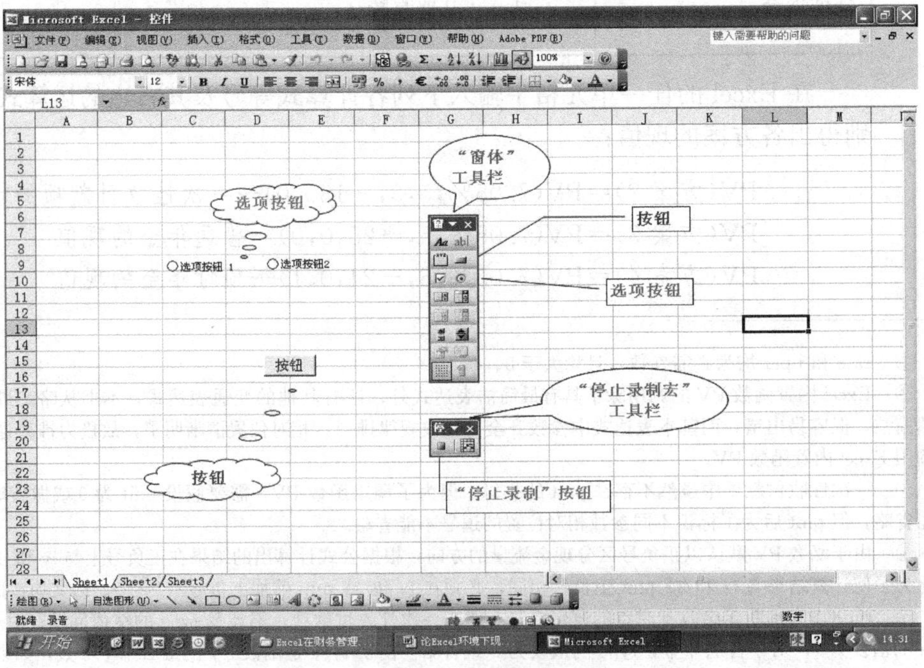

图2-2 Excel 2003按钮的绘制及其功能设置

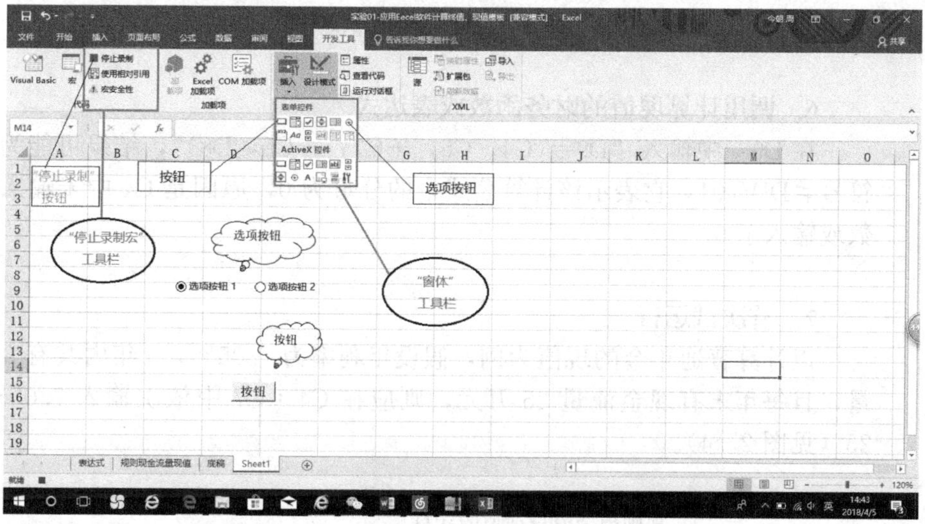

图 2－3　Excel 2016 按钮的绘制及其功能设置

（2）将鼠标指针移至“选项按钮 1”，点击鼠标右键选中后，选择“编辑文字”命令，删除“选项按钮 1”字样，输入“期末”字样，于是将“选项按钮 1”改名为“期末”。采用同样的方法将另一个选项按钮重命名为“期初”。可根据需要点击鼠标右键选中后，进入“设置控件控制”命令，选择“颜色与线条”对话框，设置选项按钮的界面。

（3）当用鼠标点击“期末”按钮时，该按钮左部的圆圈变为实心圆圈，“期初”按钮左部的圆圈则相应变成空心圆圈；当用鼠标点击“期初”按钮时，该按钮左部的圆圈变为实心圆圈，“期末”按钮左部的圆圈则相应变成空心圆圈。这说明选择功能已经实现。

4. 保存并设置“期末”“期初”选项按钮的逻辑值

（1）将鼠标指针移至“期末”按钮，点击鼠标右键选中后，进入“设置控件控制”命令，选择“控制”对话框，点击“单元格链接”栏目右侧的地址栏，选中单元格 D7，关闭对话框，将“期末”选项按钮的逻辑值链接到 D7。

（2）将鼠标指针移至“期初”按钮，点击鼠标右键选中后，进入“设置控件控制”命令，选择“控制”对话框，点击“单元格链接”栏目右侧的地址栏，选中单元格 D7（注意，必须与“期末”按钮链接的单元格相同），关闭对话框，将“期初”选项按钮的逻辑值链接到 D7。

（3）选中“期末”按钮时，D7 的值为 1，选中“期初”按钮时，D7 的值为 2，它们分别比 PV 函数中的 type 值多 1。故在 D8 中输入“＝D7－1”。

（4）选中“期末”按钮时，D8 的值为 0，选中“期初”按钮时，D8 的值为 1，故 D8 的结果与 PV 函数中 type 的取值要求相符。

5. 指明列示计算结果的单元格

在 B9 中输入“现值（PV）”，表示 C9 中显示的数值是计算机根据 C4：C8

中相应参数自动计算出的结果（即“现值（PV)”）。

6. 调用计算现值的财务函数或表达式

在 D9① 中输入“D9=(C4，C6，−C7，−C5，D8)”，结果可能为出错提示符号 #DIV/0!，它表示该计算公式中的分母为 0，原因是 C4 中未输入相应的参数或输入了 0。

7. 首次试运行

以计算普通年金的现值为例，假设年利率为 7.05%，5 年内共有 5 次现金流量，且每年末有现金流量 25 万元，则应在 C4：C7 中依次输入 7.05%，5，0，25（见图 2-4）。

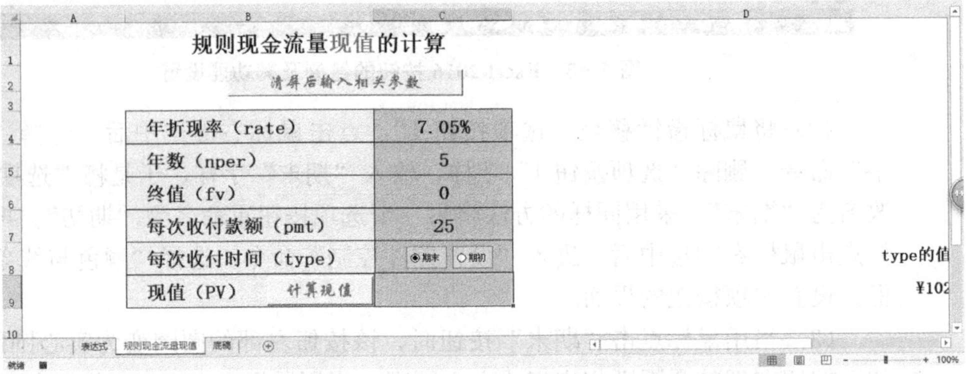

图 2-4 输入计算普通年金现值的参数

在 C8 中选中“期末”按钮后，D9 或 E9 自动显示 PV 的值为“102.37”。点击“计算现值”按钮后，自动计算得到普通年金的现值为“102.37”（见图 2-5），结果正确。

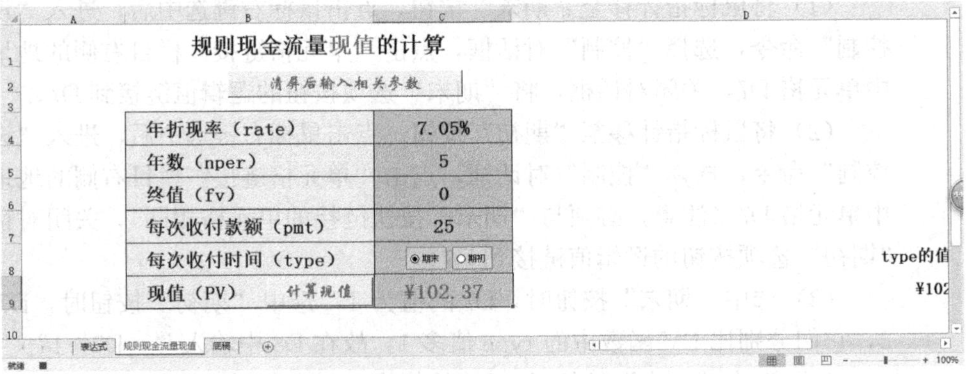

图 2-5 点击“计算现值”按钮后自动计算普通年金的现值

---

① 用来存储中间计算结果，前述所提及单元格以外的单元格均可，但不能填到存储最后计算结果的单元格 C9 中。

如果其他条件不变，选中C8中的“期初”按钮后，D9或E9显示PV的值为“109.58”（即预付年金的现值）（见图2-6）。

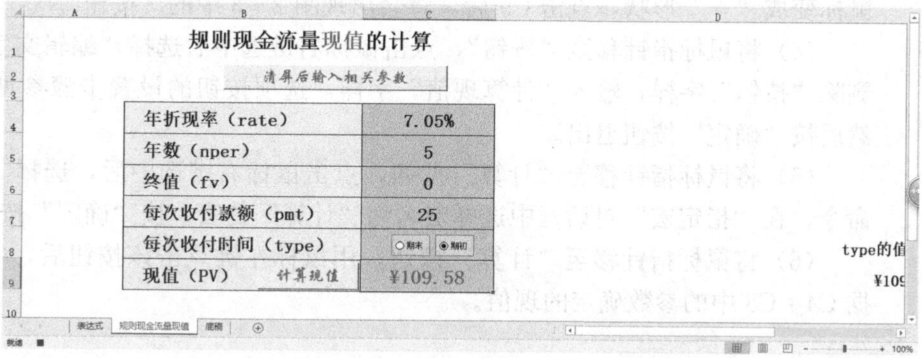

图2-6　点击“期初”按钮后得到预付年金的现值

8. 录制“清屏”的宏并设计“清屏”控件

（1）将鼠标指针移入C4，点击“开发工具”菜单，点击“录制宏”菜单，在“录制宏”对话框中进入“宏名”栏，输入“清屏”字样（即录制新宏的名字为“清屏”），然后按“确定”按钮退出。

（2）选中C4∶C9，按Delete键，将鼠标移入C4，点击“录制宏”工具栏中的“停止录制”按钮（注意，不是该工具栏右上角用来关闭该工具栏的“×”按钮）。

（3）点击“开发工具”菜单，选择“插入”，点击表单控件中的“按钮（窗体控件）”，待鼠标指针变成“＋”形状，点击B2后，将会出现图2-3中的“按钮”。

（4）将鼠标指针移至“按钮”，点击鼠标右键选中后选择“编辑文字”命令，删除“按钮”字样，输入“清屏后输入相关参数”字样（可根据需要，点击鼠标右键选中后进入“设置控件控制”命令，进入“字体”对话框，设置字体、字号、颜色等），然后按“确定”按钮退出。

（5）将鼠标指针移至“清屏后输入相关参数”按钮，点击鼠标右键选中后选择“指定宏”命令，在“指定宏”对话框中选择宏名为“清屏”的宏，按“确定”按钮退出。

（6）将鼠标指针移至“清屏后输入相关参数”按钮，用鼠标左键点击该按钮后，单元格区域C4∶C9全部清零（即相应单元格中无任何数据），且光标落入C4，等待输入数据。

9. 录制“计算”的宏并设计“计算”控件

（1）将鼠标移入C9，点击“开发工具”菜单，再点击“录制宏”菜单，在“录制宏”对话框中进入“宏名”栏，输入“计算”字样（即录制新宏的名字为“计算”），然后按“确定”按钮退出。

（2）在C9中输入“＝D9”，按Enter键，再将鼠标指针移入C9，点击“录制宏”工具栏中的“停止录制”按钮。

（3）点击“开发工具”菜单，再点击表单控件中的“按钮（窗体控件）”，待鼠标变成“+”形状，点击 C9 后，将会出现图 2－3 中的“按钮”。

（4）将鼠标指针移至“按钮”，点击鼠标右键选中后选择“编辑文字”命令，删除“按钮”字样，输入“计算现值”字样，选项按钮的设置步骤参见图 2－3，然后按“确定”按钮退出。

（5）将鼠标指针移至“计算”按钮，点击鼠标右键选中后，选择“指定宏”命令，在“指定宏”对话框中选择宏名为“计算”的宏，按“确定”按钮退出。

（6）将鼠标指针移至“计算”按钮，用鼠标左键点击该按钮后，C9 显示根据 C4：C8 中的参数确定的现值。

10. 第二次试运行

以首次试运行的数据为例，步骤为：

（1）将鼠标指针移至“清屏后输入相关参数”按钮，用鼠标左键点击该按钮后，C4：C9 全部清零，且光标落入 C4。

（2）输入 7.05%，按 Enter 键后，光标移入 C5。

（3）输入 5，按 Enter 键后，光标移入 C6。

（4）输入 0，按 Enter 键后，光标移入 C7。

（5）输入 25，按 Enter 键后，光标移入 C8。

（6）用鼠标左键选中“期末”按钮。

（7）用鼠标左键点击“计算现值”按钮，C9 显示根据 C4：C8 中的参数确定的现值“102.37”。对于预付年金，在 C8 中选中“期初”按钮，其他程序与普通年金相同。对于简单现金流量，在 C4：C7 中按 B4：B7 中的提示性文字输入相应的参数，在 C7 中输入“0”或省略，C8 中的按钮是否被选中不影响计算结果。

11. 美化版面

（1）选择合适的字体和字号，设定适当的行高和列宽。

（2）设置边框和底纹。选中 B4：C9 后，单击鼠标右键，点击“设置单元格格式”命令，点击“边框”对话框，设置合适的边框；点击“填充”对话框，点击“图案样式”，设置合适的单元格底纹。

（3）隐藏网格线。选中“视图”菜单，点击“显示”命令，通过点击“网格线”按钮前方框“□”的方式，剔除该方框中的对号“√”，此时方框内无对号，表示工作表不显示网格线，然后按“确定”按钮退出。

（4）隐藏贮存中间计算结果的单元格 D7，D8，D9。选中 D7：D9 后，单击鼠标右键，点击“设置单元格格式”命令，点击“保护”对话框，选定“隐藏”按钮，但不选定“锁定”，以便在执行“保护”命令后隐藏上述单元格，然后按“确定”按钮退出。

四、注意事项

（1）现金流量的方向与正负号。

（2）选项按钮的绘制及 type 赋值。

（3）调用内置函数 PV 的表达式。

（4）宏的录制和调用（按钮）。

1）宏的录制。

依次执行以下命令：文件→选项→自定义功能区→开发工具→确定→开发工具→录制新宏→在“录制宏”对话框中输入“宏名”→录制→停止录制。

2）宏的调用。

依次执行以下命令：文件→选项→自定义功能区→开发工具→确定→开发工具→插入→表单控件→按钮（窗体控件）→通过鼠标绘制按钮→指定宏→确定。该种方法适用于先录制宏，然后通过按钮“指定宏”。在实际操作中，也可以先绘制按钮，然后录制宏，最后完成“指定宏”的操作。

五、实验拓展

（1）调用 Excel 内置函数 PV 计算普通年金现值时，除了基本表达式外，还有哪些变通表达式？为了防止变通表达式中相关参数出现赋值错误，通常可以采取哪些措施？

（2）如何对计算结果进行四舍五入并保留两位小数？

（3）能否有效防止用户使用模板时不小心删除模板中的相关提示信息或改变模板的结构与内容？

（4）如何构建能够同时计算一次性收付款项、普通年金、预付年金和递延年金的现值的通用模板？

（5）如何构建能够同时计算一次性收付款项、普通年金、预付年金和递延年金的终值的通用模板？

（6）对于每年多次复利情况下的现值，如何构建模板？

（7）如果每期折现率各不相同，如何计算现值？

实验 2
构建净现值决策模型

一、实验目标

（1）快速计算投资项目的净现值。
（2）决策是否应投资该项目。
（3）分析资本成本变动对净现值的影响。
（4）利用散点图分析资本成本与净现值之间的内在联系。

二、相关理论与知识

（一）净现值理论

1. 计算净现值的基本公式

计算净现值（NPV）的基本公式为：

$$NPV=\sum(CI-CO)(1+i)^{-t}$$

上式中，NPV 是净现值；CI 是各年收益；CO 是各年支出；t 是时间；i 是基准收益率；CI－CO 是净现值流量。

2. 净现值法则

净现值法的决策规则是，在只有一个备选方案的采纳与否决策中，净现值为正则采纳，净现值为负则不采纳。在有多个备选方案的互斥选择决策中，应选用正净现值中的最大者。

3. 根据 NPV 选择项目

NPV＞0，表示项目实施后除可保证实现预定的收益率外，还可获得更高的收益；NPV<0，表示项目实施后未能达到预定的收益率水平，但不能确定项目已亏损；NPV=0，表示项目实施后投资收益率正好达到预期，而不是投资项目盈亏平衡。

4. 折现率与净现值的关系

在现金流量保持不变的情况下，净现值与折现率呈反向变动关系。

（二）Excel 相关知识

1. NPV 函数

通过使用贴现率以及一系列未来支出（负值）和收入（正值），返回一项投资的净现值。

NPV(rate，value1，[value2]，…)

2. IF 函数

IF 函数执行真假值判断，根据逻辑计算的真假值，返回不同的结果。可以使用函数 IF 对数值和公式进行条件检测。

IF(logical_test，value_if_true，[value_if_false])。

三、实验内容

（一）实例

某企业拟投资甲项目，预计项目动工时一次性投入 1 000 万元即可进行生产，第 1～5 年的现金净流量分别为 270 万元、360 万元、410 万元、350 万元和 260 万元。另外，企业资本成本为 10%。

要求：

（1）列表计算甲项目的净现值。

（2）运用 NPV 函数计算甲项目的净现值。

（3）运用 IF 函数使 Excel 自动做出应否投资的决策。

（4）分析资本成本在 0～30%范围内变动对净现值的影响（列表并绘制净现值曲线）。

（二）已构建模型的展示

净现值决策模型如图 2－7 所示。

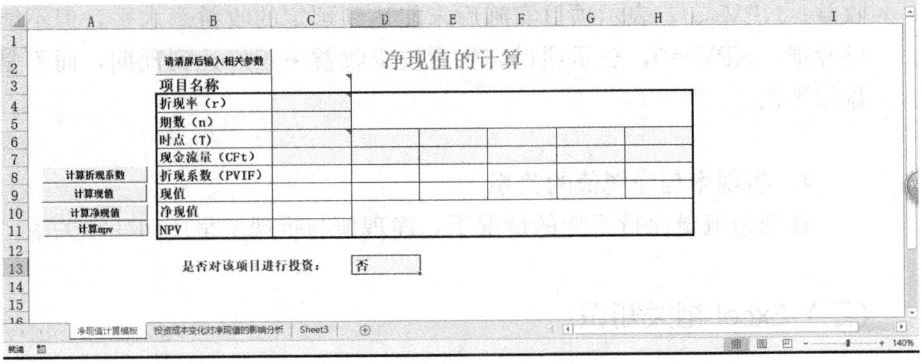

图 2－7　净现值决策模型

（三）模型的功能分析

（1）计算投资项目的净现值。

（2）判断应否对项目进行投资。

（3）展示资本成本与净现值的内在联系。

（四）模型的设计流程

1. 列示表头

合并 D2，E2，F2，输入“净现值的计算”字样（可根据个人喜好和版面美观设定字体、字号、颜色）。在 B3 中输入“项目名称”，提示用户在单元格 C3 中输入项目名称（见图 2－8）。

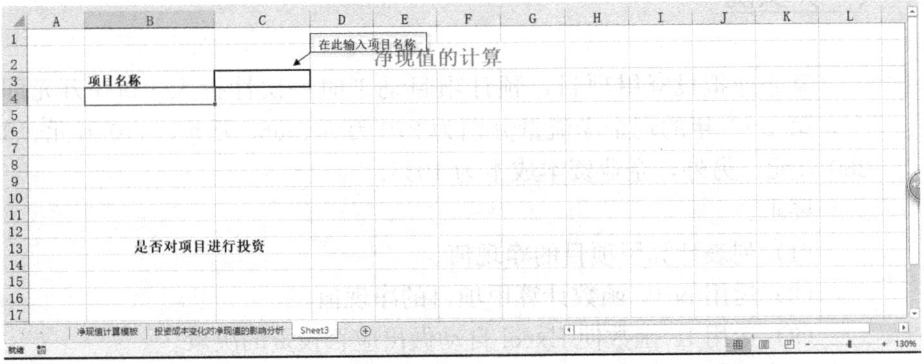

图 2－8　表头设计

2. 标明拟输入参数的提示性文字

在 B4：B10 中分别输入“折现率（r）”“期数（n）”“时点（T）”“现金流量（CFt）”“折现系数（PVIF）”“现值”“净现值”等文字。在 C4：H7 中手工输入相关参数，在 B13 中输入“是否对项目进行投资”（见图 2－9）。

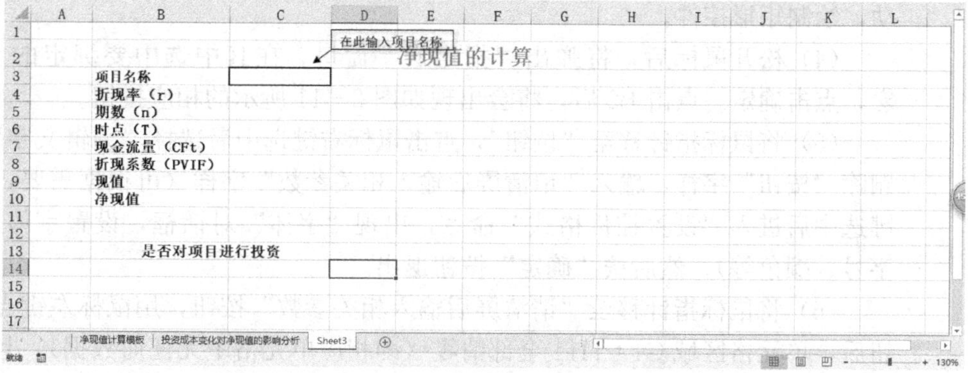

图 2－9　表样设计

3. 公式输入及首次试运行

输入实例中所给数据，并在单元格 I8 中输入折现系数公式"＝(1＋$C$4)^(－I$6)"，在 C8：H8 中进行拖动。在单元格 I9 中输入计算现值公式"＝I7＊I8"，在 C9：H9 中进行拖动。在单元格 I10 中输入计算净现值公式"＝SUM(C9：H9）"。在单元格 I11 中输入用 NPV 函数计算净现值的公式"＝NPV(C4，D7：H7)＋C7"（见图 2－10）。

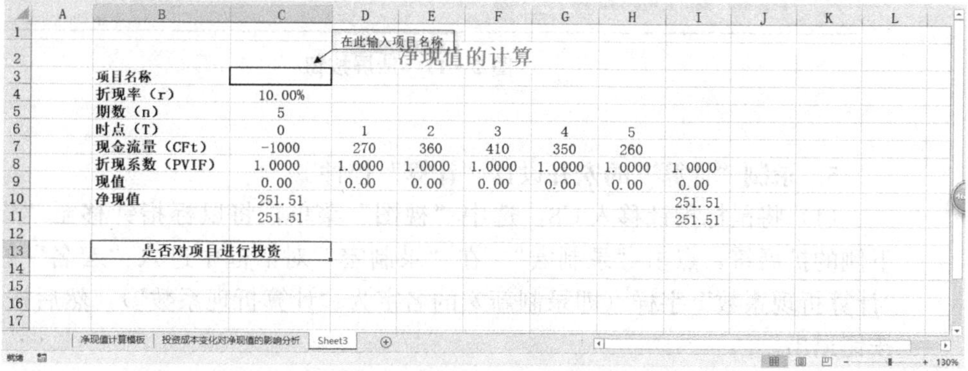

图 2－10　公式输入及首次试运行

4. 录制"清屏"的宏并设计"清屏"控件

（1）将鼠标指针移入 C4，点击"视图"菜单，将鼠标指针移至"宏"命令下侧的扩展符，点击"录制宏"，在"录制宏"对话框中进入"宏名"栏，输入"清屏"字样（即录制新宏的名字为"清屏"），然后按"确定"按钮退出。

（2）选中 C4：H11，按 Delete 键，将鼠标指针移入 C4，点击"宏"菜单栏中的"停止录制"按钮（注意，不是该工具栏右上角用来关闭该工具栏的"×"按钮）。

（3）点击"开发工具"菜单，再点击"插入"命令中的"表单控件"下的"按钮控件"。在表格区域中，待鼠标指针变成"＋"形状，按住鼠标左键并拖动，绘制矩形控件。

（4）松开鼠标后，将弹出“指定宏”窗口。在其中选中要绑定的“清屏”宏，点击确定。点击 B2 后，将会出现如图 2－11 所示的相应按钮。

（5）将鼠标指针移至“按钮”，点击鼠标右键选中后选择“编辑文字”命令，删除“按钮”字样，输入“请清屏后输入相关参数”字样（可根据需要，点击右键选中后进入“设置控件格式”命令，出现“字体”对话框，设置字体、字形、字号、颜色等），然后按“确定”按钮退出。

（6）将鼠标指针移至“请清屏后输入相关参数”按钮，用鼠标左键点击该按钮后，单元格区域 C4：H11 全部清零（即相应单元格中无任何数据），且光标落入 C4，等待输入数据。

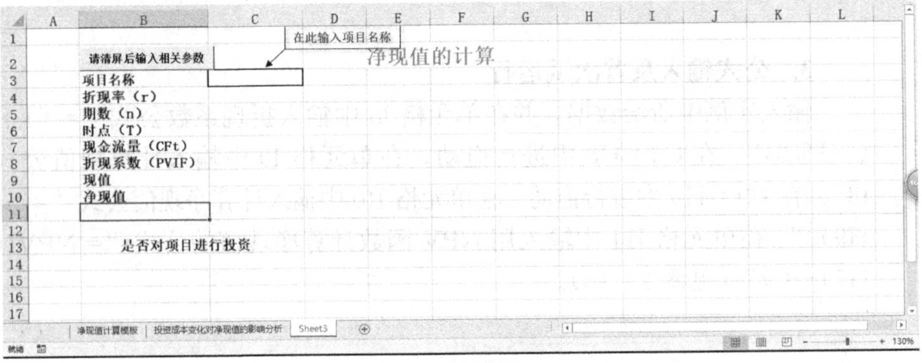

图 2－11 清屏按钮

5. 录制“计算”的宏并设计“计算”控件

（1）将鼠标指针移入 C8，选中“视图”菜单，将鼠标指针移至“宏”命令下侧的扩展符，点击“录制宏”，在“录制宏”对话框中进入“宏名”栏，输入“计算折现系数”字样（即录制新宏的名字为“计算折现系数”），然后按“确定”按钮退出。

（2）拖动单元格 I8，再拖动填充 C8：H8，点击“宏”菜单栏中的“停止录制”按钮。

（3）点击“开发工具”菜单，点击“插入”命令中的“表单控件”下的“按钮控件”。在表格区域中，待鼠标指针变成“＋”形状，按住鼠标左键并拖动，绘制矩形控件，点击 A8 后，出现图 2－12 中的相应按钮。

（4）在弹出的“指定宏”窗口中，选择“计算折现系数”的宏，然后点击确定。

（5）将鼠标指针移至相应按钮，点鼠标右键选中后选择“编辑文字”命令，删除“按钮”字样，输入“计算折现系数”字样（可根据需要，点击鼠标右键选中后进入“设置控件格式”命令，出现“字体”对话框，设置字体、字号、颜色等），然后点击“确定”按钮退出。

（6）将鼠标指针移至“计算折现系数”按钮，用鼠标左键点击该按钮后，

C8：H8 显示数值。

依照此例依次完成“计算现值”“计算净现值”“计算 NPV”宏的录制和控件设计。另外，计算现值的步骤同计算折现系数。

计算净现值的步骤是：

（1）将鼠标指针移入单元格 C10，选中“视图”菜单，将鼠标指针移至“宏”命令下侧的扩展符，点击“录制宏”，在“录制宏”对话框中进入“宏名”栏，输入“计算净现值”字样（即录制新宏的名字为“计算净现值”），然后按“确定”按钮退出。

（2）在单元格 C10 内输入“＝”，然后点击单元格 I10，点击“宏”菜单栏中的“停止录制”按钮。

（3）点击“开发工具”菜单，再点击“插入”命令中的“表单控件”下的“按钮控件”。在表格区域中，待鼠标指针变成“＋”形状，按住鼠标左键并拖动，绘制矩形控件，点击单元格 A10 后，将会出现图 2－12 中的相应按钮。

（4）在弹出的“指定宏”窗口中，选择“计算净现值”的宏，然后点击确定。

（5）将鼠标指针移至相应按钮，点击右键选中后选择“编辑文字”命令，删除“按钮”字样，输入“计算净现值”字样（可根据需要，点击鼠标右键选中后进入“设置控件格式”命令，出现“字体”对话框，设置字体、字号、颜色等），然后按“确定”按钮退出。

（6）将鼠标指针移至“计算净现值”按钮，用鼠标左键点击该按钮后，C10 显示数值。

另外，计算 NPV 同计算净现值。

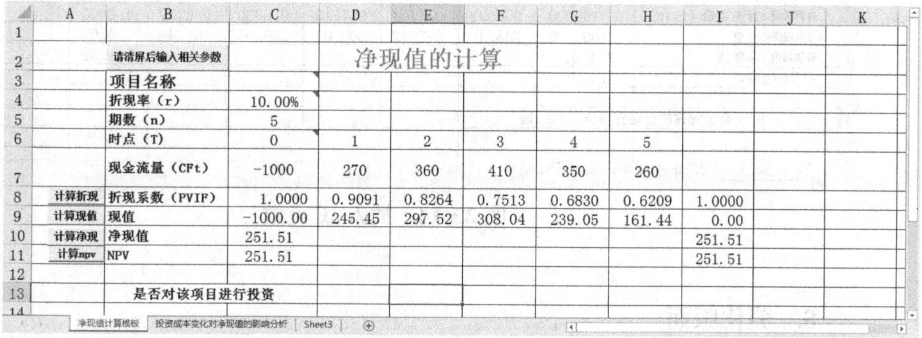

	A	B	C	D	E	F	G	H	I	J	K
1											
2		请清屏后输入相关参数			净现值的计算						
3		项目名称									
4		折现率（r）	10.00%								
5		期数（n）	5								
6		时点（T）	0	1	2	3	4	5			
7		现金流量（CFt）	-1000	270	360	410	350	260			
8	计算折现	折现系数（PVIF）	1.0000	0.9091	0.8264	0.7513	0.6830	0.6209	1.0000		
9	计算现值	现值	-1000.00	245.45	297.52	308.04	239.05	161.44	0.00		
10	计算净现	净现值	251.51						251.51		
11	计算npv	NPV	251.51						251.51		
12											
13		是否对该项目进行投资									

图 2－12 “计算”宏

6. 第二次试运行

以首次试运行的数据为例，步骤为：

（1）将鼠标指针移至“请清屏后输入相关参数”按钮，用鼠标左键点击该按钮后，C4：H11 全部清零，且光标落入 C4。

（2）输入相关数据。

（3）依次点击各个计算按钮，所得结果与首次试运行相同（见图 2－13）。

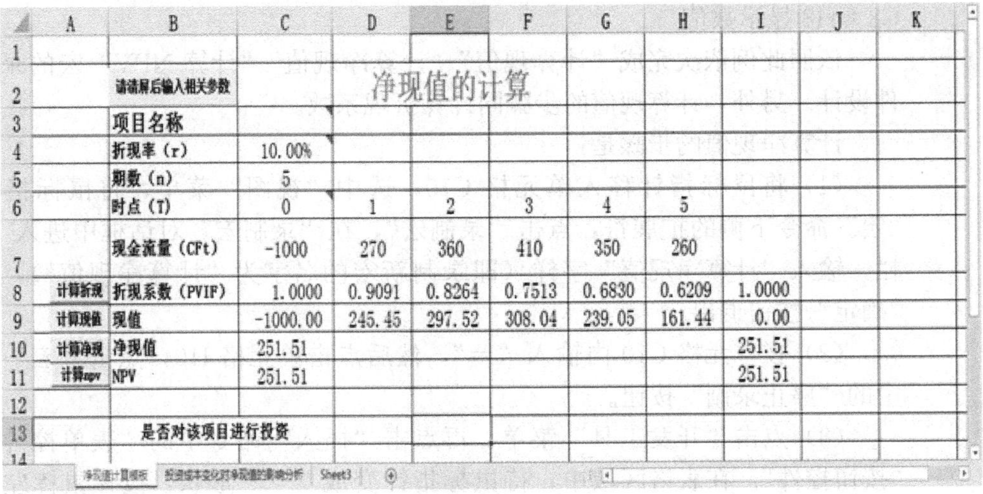

	A	B	C	D	E	F	G	H	I	J	K
1											
2		请请屏后输入相关参数		净现值的计算							
3		项目名称									
4		折现率（r）	10.00%								
5		期数（n）	5								
6		时点（T）	0	1	2	3	4	5			
7		现金流量（CFt）	-1000	270	360	410	350	260			
8	计算折现	折现系数（PVIF）	1.0000	0.9091	0.8264	0.7513	0.6830	0.6209	1.0000		
9	计算现值	现值	-1000.00	245.45	297.52	308.04	239.05	161.44	0.00		
10	计算净现	净现值	251.51						251.51		
11	计算npv	NPV	251.51						251.51		
12											
13		是否对该项目进行投资									
14											

净现值计算模板　投资成本变化对净现值的影响分析　Sheet3

图 2-13　第二次试运行

7. 插入 IF 函数

在单元格 D13 中输入 IF 函数公式"＝IF(C11＞＝0，"是"，"否")"，判断应否对该项目投资（见图 2-14）。

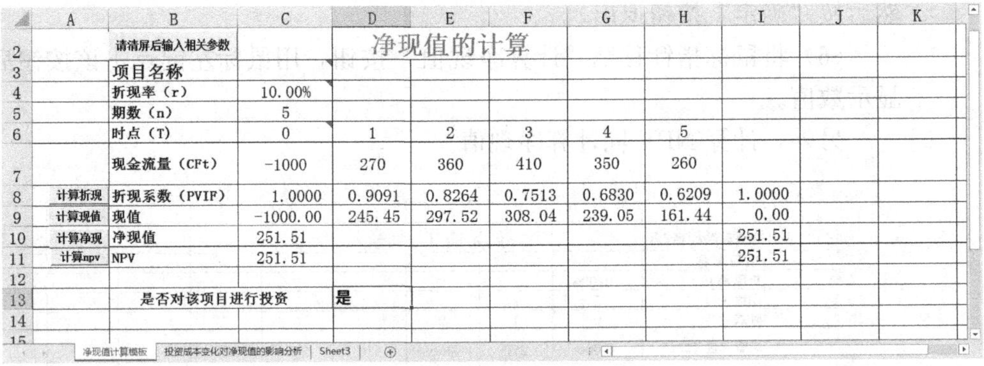

	A	B	C	D	E	F	G	H	I	J	K
2		请请屏后输入相关参数		净现值的计算							
3		项目名称									
4		折现率（r）	10.00%								
5		期数（n）	5								
6		时点（T）	0	1	2	3	4	5			
7		现金流量（CFt）	-1000	270	360	410	350	260			
8	计算折现	折现系数（PVIF）	1.0000	0.9091	0.8264	0.7513	0.6830	0.6209	1.0000		
9	计算现值	现值	-1000.00	245.45	297.52	308.04	239.05	161.44	0.00		
10	计算净现	净现值	251.51						251.51		
11	计算npv	NPV	251.51						251.51		
12											
13		是否对该项目进行投资		是							
14											

净现值计算模板　投资成本变化对净现值的影响分析　Sheet3

图 2-14　插入 IF 函数

8. 美化版面

（1）选择合适的字体和字号，设定适当的行高和列宽。

（2）设置边框和底纹。选中 B4∶H11 后，单击鼠标右键，点击"设置单元格格式"命令，点击"边框"对话框，设置合适的边框；点击"填充"对话框，点击"图案样式"对话框，设置合适的单元格底纹。

（3）隐藏网格线。选中"视图"菜单，点击"显示"命令，通过点击"网格线"按钮前方框"□"的方式，剔除该方框中的对号"√"，此时方框内无对号，表示工作表不显示网格线，然后按"确定"按钮退出（见图 2-15）。

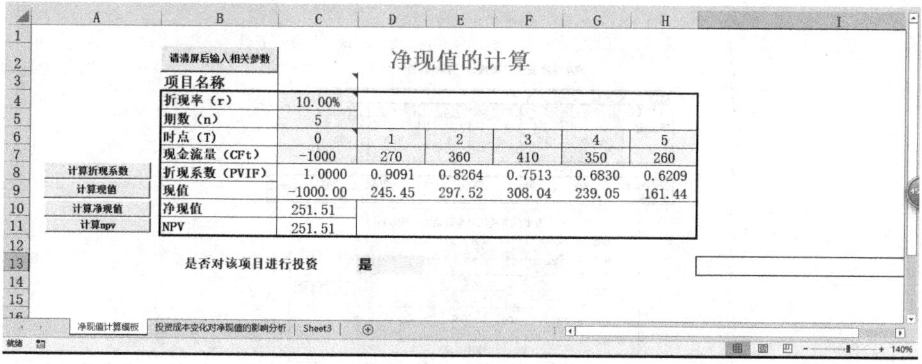

图 2－15　美化版面

9. 进行敏感性分析

新建表页，合并 B2：H2，输入“资本成本变化对净现值的影响分析”字样。在 B4：H6 中引用净现值的计算表页以及实例中给出的数据。在 B8，B9 中输入参数的提示性文字“资本成本”和“净现值”。在 C8：I8 中，选择对资本成本在 0～30%内以 5%的增幅变化（在 C8 和 D8 中分别输入“0%”和“5%”后进行拖动）进行敏感性分析（见图 2－16）。

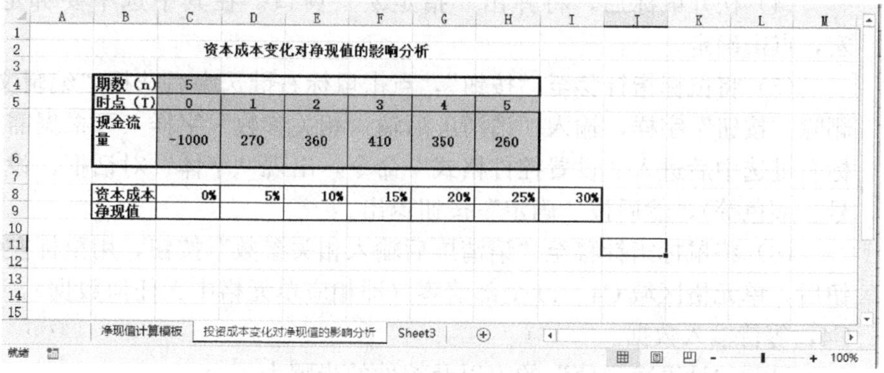

图 2－16　敏感性分析

10. 输入公式并制作散点图

在单元格 C9 中输入公式“＝NPV(C8，＄D＄6：＄H＄6)＋＄C＄6”，并在 D9：I9 中进行拖动。选中 B8：I9 区域，点击“插入”中的“图表”，选择“散点图”，点击“确定”。更改图表名称为“资本成本变化对净现值的影响分析”。调整图表的横纵坐标起点和终点，美化散点图（见图 2－17）。

11. 录制宏及插件

录制“清屏”的宏以及控件的步骤为：

（1）将鼠标指针移入 C4，点击“视图”菜单，将鼠标指针移至“宏”命令下侧的扩展符，点击“录制宏”，在“录制宏”对话框中进入“宏名”栏，输入

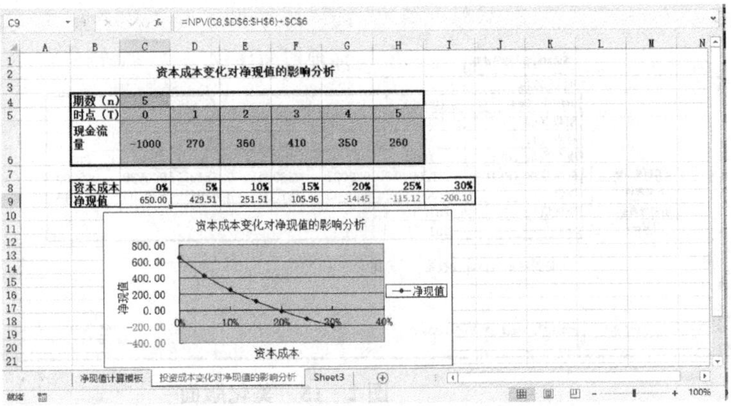

图 2-17 输入公式并制作散点图

“清屏”字样（即录制新宏的名字为“清屏”），然后按“确定”按钮退出。

(2) 选中 C4：I9，按 Delete 键，将鼠标指针移入 C4，点击“宏”菜单栏中的“停止录制”按钮（注意，不是该工具栏右上角用来关闭该工具栏的“×”按钮）。

(3) 点击“开发工具”菜单，点击“插入”命令中的“表单控件”下的“按钮控件”。在表格区域中，待鼠标指针变成“+”形状，按住鼠标左键并拖动，绘制矩形控件。

(4) 松开鼠标后，将弹出“指定宏”窗口。在其中选中要绑定的“清屏”宏，点击确定。

(5) 将鼠标指针移至“按钮”，点击鼠标右键选中后选择“编辑文字”命令，删除“按钮”字样，输入“请清屏后输入相关参数”字样（可根据需要，点击鼠标右键选中后进入“设置控件格式”命令，出现“字体”对话框，设置字体、字号、颜色等），然后按“确定”按钮退出。

(6) 将鼠标指针移至“请清屏后输入相关参数”按钮，用鼠标左键点击该按钮后，单元格区域 C4：I9 全部清零（即相应单元格中无任何数据），且光标落入 C4，等待输入数据。

录制“计算净现值”的宏以及控件的步骤为：

(1) 将鼠标指针移入 C9，点击“视图”菜单，将鼠标指针移至“宏”命令下侧的扩展符，点击“录制宏”，在“录制宏”对话框中进入“宏名”栏，输入“计算净现值”字样（即录制新宏的名字为“计算净现值”），然后按“确定”按钮退出。

(2) 录制开始后，在单元格 D5 内输入“＝NPV(C8，$D$6：$H$6)＋$C$6”后单击回车键，并拖动至 I9，出现净现值的计算结果后点击“宏”菜单栏中的“停止录制”按钮。

(3) 点击“开发工具”菜单，点击“插入”命令中的“表单控件”下的“按钮控件”。在表格区域中，待鼠标指针变成“+”形状，按住鼠标左键并拖动，绘制矩形控件。

(4) 松开鼠标后，将弹出“指定宏”窗口。在其中选中要绑定的“计算净现值”宏，点击确定。

(5) 将鼠标指针移至“按钮”，点击鼠标右键选中后选择“编辑文字”命令，删除“按钮”字样，输入“计算”字样（可根据需要，点击鼠标右键选中后进入“设置控件格式”命令，出现“字体”对话框，设置字体、字号、颜色等），然后按“确定”按钮退出。

录制“绘制散点图”的宏以及插件的步骤为：

（1）将鼠标指针移入 C9，点击“视图”菜单，将鼠标指针移至“宏”命令下侧的扩展符，点击“录制宏”，在“录制宏”对话框中进入“宏名”栏，输入“绘制散点图”字样。

（2）选中 C8：I9，点击“插入”菜单栏，选择“图表”中的“散点图”，在散点图插入成功后，按 Delete 键删除，选中 C8：I9，随后点击“宏”菜单栏中的“停止录制”按钮。

（3）点击“开发工具”菜单，点击“插入”命令中的“表单控件”下的“按钮控件”。在表格区域中，待鼠标指针变成“+”形状，按住鼠标左键并拖动，绘制矩形控件。

（4）松开鼠标后，将弹出“指定宏”窗口。在其中选中要绑定的“绘制散点图”宏，点击确定。

（5）将鼠标指针移至“按钮”，点击鼠标右键选中后选择“编辑文字”命令，删除“按钮”字样，输入“绘制散点图”字样（可根据需要，点击鼠标右键选中后进入“设置控件格式”命令，出现“字体”对话框，设置字体、字号、颜色等），然后按“确定”按钮退出。

（6）图表生成以后，点击图中右侧的加号，根据需要更改图表元素。如将表名改为“资本成本变化对净现值的影响分析”，将纵轴标题改为“净现值”，横轴标题改为“资本成本”等。

最后的界面如图 2－18 所示。

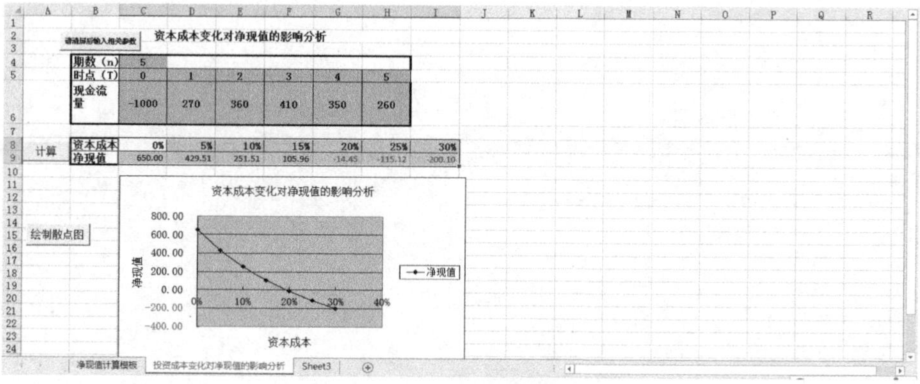

图 2－18　录制宏及插件

四、注意事项

（1）输入现金流量数值的方向与正负号不能颠倒。表中的期初支出为负值，以后各期收入为正值。

（2）在填写折现系数和现值的通用公式以及制作不同折现率的 NPV 函数时，保证字母和数字的绝对引用正确无误后，再进行自动填充。

（3）IF 函数中真假值的判断不能颠倒，否则会使决策结果与真实结果相反。决策标准：净现值大于等于 0，方案可行；净现值小于 0，方案不可行。

（4）在录制宏时，要避免一些多余的操作，以免影响宏的运行结果。

五、实验拓展

（1）何时可以使用 PV 函数计算项目的净现值？

（2）如果现金净流量（NCF）的时间为具体的日期且时间间隔无规律（如第 1 次 NCF 的时间为 2011－3－5、第 2 次 NCF 的时间为 2011－12－30、第 3 次 NCF 的时间为 2013-5-18 等），如何计算项目的净现值？

（3）折现率如果在各期发生变化，如何计算项目的净现值？

（4）折现率如果在各期发生变化，如何计算项目的终值？

实验3

构建内含报酬率决策模型

一、实验目标

（1）掌握运用单变量求解的方法测算某项目的内含报酬率的基本方法。

（2）实践用单变量求解的方法测算某项目内含报酬率的计算原理。

（3）掌握 IRR 函数及其应用于计算某项目内含报酬率的方法和操作。

（4）掌握 IF 函数及其应用于使 Excel 自动做出应否投资的决策的方法和原理。

二、相关理论与知识

（一）投资决策理论

（1）在资金的时间价值理论中，内含报酬率和净现值都以“资金是有时间价值的”为其存在的根本依据。

（2）内含报酬率（IRR）是使项目各期现金流贴现至期初与期初现金流之和为 0 的折现率。

（3）当项目各期现金流正负交错时，内含报酬率可能不唯一，存在多个解。

（4）在判断一个项目的可行性时，如利用 IRR 法，需先计算出该项目的内含报酬率，如果内含报酬率大于期望的报酬率或者资金成本，该项目可行。

（5）在判断两个或者两个以上项目的可行性时，如利用 IRR 法，需依次计算出内含报酬率后，依次选取内含报酬率较大的项目，得出合适组合。

（6）IRR 法与 NPV 法针对同样的两个项目的计算结论可能出现矛盾的结果，根源在于内含报酬率将投资回收现金率默认为仍以内含报酬率进行重投资，这是不合理的。

（7）修正的内含报酬率（MIRR）是将投资期中负现金流以加权平均资金成

本（WACC）贴现至期初，将正现金流以在投资利率贴现至期末后，计算内含报酬率所得出的。

（二）Excel 相关知识

（1）在 IRR 函数中，会出现一个可输入的“guess”利率，需从“guess”利率开始进行迭代循环计算，这种“guess”最适合在可能出现多解的情况中使用。

（2）在使用 IRR 函数时，即使某期出现现金流为 0 的情况，也要将该期写出，且现金流量写为 0，否则在进行计算时，Excel 会跳过该期，得出错误结果。

（3）Excel 对 IRR 进行计算时，在不输入“guess”的情况下，Excel 的默认值为 10%，并采用迭代算法，最多迭代 20 次。若到了 20 次仍未达到预期结果（精度达到 0.000 01%），则停止计算，并返回错误值 #NUM!。

三、实验内容

（一）实例

某企业拟投资甲项目，预计项目动工时一次性投入 1 000 万元即可进行生产，第 1～5 年的现金净流量分别为 270 万元、360 万元、410 万元、350 万元和 260 万元。另外，企业必要报酬率为 10%。

要求：

（1）运用单变量求解的方法测算甲项目的内含报酬率。

（2）运用 IRR 函数计算甲项目的内含报酬率。

（3）运用 IF 函数使 Excel 自动做出应否投资的决策。

（二）已构建模型的展示

内含报酬率决策模型如图 2-19 所示，IRR 函数求解内含报酬率如图 2-20 所示。

（三）模型的功能分析

（1）给出五年期的一系列规则现金流（非正负交错）时，可求出内含报酬率。

（2）当给定必要报酬率时，该模型可自动得出决策结果，即投资或放弃投资。

单变量法求解内含报酬率						
期间	0	1	2	3	4	5
现金流	-1000	270	360	410	350	260
必要报酬率	10.00%					
内含报酬率	19.35%					
NPV	0					
决策结果	投资					

图 2-19　内含报酬率决策模型

IRR函数求解内含报酬率						
期间	0	1	2	3	4	5
现金流	-1000	270	360	410	350	260
必要报酬率	10.00%					
内含报酬率	19.35%					
决策结果	投资					

图 2-20　IRR 函数求解内含报酬率

（3）在单变量模型下，能求出五年期的一系列规则现金流（非正负交错）在指定折现率下的净现值。

（四）模型的设计流程

1. 方法一：单变量法求解内含报酬率

（1）列示表头（见图 2-21）。

（2）输入现金流（见图 2-22）。

（3）输入必要报酬率和内含报酬率，此时假定内含报酬率为 10%（见图 2-23）。

	B	C	D	E	F	G	H	I
1	单变量法求解内含报酬率							
2								
3								
4								
5								
6								
7								
8								
9								
10								
11								
12								

图 2-21　列示表头

	B	C	D	E	F	G	H
1	单变量法求解内含报酬率						
2	期间	0	1	2	3	4	5
3	现金流	-1000	270	360	410	350	260
4							
5							
6							
7							
8							
9							
10							

图 2-22　输入现金流

	B	C	D	E	F	G	H
1	单变量法求解内含报酬率						
2	期间	0	1	2	3	4	5
3	现金流	-1000	270	360	410	350	260
4	必要报酬率	10.00%					
5	内含报酬率	10.00%					
6							
7							
8							
9							
10							
11							

图 2-23　输入必要报酬率和内含报酬率

(4) 基于内含报酬率计算该项目的 NPV。输入计算公式"＝D3＊(1＋C5)^(－D2)＋E3＊(1＋C5)^(－E2)＋F3＊(1＋C5)^(－F2)＋G3＊(1＋C5)^(－G2)＋

H3 * (1+C5)^(−H2)+C3”（见图 2 - 24）或运用 NPV 函数。

	B	C	D	E	F	G	H	I
1			单变量法求解内含报酬率					
2	期间	0	1	2	3	4	5	
3	现金流	-1000	270	360	410	350	260	
4	必要报酬率	10.00%						
5	内含报酬率	10.00%						
6	NPV	=D3*(1+C5)^(-D2)+E3*(1+C5)^(-E2)+F3*(1+C5)^(-F2)+G3*(1+C5)^(-G2)+H3*(1+C5)^(-H2)+C3						
7	决策结果							

图 2 - 24　计算基于内含报酬率的 NPV

(5) 按 Enter 键，此时 NPV 的值为将现金流按 10%折现后的结果（见图 2 - 25）。

	B	C	D	E	F	G	H
1				单变量法求解内含报酬率			
2	期间	0	1	2	3	4	5
3	现金流	-1000	270	360	410	350	260
4	必要报酬率	10.00%					
5	内含报酬率	10.00%					
6	NPV	251.509					
7	决策结果	投资					
8							
9							

图 2 - 25　求出净现值

(6) 运用单变量求解求 NPV=0 时该项目的内含报酬率。点击“数据”选项卡，在“数据工具”项下点击“模拟分析”，再点击“单变量求解”（见图 2 - 26）。

图 2 - 26　选择单变量求解

此时，“目标单元格”为带有计算公式的NPV值，“可变单元格”为计算公式中的一个变量，即折现率。当目标单元格的值（即我们所称的“目标值”）等于0时，其所对应的折现率即为我们所求的内含报酬率（见图2-27）。

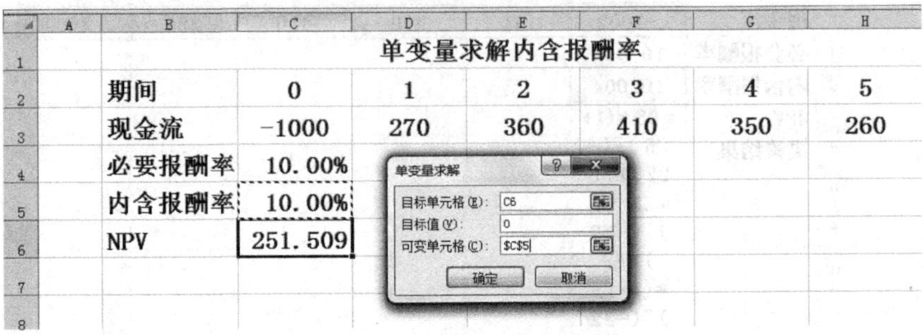

	A	B	C	D	E	F	G	H
1			单变量求解内含报酬率					
2		期间	0	1	2	3	4	5
3		现金流	-1000	270	360	410	350	260
4		必要报酬率	10.00%					
5		内含报酬率	10.00%					
6		NPV	251.509					
7								
8								

图2-27 计算内含报酬率

（7）按Enter键，求得内含报酬率为19.35%（见图2-28）。

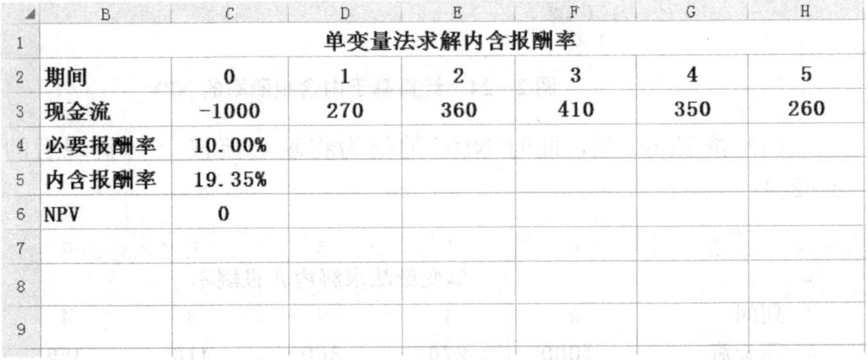

	B	C	D	E	F	G	H
1		单变量法求解内含报酬率					
2	期间	0	1	2	3	4	5
3	现金流	-1000	270	360	410	350	260
4	必要报酬率	10.00%					
5	内含报酬率	19.35%					
6	NPV	0					
7							
8							
9							

图2-28 求出内含报酬率

（8）运用IF函数使Excel自动做出应否投资的决策。当IRR大于等于必要报酬率时，显示“投资”；当IRR小于必要报酬率时，显示“放弃”。IF语句为：IF(logical_test，[value_if_true]，[value if false])。输入内容为：=IF(C5>=C4，"投资"，"放弃")（见图2-29）。

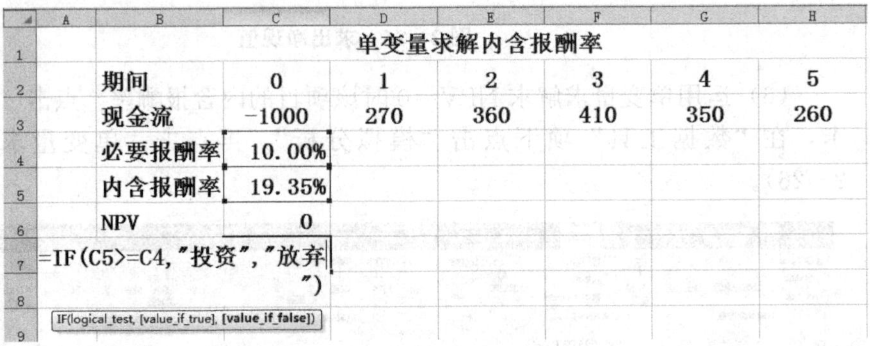

	A	B	C	D	E	F	G	H
1			单变量求解内含报酬率					
2		期间	0	1	2	3	4	5
3		现金流	-1000	270	360	410	350	260
4		必要报酬率	10.00%					
5		内含报酬率	19.35%					
6		NPV	0					
7	=IF(C5>=C4,"投资","放弃")							
8								
9								

图2-29 输入IF语句

（9）按 Enter 键，显示决策结果（见图 2-30）。

	B	C	D	E	F	G	H
1	单变量法求解内含报酬率						
2	期间	0	1	2	3	4	5
3	现金流	-1000	270	360	410	350	260
4	必要报酬率	10.00%					
5	内含报酬率	19.35%					
6	NPV	0					
7	决策结果	投资					
8							
9							

图 2-30　求出决策结果

2. 方法二：IRR 函数求解内含报酬率

（1）列示表头（见图 2-31）。

	A	B	C	D	E	F	G
1	IRR函数求解内含报酬率						
2							
3							
4							
5							
6							
7							
8							
9							
10							

图 2-31　列示表头

（2）列示期间、现金流和必要报酬率（见图 2-32）。

	A	B	C	D	E	F	G	H
1	IRR函数求解内含报酬率							
2	期间	0	1	2	3	4	5	
3	现金流	-1000	270	360	410	350	260	
4	必要报酬率	10.00%						
5								
6								
7								
8								
9								
10								
11								
12								
13								

图 2-32　列示期间、现金流和必要报酬率

(3) 运用 IRR 函数计算内含报酬率。IRR 语句为：IRR(values，[guess])。values 为一系列现金流，负值代表现金流出，即投资；正值代表现金回流，即收回投资（见图 2-33）。

	A	B	C	D	E	F	G	H
1	IRR函数求解内含报酬率							
2	期间	0	1	2	3	4	5	
3	现金流	-1000	270	360	410	350	260	
4	必要报酬率	10.00%						
5	内含	=IRR(B3:G3)						
6								
7								
8								
9								
10								
11								

图 2-33 输入 IRR 公式

(4) 按 Enter 键，求出内含报酬率为 19.35%（见图 2-34）。

	A	B	C	D	E	F	G	H
1	IRR函数求解内含报酬率							
2	期间	0	1	2	3	4	5	
3	现金流	-1000	270	360	410	350	260	
4	必要报酬率	10.00%						
5	内含报酬率	19.35%						
6								
7								
8								
9								
10								
11								

图 2-34 求出内含报酬率

(5) 运用 IF 函数使 Excel 自动做出应否投资的决策（见图 2-35），步骤同单变量法。

	A	B	C	D	E	F	G	H
1	IRR函数求解内含报酬率							
2	期间	0	1	2	3	4	5	
3	现金流	-1000	270	360	410	350	260	
4	必要报酬率	10.00%						
5	内含报酬率	19.35%						
6	=IF(B5>=B4,"投资","放弃")							
7								
8								
9								
10								
11								
12								

图 2-35 输入 IF 公式

（6）按 Enter 键后得出决策结果（见图 2-36）。

	A	B	C	D	E	F	G	H
1	IRR函数求解内含报酬率							
2	期间	0	1	2	3	4	5	
3	现金流	-1000	270	360	410	350	260	
4	必要报酬率	10.00%						
5	内含报酬率	19.35%						
6	决策结果	投资						
7								
8								
9								
10								
11								
12								

图 2-36　求出决策结果

（7）美化版面（见图 2-37）。固定模型的格式使得该模型中仅有现金流和必要报酬率的值可被修改，即仅 C3：H3 区域和单元格 C4 的值可被用户编辑。但包含内含报酬率和决策结果值的单元格中的公式也是受保护的，其结果基于用户在可编辑区域输入的数值，由 Excel 自动计算或判断得出。点击“审阅”选项卡，在“保护”项下，有“保护工作表”和“允许编辑区域”等按钮（见图 2-38）。

	B	C	D	E	F	G	H
1	IRR函数求解内含报酬率						
2	期间	0	1	2	3	4	5
3	现金流	-1000	270	360	410	350	260
4	必要报酬率	20.00%					
5	内含报酬率	19.35%					
6	决策结果	放弃					
7							
8							
9							

图 2-37　美化版面

图 2-38　点击“允许编辑区域”

（8）点击“允许编辑区域”按钮，设置用户可编辑区域（见图 2－39）。注意，此时不需设置区域密码，以便可编辑区域是可自由修改的（见图 2－40）。然后，点击“保护工作表”按钮，保护表格式不受改动（见图 2－41），注意此时需要设置一个密码。

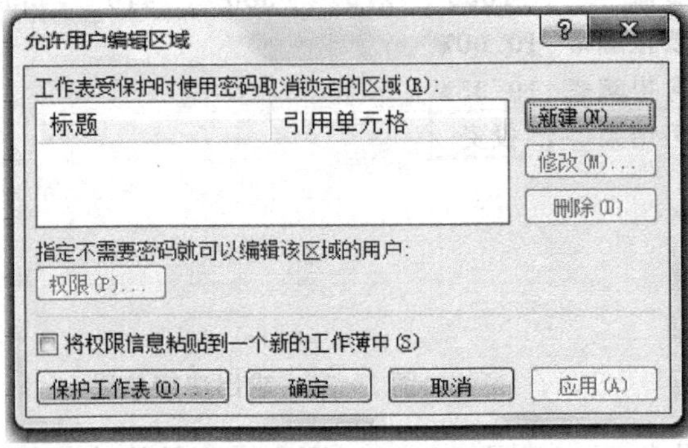

图 2－39 设置用户可编辑区域（1）

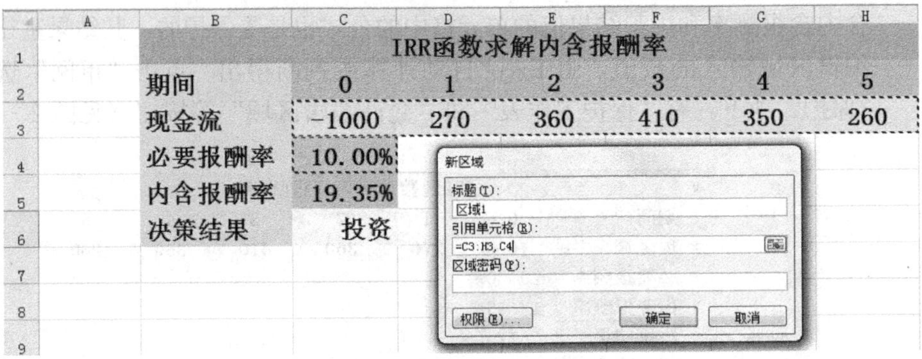

图 2－40 设置用户可编辑区域（2）

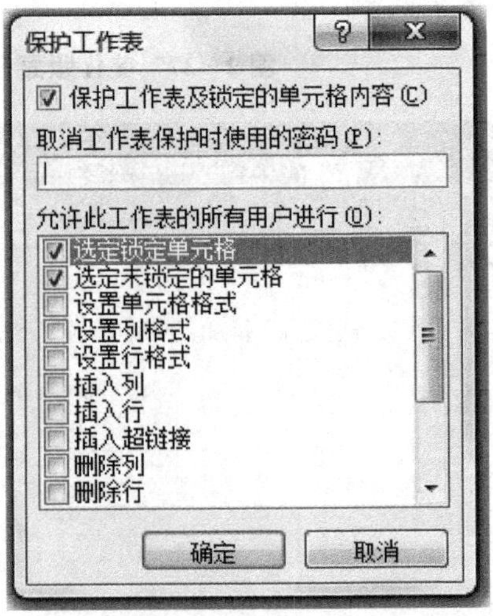

图 2－41 点击“保护工作表”

（9）设置完毕后，修改单元格 C5 的值时，会弹出提示框，告知单元格受保护，不可更改（见图 2-42）。

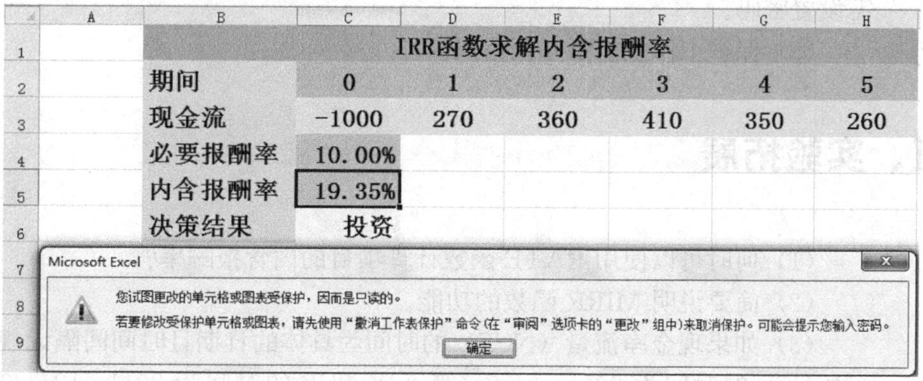

	A	B	C	D	E	F	G	H
1		IRR函数求解内含报酬率						
2		期间	0	1	2	3	4	5
3		现金流	-1000	270	360	410	350	260
4		必要报酬率	10.00%					
5		内含报酬率	19.35%					
6		决策结果	投资					

图 2-42 弹出提示框

（10）若将必要报酬率改为 20%，则不会弹出提示框，且决策结果随之改变（见图 2-43）。

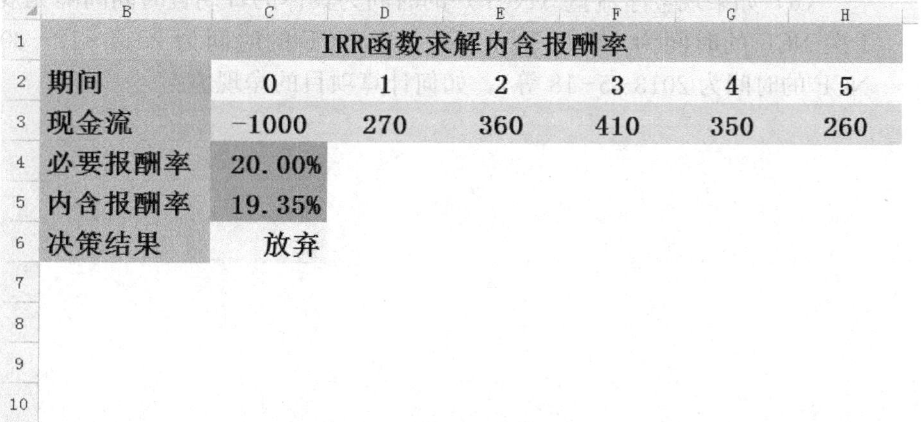

	B	C	D	E	F	G	H
1	IRR函数求解内含报酬率						
2	期间	0	1	2	3	4	5
3	现金流	-1000	270	360	410	350	260
4	必要报酬率	20.00%					
5	内含报酬率	19.35%					
6	决策结果	放弃					

图 2-43 修改必要报酬率

四、注意事项

（1）运用单变量求解的方法测算内含报酬率时，要注意 NPV 的计算公式，不要漏掉 t=0 时的现金流。其中，NPV 的计算式为"＝D3＊(1＋C5)^(－D2)＋E3＊(1＋C5)^(－E2)＋F3＊(1＋C5)^(－F2)＋G3＊(1＋C5)^(－G2)＋H3＊(1＋C5)^(－H2)＋C3"。

（2）在使用 IRR 函数时，即使某期出现现金流为 0 的情况，也要将该期写出，且现金流量写为 0，否则在进行计算时，Excel 会跳过该期，得出错误结果。

（3）运用 IF 函数使 Excel 自动做出应否投资的决策时，注意内含报酬率和必要报酬率之间的关系，如果相等，结果为“投资”。

（4）在设置用户可编辑区域时，不需设置密码，但设置保护工作表功能时，需设置密码。

（5）保护工作表前要先调格式。

五、实验拓展

（1）何时可以使用RATE函数计算项目的内含报酬率？

（2）简要说明MIRR函数的功能。

（3）如果现金净流量（NCF）的时间为具体的日期且时间间隔无规律（如第1次NCF的时间为2011-3-5、第2次NCF的时间为2011-12-30、第3次NCF的时间为2013-5-18等），如何计算项目的内含报酬率？

（4）IRR函数中何时需要输入“guess”利率？

（5）当项目各期现金流出现正负交错时，如何使用IRR函数求内含报酬率？

（6）如果现金净流量（NCF）的时间为具体的日期且时间间隔无规律（如第1次NCF的时间为2011-3-5、第2次NCF的时间为2011-12-30、第3次NCF的时间为2013-5-18等），如何计算项目的净现值？

实验 4

构建债券定价模型

一、实验目标

（1）分析债券利率、到期期限等因素与债券价值的关系。

（2）用不同的方法计算债券的理论价值。

（3）分析票面利率和市场利率的关系对债券价值的影响。

（4）构建一次性计算债券理论价值的模型。

（5）掌握现金流现值的计算方法。

（6）熟悉内置函数 PRICE 和引用。

二、相关理论与知识

（一）债券定价理论

1. 债券的构成要素

（1）债券面值：债券的名义价值，也是债券到期时的本金偿还额，是计付利息的基础。

（2）票面利率：标在票面的名义利率，可能与市场利率不一致。

（3）市场利率：企业发行债券时金融市场上的借贷利率，它是企业所不可控的。

（4）计息方式：利息支付方式为一年到期一次支付或者半年支付一次、按季度支付一次。

（5）期限：债券还有几年到期决定了债券的折现价格。

2. 债券还本付息的方法

（1）到期一次还本付息指在债务期间不支付利息，只在债券到期后按规定的利率一次性向持有者支付利息并还本。我国的一次还本付息债权可视为零息债券。

(2) 每年付息，最后一年还本付息。

3. 债券的内含价值

债券的内含价值（理论价值）指根据现金流贴现原则，按照市场利率对债券进行贴现所得到的债券价值。

(二) 债券溢价/折价理论

1. 折价发行与溢价发行债券的条件

债券溢价发行指债券以高于其面值的价格发行。债券折价发行指债券以低于其面值的价格发行。在我国，债券可以溢价发行，但不允许折价发行。

其实，债券溢价或折价发行是对票面利率与市场利率之间的差异所做的调整。发行企业多收的溢价是债券购买人因票面利率比市场利率高而对发行企业做出的一种补偿，而折价是企业因票面利率比市场利率低而对购买者做出的利息补偿。

2. 实际利率（内含报酬率）的计算

IRR函数语句为：IRR(values，[guess])。其中，values必须至少包含一个正值和一个负值，以计算返回的内部收益率。返回由数值代表的一组现金流的内部收益率。这些现金流不必是均衡的，但作为年金，它们必须按固定的间隔产生，如按月或按年。内部收益率为投资的回收利率，其中包含定期支付（负值）和定期收入（正值）。

(三) Excel相关知识

(1) 数值的计算。
(2) 相对引用和绝对引用。
(3) 内置函数PRICE及其调用。
(4) 与计算有关的错误提示及其解决方法。

三、实验内容

(一) 实例

2011年11月9日，铁道部发行总额为150亿元的7年期2011年第三期中国铁路建设债券。该债券面值为100元，票面年利率为4.63%，在债券存续期限内固定不变。

该债券采用单利按年计息，不计复利，逾期不另计利息，自发行首日开始计息，存续期限内每年的 11 月 9 日为该计息年度的起息日，计息期限自 2011 年 11 月 9 日起至 2018 年 11 月 8 日止。该债券每年付息一次，到期一次还本，最后一期利息随本金的兑付一起支付。年度付息款项自付息日起不另计利息，本金自其兑付日起不另计利息，2012—2018 年每年的 11 月 9 日为上一个计息年度的付息日（如遇法定节假日或休息日，顺延至其后的第 1 个工作日）。2018 年 11 月 9 日到期时兑付面值 150 亿元。

经调查，市场同风险筹资成本为 7.05%。

要求：

（1）分别采用列表和 PRICE 函数的方法计算该债券的理论价值。

（2）铁道部可否按面值发行该债券？试说明理由。

（二）已构建模型的展示

债券定价模型如图 2 - 44 所示。

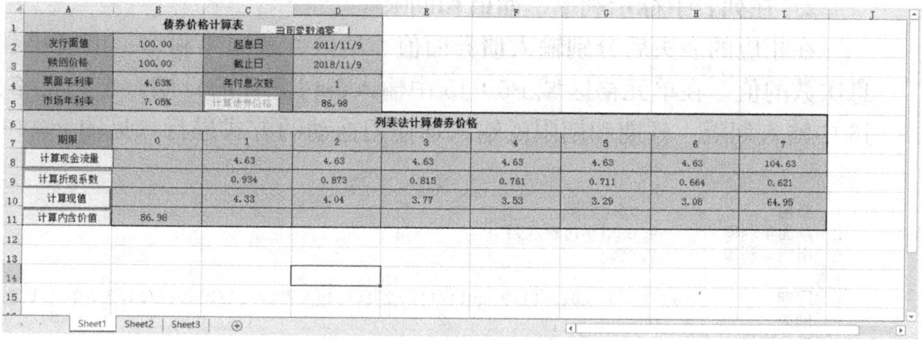

	A	B	C	D	E	F	G	H	I
1	债券价格计算表								
2	发行面值	100.00	起息日	2011/11/9					
3	赎回价格	100.00	截止日	2018/11/9					
4	票面年利率	4.63%	年付息次数	1					
5	市场年利率	7.05%	计算债券价格	86.98					
6	列表法计算债券价格								
7	期限	0	1	2	3	4	5	6	7
8	计算现金流量		4.63	4.63	4.63	4.63	4.63	4.63	104.63
9	计算折现系数		0.934	0.873	0.815	0.761	0.711	0.664	0.621
10	计算现值		4.33	4.04	3.77	3.53	3.29	3.08	64.95
11	计算内含价值	86.98							

图 2 - 44　债券定价模型

（三）模型的功能分析

（1）分别利用列表法和内置函数 PRICE 计算出债券的理论价值。

（2）采用列表法输入不同的票面利率和市场利率等后，模型可以自动计算各期现金流量及其现值。

（3）根据输入参数的变化，PRICE 函数计算出的债券价值会有相应变化。债券利率越高，市场利率越低，则债券的理论价值越高。

（四）模型的设计流程

1. 列示表头

在 Excel 工作表中输入“面值”“票面年利率”“市场年利率”“期限”“年付

息次数”。在单元格区域 A5：A11 中分别输入“日期”“期限”“现金流量”“折现系数”“现值”“内含价值”“债券价格（price）”（见图 2－45）。

	A	B	C	D	E	F	G
1	面值		期限				
2	票面年利率		年付息次数				
3	市场年利率						
4							
5	日期						
6	期限						
7	现金流量						
8	折现系数						
9	现值						
10	内含价值						
11	债券价格（price）						
12							
13							
14							
15							
16							

图 2－45　列示表头

2. 在列表中标示利率、面值和期限

在相应的表头后分别输入债券面值、期限、票面年利率、市场年利率和年付息次数的值。在单元格区域 B5：J5 中输入各付息日的日期，在单元格区域 B6：J6 中输入期限。日期和期限的输入均使用拖动的方式进行（见图 2－46）。

	A	B	C	D	E	F	G	H	I
1	面值	100	期限	7					
2	票面年利率	4.63%	年付息次数	1					
3	市场年利率	7.05%							
4									
5	日期	2011/11/9	2012/11/9	2014/11/9	2015/11/9	2016/11/9	2017/11/9	2018/11/9	2018/11/9
6	期限	0	1	2	3	4	5	6	7
7	现金流量								
8	折现系数								
9	现值								
10	内含价值								
11	债券价格（price）								
12									
13									
14									
15									
16									
17									
18									

图 2－46　输入利率、面值和期限

3. 计算每期的现金流量

现金流量的计算方式为：单元格 B1 的值乘以单元格 B2 的值，两个单元格均为绝对引用。在最后一列输入债券的赎回价值“100”，在单元格 C7 中输入公式后，使用拖动的方法输入剩余单元格的公式（见图 2－47）。

	A	B	C	D	E	F	G	H	I
1	面值	100	期限	7					
2	票面年利率	4.63%	年付息次数	1					
3	市场年利率	7.05%							
4									
5	日期	2011/11/9	2012/11/9	2014/11/9	2015/11/9	2016/11/9	2017/11/9	2018/11/9	2018/11/9
6	期限	0	1	2	3	4	5	6	7
7	现金流量		$B$2	4.63	4.63	4.63	4.63	4.63	100
8	折现系数								
9	现值								
10	内含价值								
11	债券价格（price）								

图 2 - 47　列出每期的现金流

4. 利用公式计算现金流的折现系数（使用市场利率）

在单元格 C8 中输入公式“=(1+$B$3)^(-C6)”，表示计算各期限的折现系数。其中，单元格 B3 为绝对引用，单元格 C6 为相对引用。使用拖动的方法输入单元格区域 D8：J8 的公式（见图 2 - 48）。

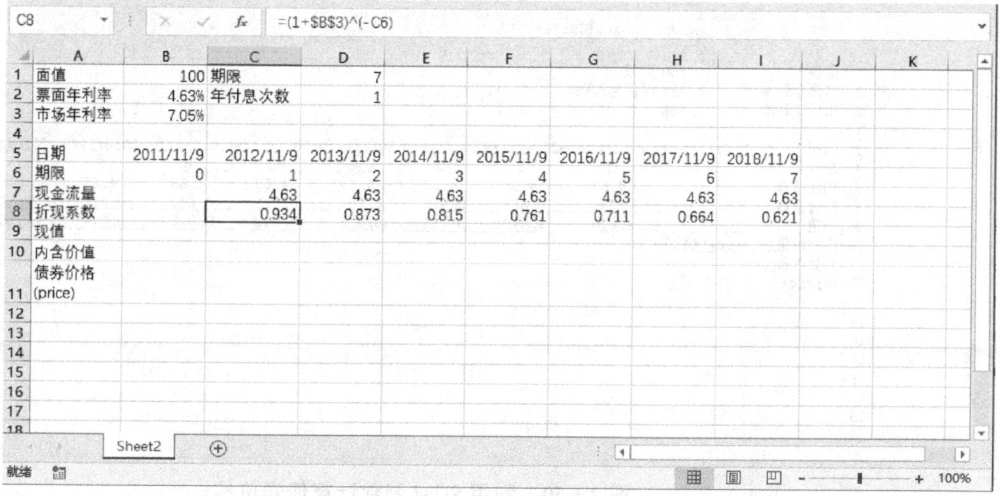

C8　=(1+$B$3)^(-C6)

	A	B	C	D	E	F	G	H	I
1	面值	100	期限	7					
2	票面年利率	4.63%	年付息次数	1					
3	市场年利率	7.05%							
4									
5	日期	2011/11/9	2012/11/9	2013/11/9	2014/11/9	2015/11/9	2016/11/9	2017/11/9	2018/11/9
6	期限	0	1	2	3	4	5	6	7
7	现金流量		4.63	4.63	4.63	4.63	4.63	4.63	4.63
8	折现系数		0.934	0.873	0.815	0.761	0.711	0.664	0.621
9	现值								
10	内含价值								
11	债券价格 (price)								

图 2 - 48　计算折现系数

5. 利用折现系数计算现值

现值的计算方法为：每期的现金流量乘以每期的折现系数。在单元格 C9 内输入“=C7 * C8”，二者均为相对引用，使用拖动的方法输入单元格区域 D9：J9 的公式（见图 2 - 49）。

PV | =C7*C8

	A	B	C	D	E	F	G	H	I	J
1	面值	100	期限	7						
2	票面年利率	4.63%	年付息次数	1						
3	市场年利率	7.05%								
4										
5	日期	2011/11/9	2012/11/9	2014/11/9	2015/11/9	2016/11/9	2017/11/9	2018/11/9	2018/11/9	2018/11/9
6	期限	0	1	2	3	4	5	6	7	7
7	现金流量		4.63	4.63	4.63	4.63	4.63	4.63	4.63	100
8	折现系数		0.934	0.873	0.815	0.761	0.711	0.664	0.621	0.621
9	现值		=C7*C8	4.040	3.774	3.526	3.293	3.077	2.874	62.072
10	内含价值									
11	债券价格（price）									
12										
13										
14										
15										
16										
17										
18										
19										
20										

图 2－49　计算现值

6. 利用 SUM 函数进行现值相加，计算债券价格

在单元格 B10 内输入“＝sum(C9：J9)”，也可使用 Excel 工具栏上的自动求和功能计算，得出债券的现值（见图 2－50）。此处的现值也可以利用 SUMPRODUCT 函数计算，在单元格 B10 内输入“＝SUMPRODUCT(C7：J7，C8：J8)”。

PV | =sum(C9:J9)

	A	B	C	D	E	F	G	H	I	J
1	面值	100	期限	7						
2	票面年利率	4.63%	年付息次数	1						
3	市场年利率	7.05%								
4										
5	日期	2011/11/9	2012/11/9	2014/11/9	2015/11/9	2016/11/9	2017/11/9	2018/11/9	2018/11/9	2018/11/9
6	期限	0	1	2	3	4	5	6	7	7
7	现金流量		4.63	4.63	4.63	4.63	4.63	4.63	4.63	100
8	折现系数		0.934	0.873	0.815	0.761	0.711	0.664	0.621	0.621
9	现值		4.325	4.040	3.774	3.526	3.293	3.077	2.874	62.072
10	内含价值	=sum(C9:J9)								
11	债券价格（price）									
12										
13										
14										
15										
16										
17										
18										
19										
20										

图 2－50　利用 SUM 函数计算债券价格

7. 利用 PRICE 函数计算债券价格

在单元格 B11 中输入 PRICE 函数的计算公式后，PRICE 函数计算定期付息的面值为 100 元的债券价格。PRICE 函数的语句为：PRICE（settlement，maturity，rate，yld，redemption，frequency，basis）。PRICE 函数计算公式各参数的含义为：settlement 指债券发行的日期；maturity 为债券的到期日；rate 为债券的票面利率；yld 为市场年收益率；redemption 为 100 元面值债券的清偿价

值；frequency 为年付息次数，如果按年支付，frequency=1，按半年支付，frequency= 2，按季支付，frequency = 4；basis 为日计数基准类型。单元格 B11PRICE 函数的各参数分别为单元格 B5，J5，B2，B3，J7，D2 内的数值，basis 参数可以省略（见图 2-51）。

PV　=PRICE(B5,J5,B2,B3,J7,D2)

	A	B	C	D	E	F	G	H	I	J
1	面值	100	期限	7						
2	票面年利率	4.63%	年付息次数	1						
3	市场年利率	7.05%								
4										
5	日期	2011/11/9	2012/11/9	2014/11/9	2015/11/9	2016/11/9	2017/11/9	2018/11/9	2018/11/9	2018/11/9
6	期限	0	1	2	3	4	5	6	7	7
7	现金流量		4.63	4.63	4.63	4.63	4.63	4.63	4.63	100
8	折现系数		0.934	0.873	0.815	0.761	0.711	0.664	0.621	0.621
9	现值		4.325	4.040	3.774	3.526	3.293	3.077	2.874	62.072
10	内含价值	86.981								
11	债券价格 (price)	, B3, J7, D2)								
12										
13										
14										
15										
16										
17										
18										
19										

图 2-51　利用 PRICE 函数计算债券价格

8. 首次试运行

输入 PRICE 函数的各参数后，敲击回车键，比较 PRICE 函数的计算值和列表计算的值（见图 2-52）。

B11　=PRICE(B5,J5,B2,B3,J7,D2)

	A	B	C	D	E	F	G	H	I	J
1	面值	100	期限	7						
2	票面年利率	4.63%	年付息次数	1						
3	市场年利率	7.05%								
4										
5	日期	2011/11/9	2012/11/9	2014/11/9	2015/11/9	2016/11/9	2017/11/9	2018/11/9	2018/11/9	2018/11/9
6	期限	0	1	2	3	4	5	6	7	7
7	现金流量		4.63	4.63	4.63	4.63	4.63	4.63	4.63	100
8	折现系数		0.934	0.873	0.815	0.761	0.711	0.664	0.621	0.621
9	现值		4.325	4.040	3.774	3.526	3.293	3.077	2.874	62.072
10	内含价值	86.981								
11	债券价格 (price)	86.981								
12										
13										
14										
15										
16										
17										
18										
19										

图 2-52　首次试运行结果

9. 第二次试运行

（1）将期限改为债券的起止日期，并在表头添加赎回价格，使 PRICE 函数的引用区集中在模型的上半部分，函数的理论价值会随各参数的变化而变化。在“票面年利率”前添加一行，在单元格 B3 中输入债券赎回价格，方便 PRICE 函数参数引用，并对 PRICE 函数的引用单元格做相应改动。

(2) 引入“宏”，在工作表中插入一个窗体控件的命令按钮，将其名称编辑为“计算债券价格”。执行“视图→宏→录制新宏”命令，将新宏命名为“计算债券价格”。录制开始后，在单元格 D5 内输入“＝PRICE(D2，D3，B4，B5，B3，D4)”，敲击回车键。出现债券价格的计算结果后单击“停止录制”，将此宏加载到“计算窗体控件”的命令按钮上。

同理，加入“当前参数清零”“计算现金流量”“计算折现系数”“计算现值”“计算内含价值”的窗体控件。分别录制相关的宏，并加载。第二次试运行的结果如图 2-53 所示。

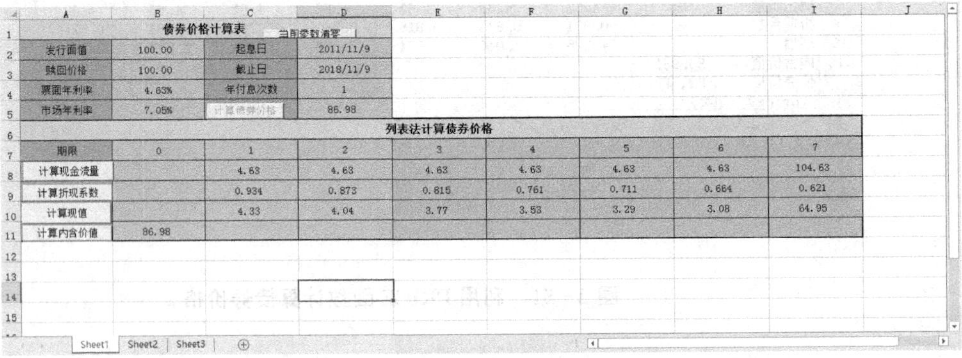

	A	B	C	D	E	F	G	H	I
1	债券价格计算表		当前参数清零						
2	发行面值	100.00	起息日	2011/11/9					
3	赎回价格	100.00	截止日	2018/11/9					
4	票面年利率	4.63%	年付息次数	1					
5	市场年利率	7.05%	计算债券价格	86.98					
6	列表法计算债券价格								
7	期限	0	1	2	3	4	5	6	7
8	计算现金流量		4.63	4.63	4.63	4.63	4.63	4.63	104.63
9	计算折现系数		0.934	0.873	0.815	0.761	0.711	0.664	0.621
10	计算现值		4.33	4.04	3.77	3.53	3.29	3.08	64.95
11	计算内含价值	86.98							

图 2-53　第二次试运行结果

10. 美化版面

标题列和参数列应填充不同的颜色，以便区分。选中表示金额的单元格，用右键单击，选择“设置单元格格式”，将其由“数值”格式更改为“货币”格式，选择人民币符号并保留两位小数。由于不影响计算，将最后两列的单元格数值相加，合并为一个单元格。美化后的模型如图 2-54 所示。

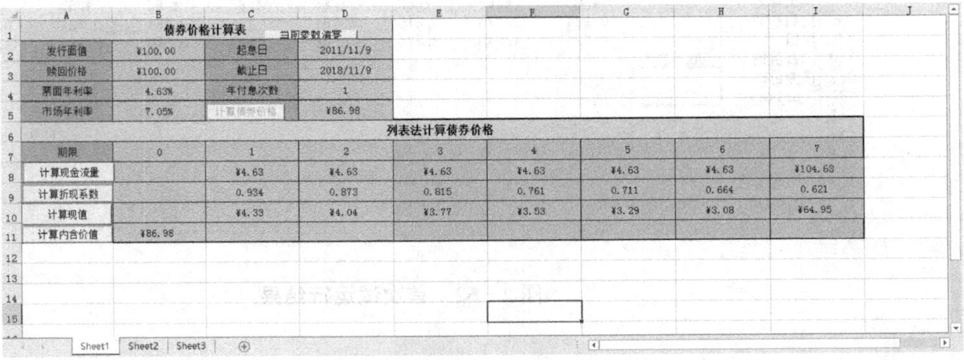

	A	B	C	D	E	F	G	H	I
1	债券价格计算表		当前参数清零						
2	发行面值	¥100.00	起息日	2011/11/9					
3	赎回价格	¥100.00	截止日	2018/11/9					
4	票面年利率	4.63%	年付息次数	1					
5	市场年利率	7.05%	计算债券价格	¥86.98					
6	列表法计算债券价格								
7	期限	0	1	2	3	4	5	6	7
8	计算现金流量		¥4.63	¥4.63	¥4.63	¥4.63	¥4.63	¥4.63	¥104.63
9	计算折现系数		0.934	0.873	0.815	0.761	0.711	0.664	0.621
10	计算现值		¥4.33	¥4.04	¥3.77	¥3.53	¥3.29	¥3.08	¥64.95
11	计算内含价值	¥86.98							

图 2-54　美化版面

11. 问题分析

由列表得出的债券的内含价值以及 PRICE 函数对债券价值的计算结果可知，此面值 100 元的债券仅相当于市场同等条件下价值 86.98 元的债券，这是因为该债券的利率低于市场同等风险的投资回报率。因此，在其他条件不变的情况下，铁道部需要折价发行该债券。折价后债券的总价值为 150×86.98/100＝130.47 亿元。

四、注意事项

（1）PRICE 函数的到期日要以日期的形式输入，若以文本的形式输入会出现问题，列表计算则要使用期限。rate 指债券的票面利率；yld 指同风险条件下的市场利率；frequency 为年付息次数，如果按年支付，frequency＝ 1，按半年支付，frequency＝ 2，按季支付，frequency＝ 4。

（2）在录入现金流量的计算公式和计算折现系数时，应注意年付息次数。

（3）计算债券的折现系数要使用市场利率而不是票面利率，计算现金流时要使用票面利率。

（4）使用列表法计算债券折现系数时，应注意公式的相对引用和绝对引用。

五、实验拓展

（1）可否通过 PV 函数或 NPV 函数计算该债券的理论价值？

（2）如果按季度支付，该如何对函数进行改动？

（3）若本实验中铁道部按照理论价值发行债券，该如何对债券的折价进行摊销？

（4）若每张债券的票面价值不是 100 元，该如何对 PRICE 函数进行调整来计算债券的理论价值？

实验 5 构建债券利息调整模型

一、实验目标

（1）运用 Excel 表格构建计算实际利率的直观表格模板。
（2）熟悉债券折溢价发行的会计意义和会计处理。
（3）通过练习掌握 Excel 使用技巧，如单元格引用和内置 IRR 函数。
（4）掌握如何在实际利率法下计算每年应摊销的利息调整和摊余成本。

二、相关理论与知识

（一）现金流量理论

（1）现金流入和流出的构成。
（2）现金流量的时间线表述。

（二）实际利率法

（1）实际利率指将金融资产或金融负债在预期存续期间或适用的更短期间内的未来现金流量折现为该金融资产或金融负债当前账面价值（初始确认金额）所使用的利率。

（2）对于企业的持有至到期投资来说，计算利息调整及摊余价值的过程与企业发行应付债券的过程刚好相对。根据实际利率和期初账面价值计算本期应分摊的利息收入，按所分摊的利息收入与应取得的利息收入之间的差确定本期分摊的利息调整，期初账面价值减去本期所分摊的利息收入的差即为持有至到期投资的摊余价值，本期期末的摊余价值即为下期期初的摊余价值。

（3）“持有至到期投资”的摊余价值减去本期计提的减值准备（或加上本期

转回的减值准备）后的金额即为期末账面价值。

（三）Excel 相关知识

（1）IRR 函数的调用。
（2）相对引用、绝对引用和混合引用的使用。
（3）Excel 相关使用技巧，如拖动和计算等。
（4）宏的录制和使用。

三、实验内容

（一）实例

甲公司以 987 万元购入 M 企业当日发行的 5 年期企业债券作为持有至到期投资。该债券票面年利率为 8%，每年付息一次，到期一次还本，最后一期利息随本金的兑付一起支付。购入债券的面值总额为 1 000 万元。

假设企业在每年末采用实际年利率法进行利息调整并确认当年度的投资收益。

要求：

（1）采用 IRR 函数估测该债券的实际年利率。

（2）采用实际年利率法计算每年摊销的利息调整、投资收益和摊余成本。

（二）已构建模型的展示

债券利息调整模型如图 2－55 所示。

	A	B	C	D	E	F	G
1	面值	1000	票面利率	8%			
2	发行价	987					
3	溢（折）价	(13.00)					
4	期限	0	1	2	3	4	5
5	现金流	(987.00)	80.00	80.00	80.00	80.00	1080.00
6	实际利率	8.3284%					
7							
8		账面价值（摊余成本）	每期利息额	投资收益（实际利息）	溢（折）价摊销（利息调整）		
9	.	期初账面价值-本期溢（折）价摊销	面值*票面利率	期初账面价值*实际利率	每期利息额-每期实际利息		
10	0	987.00					
11	1	989.20	80.00	82.20	(2.20)		
12	2	991.59	80.00	82.38	(2.38)		
13	3	994.17	80.00	82.58	(2.58)		
14	4	996.97	80.00	82.80	(2.80)		
15	5	1000	80.00	83.03	(3.03)		
16	合计		400.00	413.00	(13)		
17							
18							
19		计算	清屏				

图 2－55 债券利息调整模型

（三）模型的功能分析

（1）计算应付债券或持有至到期投资的实际利率（用 IRR 函数法）。

（2）计算每期摊销的利息调整和摊余成本。

（3）显示实际投资收益和票面利息的差异。

（4）显示现金流的流入、流出与时间线。

（5）用表格直观反映每期账面价值、每期付息额、实际投资收益和折溢价摊销的关系。

（四）模型的设计流程

1. 列示表头

（1）计算债券实际利率。在 A1：A6 中分别填入“面值”“发行价”“溢（折）价”“期限”“现金流”“实际利率”，在 C1 中输入“票面利率”。对需要的单元格执行“设置单元格格式→边框”命令，选择所有边框。

（2）计算每年投资收益和摊销额。针对 A8：E16 区域选择所有边框，在 A10 中输入“0”，A11 中输入“1”，然后拖动到 A15，实现顺次输入，在 A16 中输入“合计”。在 B8：E9 区域相应输入如图 2－56 所示的文字。

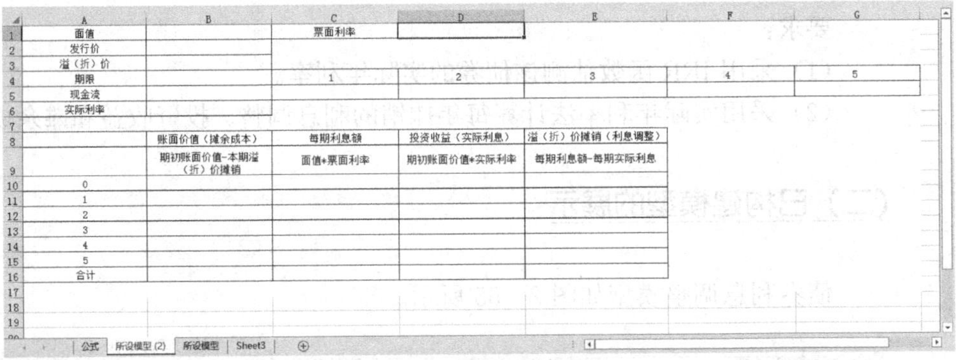

图 2－56 列示表头

2. 根据实际利率法设定公式

（1）溢（折）价＝发行价－票面价值，故在 B3 中填入“＝B2－B1”。在 B5 中填入“＝－B2”，表示初次投入现金流。在 C5 中填入“＝$B$1＊$D$1”，拖动至 F5，在 G5 中填入“＝$B$1＊$D$1＋B1”。在 B6 中填入“＝IRR(B5：G5,)”。

（2）在计算投资收益表中填入公式：B10＝987，B11＝B10－E11，C11＝$B$1＊$D$1，D11＝$B10＊$B$6，E11＝C11－D11。然后，选中这些单元格并向下拖动至 B15：E15（见图 2－57）。

图 2-57　输入公式

3. 设置单元格格式

设置单元格格式如图 2-58、图 2-59 所示。

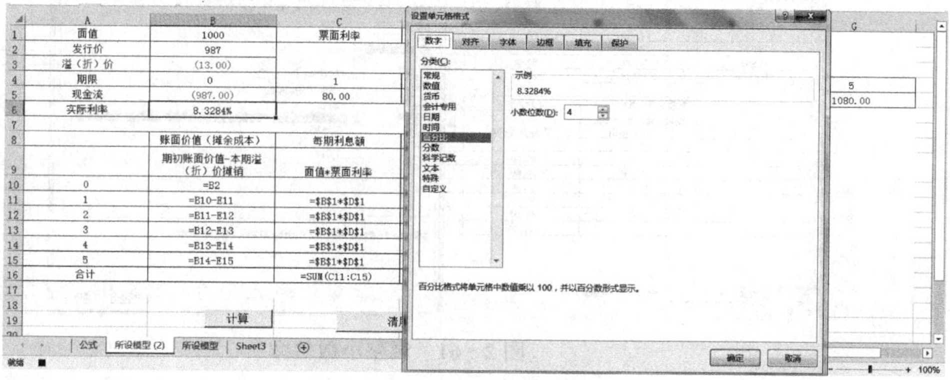

图 2-58　设置单元格格式（1）

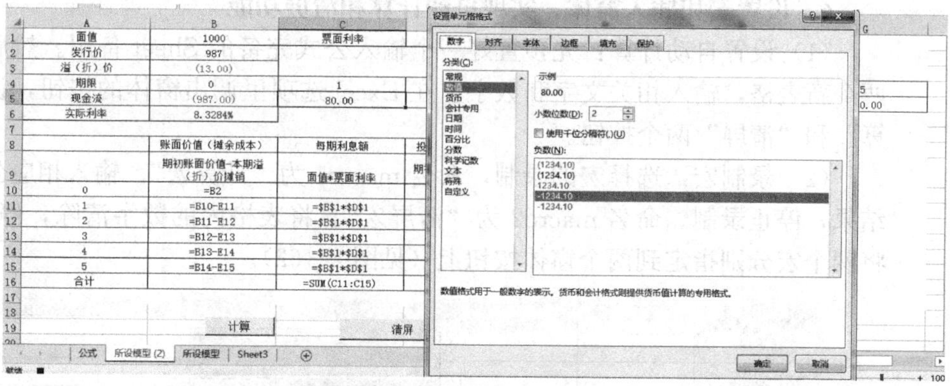

图 2-59　设置单元格格式（2）

4. 首次试运行

首次试运行结果如图 2-60 所示。

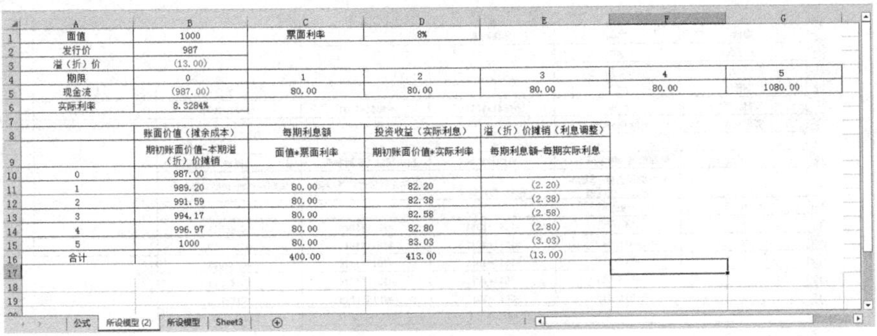

图 2-60　首次试运行结果

5. 调整部分单元格小数位数

调整单元格小数位数的步骤如图 2-61 所示。

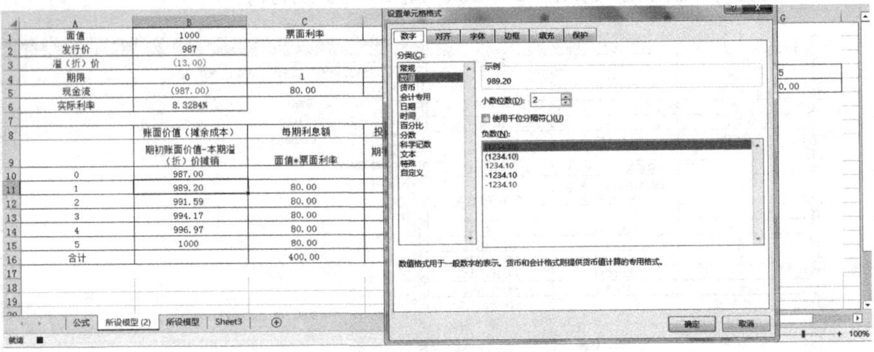

图 2-61　调整小数位数

6. 设置宏和插入窗体，实现自动计算和清屏功能

（1）设置自动计算：先预置好一个输入公式完备的 Sheet 备用。然后，再做两个新表格，输入相关文字和数字。在 Excel 选项里调出窗体的按钮，设置“计算”和“清屏”两个按钮。

（2）录制宏：选择宏的录制，命名 macro1 为“计算宏”。输入相应公式算出结果，停止录制。命名 macro2 为“清屏宏”。将表格内的数字清除，停止录制。将两个宏分别指定到两个窗体按钮上（见图 2-62）。

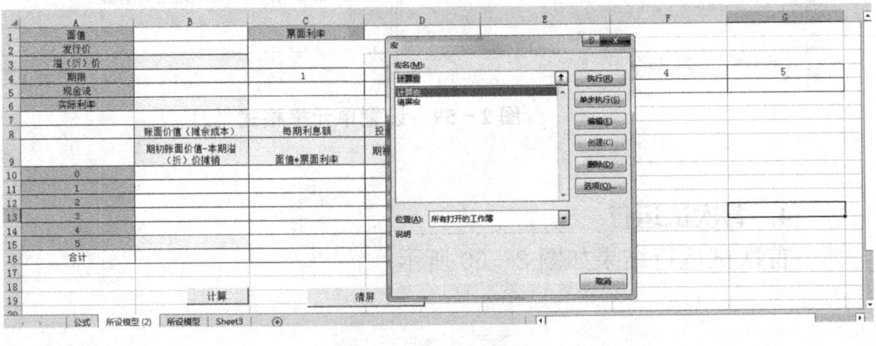

图 2-62　设置宏

7. 第二次试运行

（1）输入面值、票面利率和发行价，将鼠标指针移至 B3，然后单击“计算”按钮，得出计算结果（见图 2－63）。

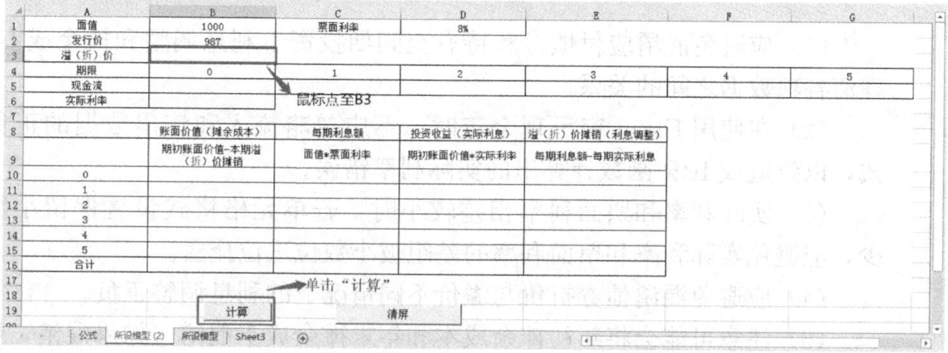

图 2－63　点击“计算”按钮

（2）点击“清屏”按钮，清除数字，用于下次输入（见图 2－64）。

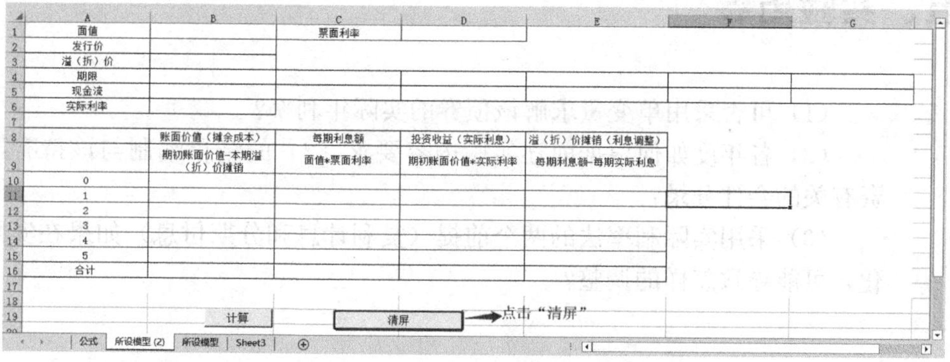

图 2－64　点击“清屏”按钮

8. 美化版面

美化版面如图 2－65 所示。

图 2－65　美化版面

四、注意事项

（1）应避免混淆应付债券和持有至到期投资下利息调整和摊余成本的算法，理清各项数据之间的关系。

（2）在使用Excel表示现金流时，不应忽略流入和流出数据的正负表达方式，以致造成IRR函数计算出的实际利率错误。

（3）实际利率和票面利率相差较小时，若单元格格式设置保留小数位数过少，应避免实际利率和票面利率的差距被小数位进位掩盖。

（4）应避免混淆债券折价与溢价不同情况下的利息调整正负。

（5）注意可能会将年初摊余成本和年末摊余成本混淆（如果混淆，建议在表格中加上年末摊余成本）。

五、实验拓展

（1）可否采用单变量求解该债券的实际年利率？

（2）各年度如何根据前述实验内容要求（2）的结果编制与该持有至到期投资有关的会计分录？

（3）采用实际利率法的两个前提（复利计息和分期付息）如果在实际中有变化，可能导致怎样的调整？

实验 6 编制还款计划表

一、实验目标

（1）编制贷款偿付计划表。
（2）敏锐分析利率变动对每期偿付额的影响程度。
（3）拟定合适的贷款偿付计划。
（4）灵活运用内置函数 PMT 及其引用。
（5）实践等额本息还款法和等额本金还款法下每期偿付额的计算方法。
（6）熟悉模拟运算表的编制。

二、相关理论与知识

（一）等额本息还款法

（1）等额本息还款法的定义。等额本息还款法也称定期付息法，即借款人每月按相等的金额偿还贷款本息，其中每月贷款利息按月初剩余贷款本金计算并逐月结清。

（2）等额本息还款法的特点。由于每月的还款额相等，因此在贷款初期每月的还款中，所还的贷款本金较少；在贷款后期，因贷款本金不断减少，每月的还款额中贷款利息也不断减少，每月所还的贷款本金较多。

（3）每期还款额（PMT）的计算公式为：

$$PMT=\frac{PRINCIPAL\times i(1+i)^{n}}{(1+i)^{n}-1}$$

上式中，PRINCIPAL 为借款本金；i 为利率；n 为还款期数。

（二）等额本金还款法

（1）等额本金还款法的定义。等额本金还款法又称利随本清法、等本不等息还款法。贷款人将本金分摊到每个月内，同时付清上一交易日至本次还款日的利息。

（2）等额本金还款法的特点。对等额本息还款法而言，等额本金还款法总的利息支出较低，但是前期支付的本金和利息较多，还款负担逐月递减。

（3）每期还款额（PMT）的计算公式为：

$$\mathrm{PMT}_t=\frac{\mathrm{PRINCIPAL}}{n}+(\mathrm{PRINCIPAL}-\sum_{t=1}^{t-1}\mathrm{PMT}_t)\times i$$

式中，t 为相应的期数；PRINCIPAL 为贷款本金；i 为每期利率；n 为还款期数。

（三）Excel 相关知识

（1）内置函数 PMT 及其调用。

（2）利用模拟运算表进行敏锐分析。

（3）数值的计算。

（4）Excel 的引用、自动计算与自动填充功能。

三、实验内容

（一）实例

某企业借入 3 年期的长期借款 1 000 万元，固定年利率为 6%，现有两种还款方式：

（1）采用等额本息还款法，每季末等额还本付息。

（2）采用等额本金还款法，本金在每季末按借款期限平均偿还，利息按每季初待偿本金和利率计算。

要求：

（1）运用 PMT 函数或数学表达式计算等额本息还款法下的每次还款额。

（2）运用引用、自动计算和自动填充功能编制两种还款方法下的还款计划表。

（3）企业应当采用等额本息还款法还是等额本金还款法？说明理由。

说明：还款计划表应当列示每次还款额、每次承担的利息和偿还的本金、3 年到期时的还款总额、利息总额和本金总额等数据。

（二）已构建模型的展示

还款计划表如图 2－66、图 2－67 所示。

等额本息还款法				
期限	待偿本金①（期初①－②）	每期还款额 还本②（④－③）	付利③（期初①×1.5%）	合计④
0	1000.00			
1	923.32	76.68	15.00	91.68
2	845.49	77.83	13.85	91.68
3	766.49	79.00	12.68	91.68
4	686.31	80.18	11.50	91.68
5	604.92	81.39	10.29	91.68
6	522.32	82.61	9.07	91.68
7	438.47	83.85	7.83	91.68
8	353.37	85.10	6.58	91.68
9	266.99	86.38	5.30	91.68
10	179.32	87.68	4.00	91.68
11	90.33	88.99	2.69	91.68
12	0.00	90.33	1.35	91.68
合计		1000.00	100.16	1100.16
折现率	1.50%	2.00%	2.50%	
净现值	0.00	30.45	59.57	

等额本金还款法				
期限	待偿本金①（期初①－②）	每期还款额 还本②	付利③（期初①×1.5%）	合计④（②+③）
0	1000.00			
1	916.67	83.33	15.00	98.33
2	833.33	83.33	13.75	97.08
3	750.00	83.33	12.50	95.83
4	666.67	83.33	11.25	94.58
5	583.33	83.33	10.00	93.33
6	500.00	83.33	8.75	92.08
7	416.67	83.33	7.50	90.83
8	333.33	83.33	6.25	89.58
9	250.00	83.33	5.00	88.33
10	166.67	83.33	3.75	87.08
11	83.33	83.33	2.50	85.83
12	0.00	83.33	1.25	84.58
合计		1000.00	97.50	1097.50
折现率	1.50%	2.00%	2.50%	
净现值	0.00	29.68	58.07	

还款差额	本金差额	利息差额
(6.65)	(6.65)	0.00
(5.40)	(5.50)	0.10
(4.15)	(4.34)	0.18
(2.90)	(3.15)	0.25
(1.65)	(1.95)	0.29
(0.40)	(0.73)	0.32
0.85	0.51	0.33
2.10	1.77	0.33
3.35	3.05	0.30
4.60	4.34	0.25
5.85	5.66	0.19
7.10	6.99	0.10

还款计划表　利率变动分析　宏

图 2－66　还款计划表（1）

借款总额	1000		期限	12	每期利率	1.50%						
¥91.68	1	2	3	4	5	6	7	8	9	10	11	12
1.00%	1010.00	507.51	340.02	256.28	206.04	172.55	148.63	130.69	116.74	105.58	96.45	88.85
1.50%	1015.00	511.28	343.38	259.44	209.09	175.53	151.56	133.58	119.61	108.43	99.29	91.68
2.00%	1020.00	515.05	346.75	262.62	212.16	178.53	154.51	136.51	122.52	111.33	102.18	94.56
2.50%	1025.00	518.83	350.14	265.82	215.25	181.55	157.50	139.47	125.46	114.26	105.11	97.49
3.00%	1030.00	522.61	353.53	269.03	218.35	184.60	160.51	142.46	128.43	117.23	108.08	100.46
3.50%	1035.00	526.40	356.93	272.25	221.48	187.67	163.54	145.48	131.45	120.24	111.09	103.48
4.00%	1040.00	530.20	360.35	275.49	224.63	190.76	166.61	148.53	134.49	123.29	114.15	106.55
4.50%	1045.00	534.00	363.77	278.74	227.79	193.88	169.70	151.61	137.57	126.38	117.25	109.67
5.00%	1050.00	537.80	367.21	282.01	230.97	197.02	172.82	154.72	140.69	129.50	120.39	112.83
5.50%	1055.00	541.62	370.65	285.29	234.18	200.18	175.96	157.86	143.84	132.67	123.57	116.03
6.00%	1060.00	545.44	374.11	288.59	237.40	203.36	179.14	161.04	147.02	135.87	126.79	119.28
6.50%	1065.00	549.26	377.58	291.90	240.63	206.57	182.33	164.24	150.24	139.10	130.06	122.57
7.00%	1070.00	553.09	381.05	295.23	243.89	209.80	185.55	167.47	153.49	142.38	133.36	125.90
7.50%	1075.00	556.93	384.54	298.57	247.16	213.04	188.80	170.73	156.77	145.69	136.70	129.28
8.00%	1080.00	560.77	388.03	301.92	250.46	216.32	192.07	174.01	160.08	149.03	140.08	132.70
8.50%	1085.00	564.62	391.54	305.29	253.77	219.61	195.37	177.33	163.42	152.41	143.49	136.15
9.00%	1090.00	568.47	395.05	308.67	257.09	222.92	198.69	180.67	166.80	155.82	146.95	139.65
9.50%	1095.00	572.33	398.58	312.06	260.44	226.25	202.04	184.05	170.20	159.27	150.44	143.19
10.00%	1100.00	576.19	402.11	315.47	263.80	229.61	205.41	187.44	173.64	162.75	153.96	146.76

还款计划表　利率变动分析　宏

图 2－67　还款计划表（2）

（三）模型的功能分析

（1）改变“借款总额”“期限”“每期利率”的值，直接显示两种还款计划下的还款计划表。

（2）改变“每期利率”，显示利率变动对每期还款额的影响。

（3）通过比较拟定合适的贷款偿付计划。

（4）利用 PMT 函数计算出等额本息还款方式下的每期还款额。

（四）模型的设计流程

1. 列示表头

（1）分别在 A2，D2，F2 中输入“借款总额”“期限”“每期利率”等文字，分别在 B2，E2，G2 输入相应数据。

（2）合并单元格区域 A5：E5，输入“等额本息还款法”；合并单元格区域

A6：A7，输入“期限”；合并单元格区域B6：B7，输入“待偿本金①（期初①－②）”；合并单元格区域C6：E6，输入“每期还款额”；在单元格C7，D7，E7中分别输入“还本②（④－③）”“付利③（期初①×1.5%）”“合计④”。在A8：A23中分别输入“0”“1”“2”“3”……“合计”“折现率”“净现值”等。

（3）合并单元格区域F5：J5，输入“等额本金还款法”；合并单元格区域F6：F7，输入“期限”；合并单元格区域G6：G7，输入“待偿本金①（期初①－②）”；合并单元格区域H6：J6，输入“每期还款额”；在单元格H7，I7，J7中分别输入“还本②”“付利③（期初①×1.5%）”“合计④（②＋③）”字样。在F8：F23中分别输入“0”“1”“2”“3”……“合计”“折现率”“净现值”等。

（4）在L7：N7中分别输入“还款差额”“本金差额”“利息差额”等。

（5）选中A5：J23，单击右键，点击“设置单元格格式”，选择“边框”标签，选定区域的外部边框和内部边框（见图2－68）。

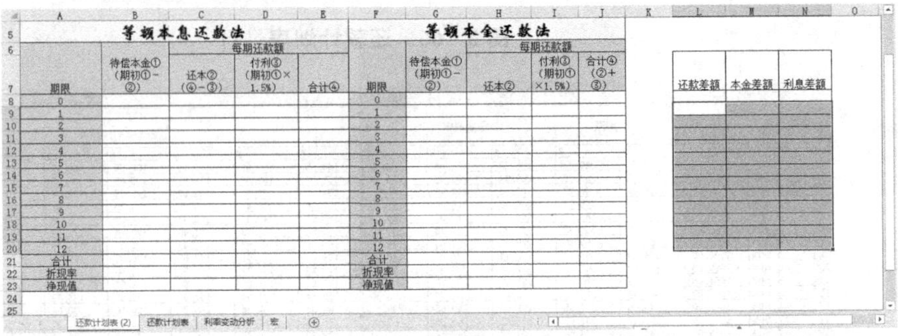

图2－68 列示表头

2. 编制等额本息还款法下的还款计划表

在B8中输入“＝B2”；在D9中输入“＝B8＊$G$2”；调用计算每期应付款额的函数PMT，在E9中输入“＝PMT($G$2，$E$2，－$B$2，0，0)”；在C9中输入“＝E9－D9”；在B9中输入“＝B8－C9”。选中单元格区域C9：E9，向下拖动至第20行。设置单元格C21求和公式“＝SUM(C9：C20)”，向右拖动至E列。在B22：D22中分别定义不同的折现率。利用计算现值的财务函数设置单元格B23公式“＝－NPV(B22，$E$9：$E$20)＋$B$8”，向右拖动至D列（见图2－69）。

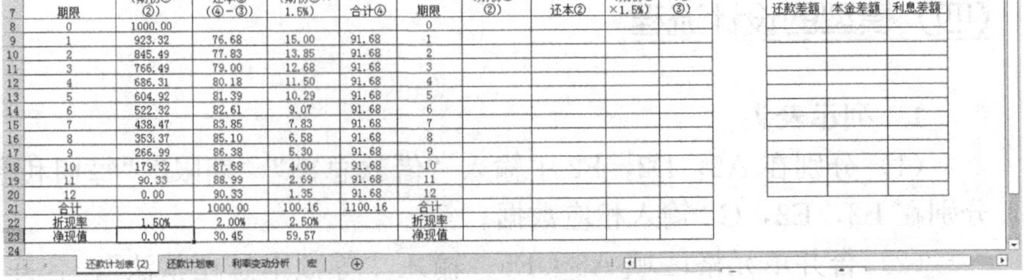

图2－69 设置公式（1）

3. 编制等额本金还款法下的还款计划表

在 G8 中输入“＝B2”，在 H9 中输入“＝$B$2/$E$2”，在 G9 中输入“＝G8－H9”，在 I9 中输入“＝G8＊$G$2”，在 J9 中输入“＝H9＋I9”。选中单元格区域 G9：J9，向下拖动至第 20 行。设置单元格 H21 求和公式“＝SUM(H9：H20)”，向右拖动至 J 列。在 G22：I22 中分别输入不同的折现率。利用计算现值的财务函数设置单元格 G23 公式“＝－NPV(G22，$J$9：$J$20)＋$G$8”，向右拖动至 I 列（见图 2－70）。

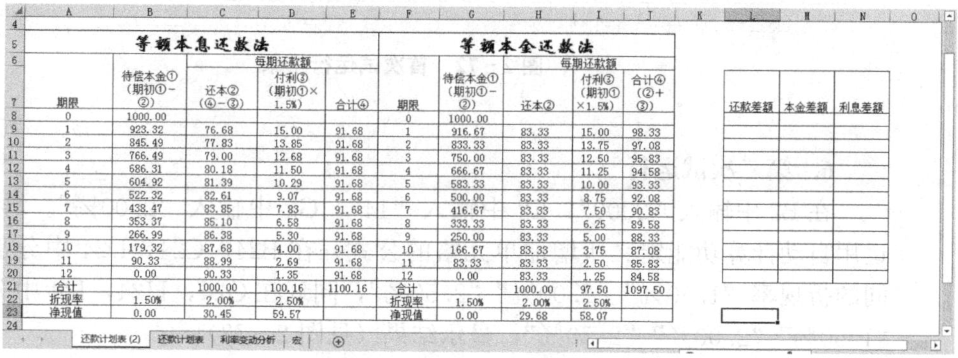

等额本息还款法					等额本金还款法							
		每期还款额					每期还款额					
期限	待偿本金①（期初①－②）	还本②（④－③）	付利③（期初①×1.5%）	合计④	期限	待偿本金①（期初①－②）	还本②	付利③（期初①×1.5%）	合计④（②＋③）	还款差额	本金差额	利息差额
0	1000.00				0	1000.00						
1	923.32	76.68	15.00	91.68	1	916.67	83.33	15.00	98.33			
2	845.49	77.83	13.85	91.68	2	833.33	83.33	13.75	97.08			
3	766.49	79.00	12.68	91.68	3	750.00	83.33	12.50	95.83			
4	686.31	80.18	11.50	91.68	4	666.67	83.33	11.25	94.58			
5	604.92	81.39	10.29	91.68	5	583.33	83.33	10.00	93.33			
6	522.32	82.61	9.07	91.68	6	500.00	83.33	8.75	92.08			
7	438.47	83.85	7.83	91.68	7	416.67	83.33	7.50	90.83			
8	353.37	85.10	6.58	91.68	8	333.33	83.33	6.25	89.58			
9	266.99	86.38	5.30	91.68	9	250.00	83.33	5.00	88.33			
10	179.32	87.68	4.00	91.68	10	166.67	83.33	3.75	87.08			
11	90.33	88.99	2.69	91.68	11	83.33	83.33	2.50	85.83			
12	0.00	90.33	1.35	91.68	12	0.00	83.33	1.25	84.58			
合计		1000.00	100.16	1100.16	合计		1000.00	97.50	1097.50			
折现率	1.50%	2.00%	2.50%		折现率	1.50%	2.00%	2.50%				
净现值	0.00	30.45	59.57		净现值	0.00	29.68	58.07				

图 2－70　设置公式（2）

4. 设计表格

定义单元格 L9，M9，N9 分别为“＝E9－J9”“＝C9－H9”“＝D9－I9”，选中 L9：N9，向下拖动至第 20 行。计算出各期还款差额、本金差额和利息差额（见图 2－71）。

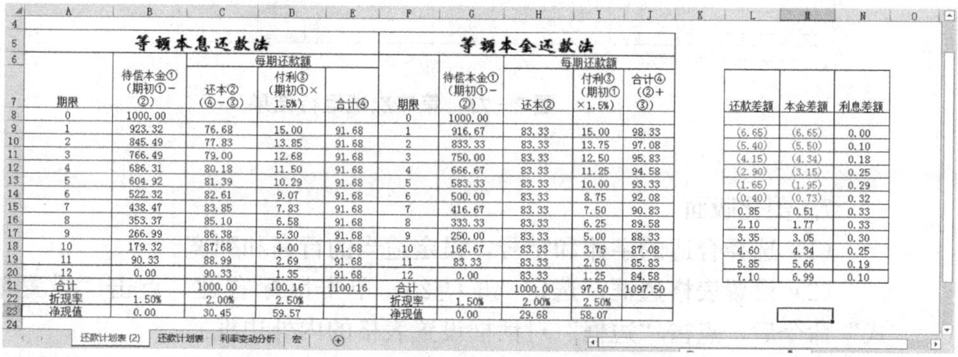

等额本息还款法					等额本金还款法							
		每期还款额					每期还款额					
期限	待偿本金①（期初①－②）	还本②（④－③）	付利③（期初①×1.5%）	合计④	期限	待偿本金①（期初①－②）	还本②	付利③（期初①×1.5%）	合计④（②＋③）	还款差额	本金差额	利息差额
0	1000.00				0	1000.00						
1	923.32	76.68	15.00	91.68	1	916.67	83.33	15.00	98.33	(6.65)	(6.65)	0.00
2	845.49	77.83	13.85	91.68	2	833.33	83.33	13.75	97.08	(5.40)	(5.50)	0.10
3	766.49	79.00	12.68	91.68	3	750.00	83.33	12.50	95.83	(4.15)	(4.34)	0.18
4	686.31	80.18	11.50	91.68	4	666.67	83.33	11.25	94.58	(2.90)	(3.15)	0.25
5	604.92	81.39	10.29	91.68	5	583.33	83.33	10.00	93.33	(1.65)	(1.95)	0.29
6	522.32	82.61	9.07	91.68	6	500.00	83.33	8.75	92.08	(0.40)	(0.73)	0.32
7	438.47	83.85	7.83	91.68	7	416.67	83.33	7.50	90.83	0.85	0.51	0.33
8	353.37	85.10	6.58	91.68	8	333.33	83.33	6.25	89.58	2.10	1.77	0.33
9	266.99	86.38	5.30	91.68	9	250.00	83.33	5.00	88.33	3.35	3.05	0.30
10	179.32	87.68	4.00	91.68	10	166.67	83.33	3.75	87.08	4.60	4.34	0.25
11	90.33	88.99	2.69	91.68	11	83.33	83.33	2.50	85.83	5.85	5.66	0.19
12	0.00	90.33	1.35	91.68	12	0.00	83.33	1.25	84.58	7.10	6.99	0.10
合计		1000.00	100.16	1100.16	合计		1000.00	97.50	1097.50			
折现率	1.50%	2.00%	2.50%		折现率	1.50%	2.00%	2.50%				
净现值	0.00	30.45	59.57		净现值	0.00	29.68	58.07				

图 2－71　计算还款差额、本金差额和利息差额

5. 首次试运行

在 B2 中输入“1000”，E2 中输入“12”，G2 中输入“1.50%”。在 B22，C22，D22 中分别输入不同的折现率“1.00%”“1.50%”“2.00%”，同理在 G22，H22，I22 中分别输入“1.00%”“1.50%”“2.00%”，显示结果（见图 2－72）。

等额本息还款法					等额本金还款法				
		每期还款额					每期还款额		
期限	待偿本金①（期初①－②）	还本②（④－③）	付利③（期初①×1.5%）	合计④	期限	待偿本金①（期初①－②）	还本②	付利③（期初①×1.5%）	合计④（②+③）
0	1000.00				0	1000.00			
1	923.32	76.68	15.00	91.68	1	916.67	83.33	15.00	98.33
2	845.49	77.83	13.85	91.68	2	833.33	83.33	13.75	97.08
3	766.49	79.00	12.68	91.68	3	750.00	83.33	12.50	95.83
4	686.31	80.18	11.50	91.68	4	666.67	83.33	11.25	94.58
5	604.92	81.39	10.29	91.68	5	583.33	83.33	10.00	93.33
6	522.32	82.61	9.07	91.68	6	500.00	83.33	8.75	92.08
7	438.47	83.85	7.83	91.68	7	416.67	83.33	7.50	90.83
8	353.37	85.10	6.58	91.68	8	333.33	83.33	6.25	89.58
9	266.99	86.38	5.30	91.68	9	250.00	83.33	5.00	88.33
10	179.32	87.68	4.00	91.68	10	166.67	83.33	3.75	87.08
11	90.33	88.99	2.69	91.68	11	83.33	83.33	2.50	85.83
12	0.00	90.33	1.35	91.68	12	0.00	83.33	1.25	84.58
合计		1000.00	100.16	1100.16	合计		1000.00	97.50	1097.50
折现率	1.00%	1.50%	2.00%		折现率	1.00%	1.50%	2.00%	
净现值	(31.87)	0.00	30.45		净现值	(31.04)	0.00	29.68	

还款计划表 (2) | 还款计划表 | 利率变动分析 | 宏

图 2－72 首次试运行结果

6. 第二次试运行

在 B2 中输入“2000”，E2 中输入“14”，G2 中输入“2.00%”。增加行数，运用自动计算功能定义所增加单元格的公式。在 B24，C24，D24 中分别输入不同的折现率“1.50%”“2.00%”“2.50%”，同理在 G24，H24，I24 中分别输入“1.50%”“2.00%”“2.50%”，显示结果（见图 2－73）。

借款总额	2000		期限	14	每期利率	2.00%			
等额本息还款法					等额本金还款法				
		每期还款额					每期还款额		
期限	待偿本金①（期初①－②）	还本②（④－③）	付利③（期初①×6%）	合计④	期限	待偿本金①（期初①－②）	还本②	（期初①×6%）	合计④（②+③）
0	2000.00				0	2000.00			
1	1874.80	125.20	40.00	165.20	1	1857.14	142.86	40.00	182.86
2	1747.09	127.71	37.50	165.20	2	1714.29	142.86	37.14	180.00
3	1616.83	130.26	34.94	165.20	3	1571.43	142.86	34.29	177.14
4	1483.96	132.87	32.34	165.20	4	1428.57	142.86	31.43	174.29
5	1348.43	135.52	29.68	165.20	5	1285.71	142.86	28.57	171.43
6	1210.20	138.24	26.97	165.20	6	1142.86	142.86	25.71	168.57
7	1069.20	141.00	24.20	165.20	7	1000.00	142.86	22.86	165.71
8	925.38	143.82	21.38	165.20	8	857.14	142.86	20.00	162.86
9	778.68	146.70	18.51	165.20	9	714.29	142.86	17.14	160.00
10	629.05	149.63	15.57	165.20	10	571.43	142.86	14.29	157.14
11	476.43	152.62	12.58	165.20	11	428.57	142.86	11.43	154.29
12	320.75	155.68	9.53	165.20	12	285.71	142.86	8.57	151.43
13	161.96	158.79	6.42	165.20	13	142.86	142.86	5.71	148.57
14	(0.00)	161.96	3.24	165.20	14	0.00	142.86	2.86	145.71
合计		2000.00	312.86	2312.86	合计		2000.00	300.00	2300.00
折现率	1.50%	2.00%	2.50%		折现率	1.50%	2.00%	2.50%	
净现值	(72.22)	0.00	68.62		净现值	(69.36)	0.00	65.97	

还款计划表 | 利率变动分析 | 宏

图 2－73 第二次试运行结果

7. 美化版面

（1）选择合适的字体和字号，设定适当的行高和列宽。

（2）设置表格边框。选定 A5：J25，单击鼠标右键，点击“设置单元格格式”命令后，点击“边框”对话框设置表格的内外边框。

（3）隐藏网格线。点击“视图”，通过点击“网格线”按钮前方框的方式，取消方框内的对号，此时方框内无对号，表示工作表不显示网格线，然后按“确定”按钮退出（见图 2－74）。

8. 敏锐分析利率变动对每期偿付额的影响

（1）利用模拟运算表进行分析，在第 2 行分别输入“借款总额”“期限”“每期利率”等数据。在 B4：M4 输入期限数“1”……“12”，在 A5：A23 输入不同的利率。定义单元格 A4 的公式“＝PMT($G$2，$E$2，－$B$2，0，0)”（见

图 2－75）。

借款总额	2000		期限	14	每期利率	2.00%			
等额本息还款法					等额本金还款法				
期限	待偿本金①（期初①－②）	每期还款额 还本②（④－③）	付利③（期初①×6%）	合计④	期限	待偿本金①（期初①－②）	每期还款额 还本②	（期初①×6%）	合计④（②＋③）
0	2000.00				0	2000.00			
1	1874.80	125.20	40.00	165.20	1	1857.14	142.86	40.00	182.86
2	1747.09	127.71	37.50	165.20	2	1714.29	142.86	37.14	180.00
3	1616.83	130.26	34.94	165.20	3	1571.43	142.86	34.29	177.14
4	1483.96	132.87	32.34	165.20	4	1428.57	142.86	31.43	174.29
5	1348.43	135.52	29.68	165.20	5	1285.71	142.86	28.57	171.43
6	1210.20	138.24	26.97	165.20	6	1142.86	142.86	25.71	168.57
7	1069.20	141.00	24.20	165.20	7	1000.00	142.86	22.86	165.71
8	925.38	143.82	21.38	165.20	8	857.14	142.86	20.00	162.86
9	778.68	146.70	18.51	165.20	9	714.29	142.86	17.14	160.00
10	629.05	149.63	15.57	165.20	10	571.43	142.86	14.29	157.14
11	476.43	152.62	12.58	165.20	11	428.57	142.86	11.43	154.29
12	320.75	155.68	9.53	165.20	12	285.71	142.86	8.57	151.43
13	161.96	158.79	6.42	165.20	13	142.86	142.86	5.71	148.57
14	(0.00)	161.96	3.24	165.20	14	0.00	142.86	2.86	145.71
合计		2000.00	312.86	2312.86	合计		2000.00	300.00	2300.00
折现率	1.50%	2.00%	2.50%		折现率	1.50%	2.00%	2.50%	
净现值	(72.22)	0.00	68.62		净现值	(69.36)	0.00	65.97	

图 2－74　美化版面

借款总额	1000		期限	12	每期利率	1.50%						
¥91.68	1	2	3	4	5	6	7	8	9	10	11	12
1.00%												
1.50%												
2.00%												
2.50%												
3.00%												
3.50%												
4.00%												
4.50%												
5.00%												
5.50%												
6.00%												
6.50%												
7.00%												
7.50%												
8.00%												
8.50%												
9.00%												
9.50%												
10.00%												

图 2－75　设置表头

（2）在 Excel 2016 中，选中整个分析区域 A4：M23，然后选择“数据”项下的“模拟分析”菜单，选择“模拟运算表”，将对话框中引用行的单元格设置为“＄E＄2”，将对话框中引用列的单元格设置为“＄G＄2”。参数设置完毕后，单击“确定”按钮（见图 2－76、图 2－77）。模拟运算结果如图 2－78 所示。

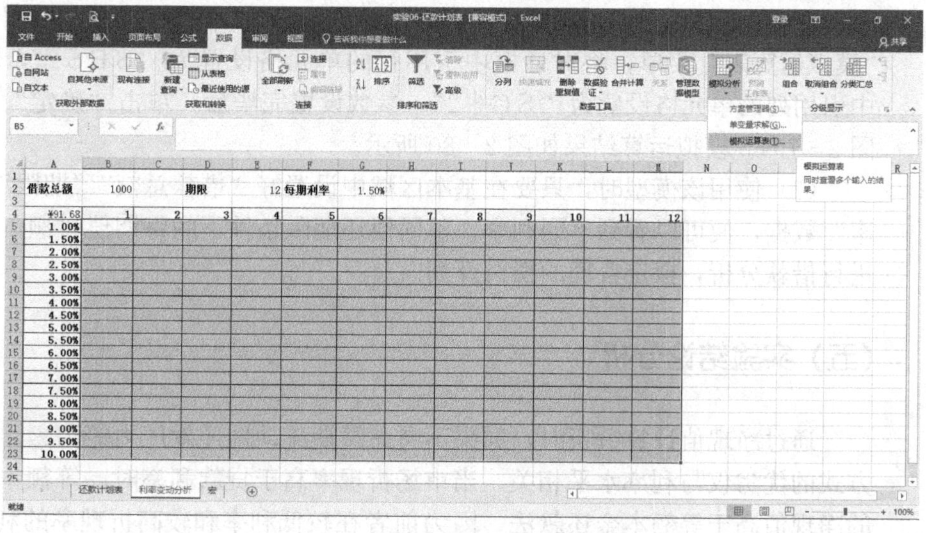

图 2－76　选择“模拟运算表”

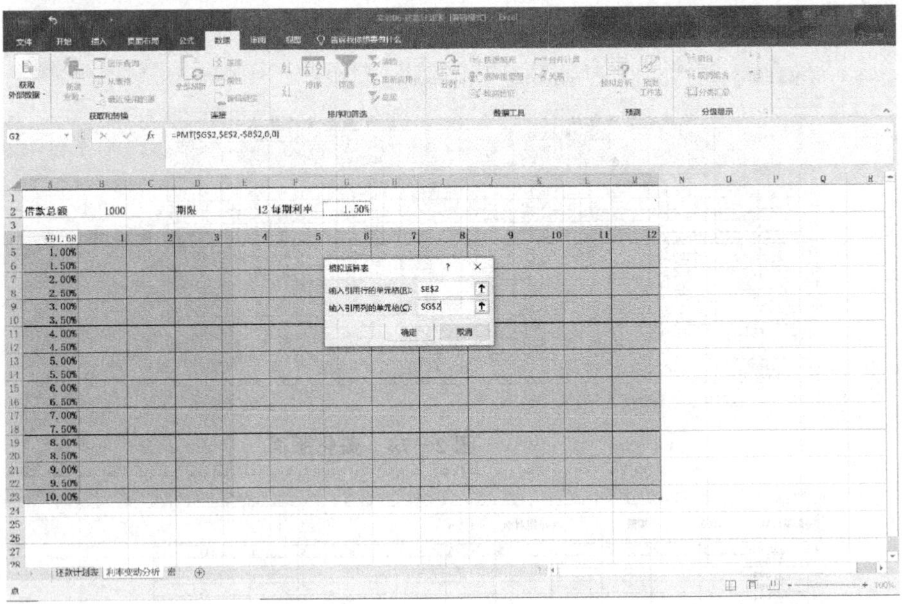

图 2－77 设置“模拟运算表”

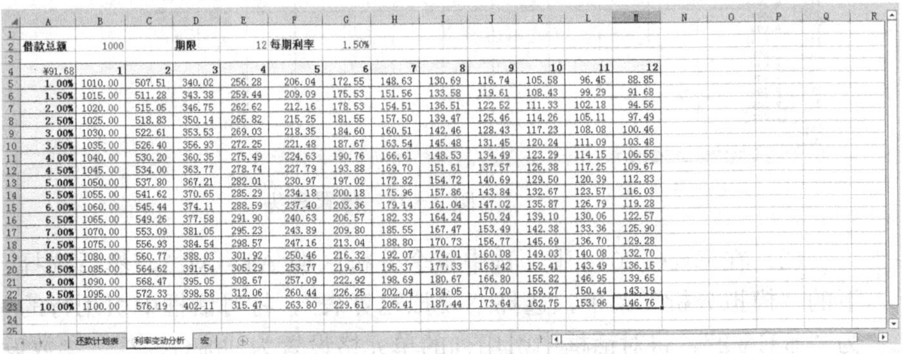

	A	B	C	D	E	F	G	H	I	J	K	L	M
1													
2	借款总额	1000		期限	12	每期利率	1.50%						
3													
4	¥91.68	1	2	3	4	5	6	7	8	9	10	11	12
5	1.00%	1010.00	507.51	340.02	256.28	206.04	172.55	148.63	130.69	116.74	105.58	96.45	88.85
6	1.50%	1015.00	511.28	343.38	259.44	209.09	175.53	151.56	133.58	119.61	108.43	99.29	91.68
7	2.00%	1020.00	515.05	346.75	262.62	212.16	178.53	154.51	136.51	122.52	111.33	102.18	94.56
8	2.50%	1025.00	518.83	350.14	265.82	215.25	181.55	157.50	139.47	125.46	114.26	105.11	97.49
9	3.00%	1030.00	522.61	353.53	269.03	218.35	184.60	160.51	142.46	128.43	117.23	108.08	100.46
10	3.50%	1035.00	526.40	356.93	272.25	221.48	187.67	163.54	145.48	131.45	120.24	111.09	103.48
11	4.00%	1040.00	530.20	360.35	275.49	224.63	190.76	166.61	148.53	134.49	123.29	114.15	106.55
12	4.50%	1045.00	534.00	363.77	278.74	227.79	193.88	169.70	151.61	137.57	126.38	117.25	109.67
13	5.00%	1050.00	537.80	367.21	282.01	230.97	197.02	172.82	154.72	140.69	129.50	120.39	112.83
14	5.50%	1055.00	541.62	370.65	285.29	234.18	200.18	175.96	157.86	143.84	132.67	123.57	116.03
15	6.00%	1060.00	545.44	374.11	288.59	237.40	203.36	179.14	161.04	147.02	135.87	126.79	119.28
16	6.50%	1065.00	549.26	377.58	291.90	240.63	206.57	182.33	164.24	150.24	139.10	130.06	122.57
17	7.00%	1070.00	553.09	381.05	295.23	243.89	209.80	185.55	167.47	153.49	142.38	133.36	125.90
18	7.50%	1075.00	556.93	384.54	298.57	247.16	213.04	188.80	170.73	156.77	145.69	136.70	129.28
19	8.00%	1080.00	560.77	388.03	301.92	250.46	216.32	192.07	174.01	160.08	149.03	140.08	132.70
20	8.50%	1085.00	564.62	391.54	305.29	253.77	219.61	195.37	177.33	163.42	152.41	143.49	136.15
21	9.00%	1090.00	568.47	395.05	308.67	257.09	222.92	198.69	180.67	166.80	155.82	146.95	139.65
22	9.50%	1095.00	572.33	398.58	312.06	260.44	226.25	202.04	184.05	170.20	159.27	150.44	143.19
23	10.00%	1100.00	576.19	402.11	315.47	263.80	229.61	205.41	187.44	173.64	162.75	153.96	146.76

图 2－78 模拟运算结果

在 Excel 2003 中，选中整个分析区域 A4：M23，然后选择“数据”项下的“模拟运算表”菜单，将对话框中引用行的单元格设置为“$E$2”，将对话框中引用列的单元格设置为“$G$2”。参数设置完毕后，单击“确定”按钮（见图 2－79）。模拟运算结果如图 2－80 所示。

（3）使用该模型时，只要在基本区域中设置好“借款总额”“期限”“每期利率”数据，便可以看到不同利率、不同偿还期限条件下的每期偿付额，从而便于进行借款分析，拟定合理的偿付计划。

（五）实验结论分析

通过净现值计算分析时，如果不考虑短期流动性还款压力等因素，两种还款方式的优劣仅与利率水平相关。当市场折现率高于贷款利率时，等额本息还款法的净现值高于等额本金还款法，因为前者在较低利率和较高折现率的利用上更充

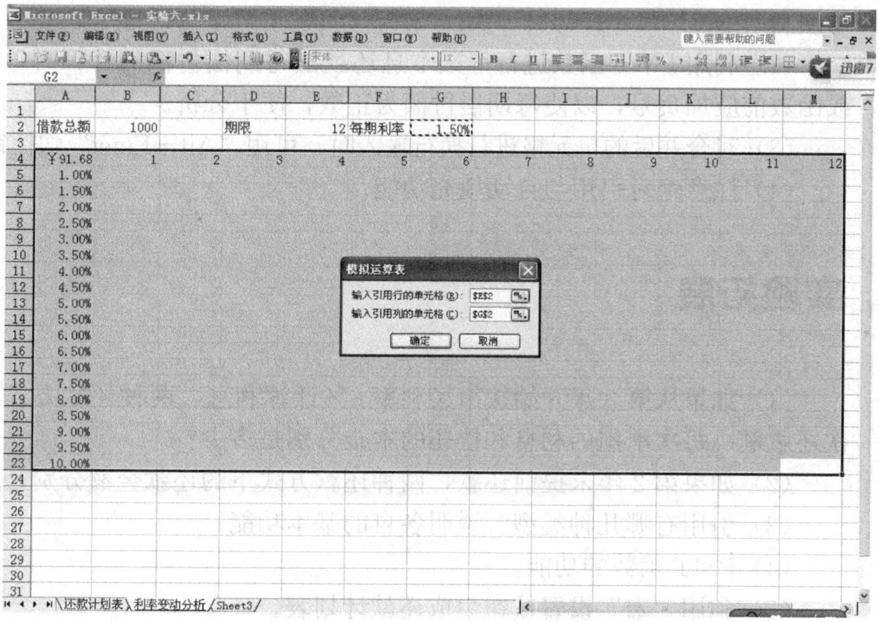

图 2-79 设置“模拟运算表”

	A	B	C	D	E	F	G	H	I	J	K	L	M
2	借款总额	1000		期限	12	每期利率	1.50%						
4	¥91.68	1	2	3	4	5	6	7	8	9	10	11	12
5	1.00%	1010.00	507.51	340.02	256.28	206.04	172.55	148.63	130.69	116.74	105.58	96.45	88.85
6	1.50%	1015.00	511.28	343.38	259.44	209.09	175.53	151.56	133.58	119.61	108.43	99.29	91.68
7	2.00%	1020.00	515.05	346.75	262.62	212.16	178.53	154.51	136.51	122.52	111.33	102.18	94.56
8	2.50%	1025.00	518.83	350.14	265.82	215.25	181.55	157.50	139.47	125.46	114.26	105.11	97.49
9	3.00%	1030.00	522.61	353.53	269.03	218.35	184.60	160.51	142.46	128.43	117.23	108.08	100.46
10	3.50%	1035.00	526.40	356.93	272.25	221.48	187.67	163.54	145.48	131.45	120.24	111.09	103.48
11	4.00%	1040.00	530.20	360.35	275.49	224.63	190.76	166.61	148.53	134.49	123.29	114.15	106.55
12	4.50%	1045.00	534.00	363.77	278.74	227.79	193.88	169.70	151.61	137.57	126.38	117.25	109.67
13	5.00%	1050.00	537.80	367.21	282.01	230.97	197.02	172.82	154.72	140.69	129.50	120.39	112.83
14	5.50%	1055.00	541.62	370.65	285.29	234.18	200.18	175.96	157.86	143.84	132.67	123.57	116.03
15	6.00%	1060.00	545.44	374.11	288.59	237.40	203.36	179.14	161.04	147.02	135.87	126.79	119.28
16	6.50%	1065.00	549.26	377.58	291.90	240.63	206.57	182.33	164.24	150.24	139.10	130.06	122.57
17	7.00%	1070.00	553.09	381.05	295.23	243.89	209.80	185.55	167.47	153.49	142.38	133.36	125.90
18	7.50%	1075.00	556.93	384.54	298.57	247.16	213.04	188.80	170.73	156.77	145.69	136.70	129.28
19	8.00%	1080.00	560.77	388.03	301.92	250.46	216.32	192.07	174.01	160.08	149.03	140.08	132.70
20	8.50%	1085.00	564.62	391.54	305.29	253.77	219.61	195.37	177.33	163.42	152.41	143.49	136.15
21	9.00%	1090.00	568.47	395.05	308.67	257.09	222.92	198.69	180.67	166.80	155.82	146.95	139.65
22	9.50%	1095.00	572.33	398.58	312.06	260.44	226.25	202.04	184.05	170.20	159.27	150.44	143.19
23	10.00%	1100.00	576.19	402.11	315.47	263.80	229.61	205.41	187.44	173.64	162.75	153.96	146.76

还款计划表 | 利率变动分析 | Sheet3

图 2-80 模拟运算结果

分。与之相反，当市场折现利率低于贷款利率时，等额本金还款法更有优势，因为其承受高利率和低折现率的负担更小。当市场折现率与贷款利率相等，两者的净现值均为零，这时应考虑其他因素（如流动性压力、经营现金流的稳定性等）。

四、注意事项

（1）实例中给出的年利率为 6%，每季末还款，所以一个季度为一个期间，每期利率为6%/4=1.5%。

(2) 利用PMT函数进行等额本息还款法每期偿付额的计算时，注意PV前或函数前应加负号，以使每期偿付额为正数，便于分析。

(3) 对合并后的单元格进行换行输入时，可用"Alt+Enter"快捷键。

(4) 注意绝对引用与自动填充功能。

五、实验拓展

(1) 如果从第3年开始按市场利率8%计算利息，两种还款方式下的未来每次还款额、每次承担的利息和偿还的本金分别是多少？

(2) 如果第2年末提前还款，两种还款方式下的还款金额分别是多少？

(3) 引用有哪几种类型？说明各自的基本功能。

(4) PMT函数的功能。

(5) 利用"宏"设置按钮生成还款计划表。

实验 7

编制预付年金现值系数表

一、实验目标

（1）快速查询预付年金现值系数。
（2）敏锐分析期数和折现率变动对系数的影响程度。
（3）透彻理解预付年金现值系数与普通年金现值系数的关系。
（4）灵活运用内置函数 PV、引用和模拟运算表。

二、相关理论与知识

（一）预付年金相关理论

（1）预付年金的支付形式。
（2）每期期初支付。
（3）预付年金的构成要素。
（4）支付时间间隔相等。
（5）每期支付的金额相等。
（6）折现率。
（7）预付年金与普通年金的联系与区别。

（二）时间价值相关理论

（1）普通年金的现值。
（2）预付年金的现值。
（3）预付年金的现值系数。

（三）Excel 相关知识

（1）数值的计算。

（2）内置函数 PV 及其调用。

（3）引用技术。

（4）模拟运算表的编制。

三、实验内容

（一）实例

现行财务管理教材通常在附录中分别列示复利现值系数和终值系数、普通年金现值系数和终值系数，几乎不列示预付年金现值系数和终值系数。

要求：

（1）简要说明预付年金现值系数与普通年金现值系数的关系。

1）n 期预付年金系数＝n 期普通年金系数×(1＋i)，i 为折现率。

2）n 期预付年金现值系数＝(n－1）期普通年金现值系数＋1（期数减 1，系数加 1）。

（2）如何通过表达式和 PV 函数分别计算期数为 3、折现率为 5%、金额为 1 元的预付年金的现值？

1）手工求解表达式：$PV=1\times\left[\dfrac{1-(1+5\%)^{-(3-1)}}{5\%}+1\right]$

2）Excel 直接计算公式：PV＝1＊((1－(1＋5%)^－(3－1)))/5%＋1)

Excel 函数的计算公式为：PV＝PV(5%，3，－1，0，1)。

（3）通过混合引用和拖动的方式编制预付年金现值系数表（折现率为 1%～10%、期数为 1～10）。

（4）运用模拟运算表编制预付年金现值系数表（折现率为 1%～10%、期数为 1～10）。

（二）已构建模型的展示

预付年金系数表和预付年金系数查询结果如图 2－81、图 2－82 所示。

（三）模型的功能分析

（1）运用引用和拖动的方式可以快速得到预付年金系数。

（2）运用模拟运算表可以快速查询预付年金系数。

	A	B	C	D	E	F	G	H	I	J	K
1											
2	PVIFA*(1+i)	1%	2%	3%	4%	5%	6%	7%	8%	9%	10%
3	1	1.0000	1.0000	1.0000	1.0000	1.0000	1.0000	1.0000	1.0000	1.0000	1.0000
4	2	1.9901	1.9804	1.9709	1.9615	1.9524	1.9434	1.9346	1.9259	1.9174	1.9091
5	3	2.9704	2.9416	2.9135	2.8861	2.8594	2.8334	2.8080	2.7833	2.7591	2.7355
6	4	3.9410	3.8839	3.8286	3.7751	3.7232	3.6730	3.6243	3.5771	3.5313	3.4869
7	5	4.9020	4.8077	4.7171	4.6299	4.5460	4.4651	4.3872	4.3121	4.2397	4.1699
8	6	5.8534	5.7135	5.5797	5.4518	5.3295	5.2124	5.1002	4.9927	4.8897	4.7908
9	7	6.7955	6.6014	6.4172	6.2421	6.0757	5.9173	5.7665	5.6229	5.4859	5.3553
10	8	7.7282	7.4720	7.2303	7.0021	6.7864	6.5824	6.3893	6.2064	6.0330	5.8684
11	9	8.6517	8.3255	8.0197	7.7327	7.4632	7.2098	6.9713	6.7466	6.5348	6.3349
12	10	9.5660	9.1622	8.7861	8.4353	8.1078	7.8017	7.5152	7.2469	6.9952	6.7590

图 2-81 预付年金系数表

	A	B	C	D	E	F	G	H	I	J	K
16	PVIFA*(1+i)		i=	5%	n=	3					
17	2.8594	1%	2%	3%	4%	5%	6%	7%	8%	9%	10%
18	1	1.0000	1.0000	1.0000	1.0000	1.0000	1.0000	1.0000	1.0000	1.0000	1.0000
19	2	1.9901	1.9804	1.9709	1.9615	1.9524	1.9434	1.9346	1.9259	1.9174	1.9091
20	3	2.9704	2.9416	2.9135	2.8861	2.8594	2.8334	2.8080	2.7833	2.7591	2.7355
21	4	3.9410	3.8839	3.8286	3.7751	3.7232	3.6730	3.6243	3.5771	3.5313	3.4869
22	5	4.9020	4.8077	4.7171	4.6299	4.5460	4.4651	4.3872	4.3121	4.2397	4.1699
23	6	5.8534	5.7135	5.5797	5.4518	5.3295	5.2124	5.1002	4.9927	4.8897	4.7908
24	7	6.7955	6.6014	6.4172	6.2421	6.0757	5.9173	5.7665	5.6229	5.4859	5.3553
25	8	7.7282	7.4720	7.2303	7.0021	6.7864	6.5824	6.3893	6.2064	6.0330	5.8684
26	9	8.6517	8.3255	8.0197	7.7327	7.4632	7.2098	6.9713	6.7466	6.5348	6.3349
27	10	9.5660	9.1622	8.7861	8.4353	8.1078	7.8017	7.5152	7.2469	6.9952	6.7590

图 2-82 预付年金系数查询结果

(3) 通过预付年金现值系数表可以直观分析期数和折现率变动对系数的影响。

(四) 模型的设计流程

1. 列示表头

在 B1，C1 中分别输入“1%”“2%”，同时选中 B1 和 C1，用鼠标点击右下角十字，拖动至 K1；在 A2，A3 中分别输入“1”“2”，同时选中 A2 和 A3，用鼠标点击右下角十字，拖动至 A11（见图 2-83）。

	A	B	C	D	E	F	G	H	I	J	K
1	PVIFA*(1+i)	1%	2%	3%	4%	5%	6%	7%	8%	9%	10%
2	1										
3	2										
4	3										
5	4										
6	5										
7	6										
8	7										
9	8										
10	9										
11	10										

图 2-83 列示表头

2. 输入公式

在单元格 B2 中输入公式“=(1−(1+B$1)^−($A2−1))/B$1+1”(见图 2-84)，需特别注意相对引用的用法。

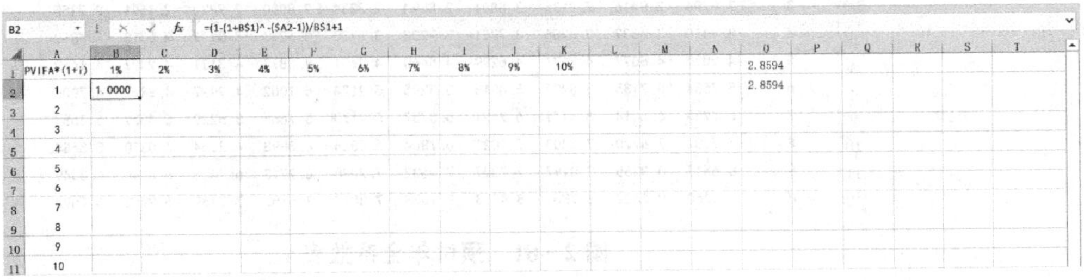

图 2-84 输入公式

3. 拖动

选定 B2，点击右下角的十字向右拖动至 K2，再用鼠标双击右下角的十字，便会自动向下填充至第 11 行（见图 2-85）。

	A	B	C	D	E	F	G	H	I	J	K
1	PVIFA*(1+i)	1%	2%	3%	4%	5%	6%	7%	8%	9%	10%
2	1	1.0000	1.0000	1.0000	1.0000	1.0000	1.0000	1.0000	1.0000	1.0000	1.0000
3	2	1.9901	1.9804	1.9709	1.9615	1.9524	1.9434	1.9346	1.9259	1.9174	1.9091
4	3	2.9704	2.9416	2.9135	2.8861	2.8594	2.8334	2.8080	2.7833	2.7591	2.7355
5	4	3.9410	3.8839	3.8286	3.7751	3.7232	3.6730	3.6243	3.5771	3.5313	3.4869
6	5	4.9020	4.8077	4.7171	4.6299	4.5460	4.4651	4.3872	4.3121	4.2397	4.1699
7	6	5.8534	5.7135	5.5797	5.4518	5.3295	5.2124	5.1002	4.9927	4.8897	4.7908
8	7	6.7955	6.6014	6.4172	6.2421	6.0757	5.9173	5.7665	5.6229	5.4859	5.3553
9	8	7.7282	7.4720	7.2303	7.0021	6.7864	6.5824	6.3893	6.2064	6.0330	5.8684
10	9	8.6517	8.3255	8.0197	7.7327	7.4632	7.2098	6.9713	6.7466	6.5348	6.3349
11	10	9.5660	9.1622	8.7861	8.4353	8.1078	7.8017	7.5152	7.2469	6.9952	6.7590

图 2-85 自动填充结果

4. 列示表头

在 D13 和 F13 中分别输入“i=5%”“h=3”；在 B14 和 C14 中分别输入“1%”“2%”，同时选中 B14 和 C14，点击右下角十字，拖动至 K14；在 A15 和 A16 中分别输入“1”“2”，同时选中 A15 和 A16，点击右下角十字，拖动至 A24（见图 2-86）。

5. 输入公式

在单元格 A14 中输入公式“=((1−(1+D13)^−(F13−1))/D13+1)”（见图 2-87）。

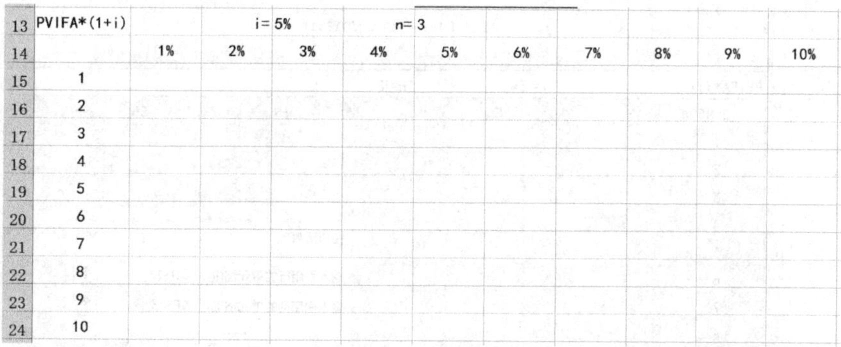

图 2-86　列示表头

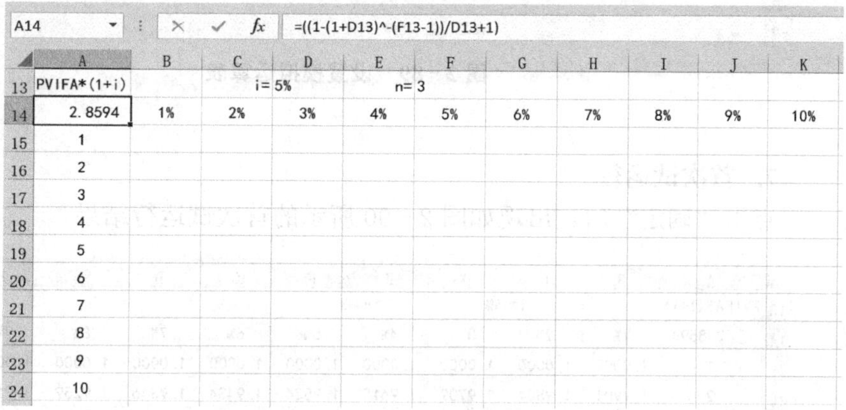

图 2-87　输入公式

6. 编制模拟运算表

选中 A14：K24 区域（见图 2-88）。点击“数据”，选择“模拟分析”，点击“模拟运算表”，弹出“模拟运算表”对话框。在对话框“输入引用行的单元格”和“输入引用列的单元格”中分别选定单元格 D13 和单元格 F13，点击“确定”（见图 2-89）。

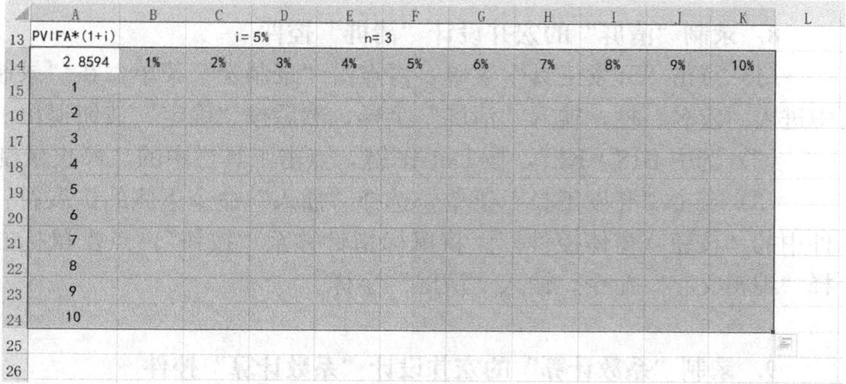

图 2-88　选定区域

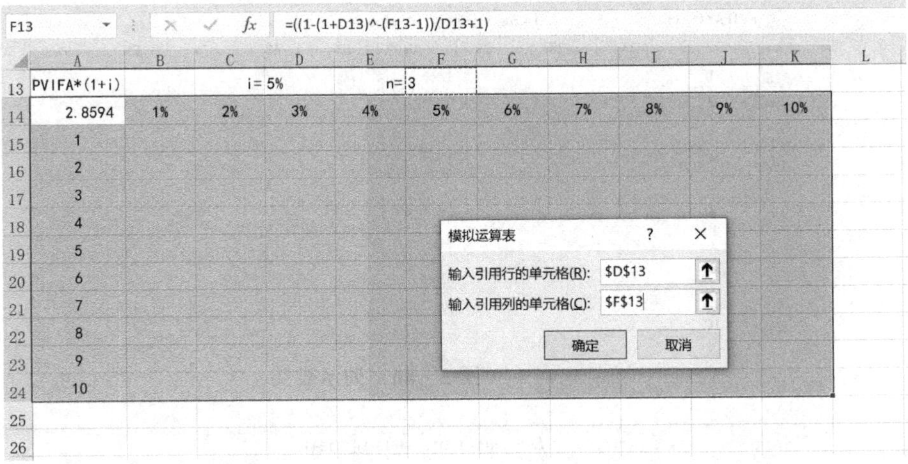

图 2-89 设置模拟运算表

7. 首次试运行

点击“确定”后，出现如图 2-90 所示的首次试运行结果。

	A	B	C	D	E	F	G	H	I	J	K
13	PVIFA*(1+i)		i= 5%		n= 3						
14	2.8594	1%	2%	3%	4%	5%	6%	7%	8%	9%	10%
15	1	1.0000	1.0000	1.0000	1.0000	1.0000	1.0000	1.0000	1.0000	1.0000	1.0000
16	2	1.9901	1.9804	1.9709	1.9615	1.9524	1.9434	1.9346	1.9259	1.9174	1.9091
17	3	2.9704	2.9416	2.9135	2.8861	2.8594	2.8334	2.8080	2.7833	2.7591	2.7355
18	4	3.9410	3.8839	3.8286	3.7751	3.7232	3.6730	3.6243	3.5771	3.5313	3.4869
19	5	4.9020	4.8077	4.7171	4.6299	4.5460	4.4651	4.3872	4.3121	4.2397	4.1699
20	6	5.8534	5.7135	5.5797	5.4518	5.3295	5.2124	5.1002	4.9927	4.8897	4.7908
21	7	6.7955	6.6014	6.4172	6.2421	6.0757	5.9173	5.7665	5.6229	5.4859	5.3553
22	8	7.7282	7.4720	7.2303	7.0021	6.7864	6.5824	6.3893	6.2064	6.0330	5.8684
23	9	8.6517	8.3255	8.0197	7.7327	7.4632	7.2098	6.9713	6.7466	6.5348	6.3349
24	10	9.5660	9.1622	8.7861	8.4353	8.1078	7.8017	7.5152	7.2469	6.9952	6.7590

图 2-90 首次试运行结果

8. 录制“清屏”的宏并设计“清屏”控件

（1）点击“开发工具”菜单，再点击“录制宏”菜单，在“录制宏”对话框中进入“宏名”栏，输入“清屏”字样，然后按“确定”按钮退出。

（2）选中 B18∶K27，按 Delete 键，点击工具栏中的“停止录制”按钮。

（3）点击“开发工具”菜单，选择“插入”命令下侧的扩展符，选择表单控件中的“按钮（窗体控件）”。将鼠标指针移至“按钮”，点击鼠标右键选中后选择“编辑文字”命令，输入“清屏”字样。

9. 录制“系数计算”的宏并设计“系数计算”控件

（1）点击“开发工具”菜单，再点击“录制宏”菜单，在“录制宏”对话框中进入“宏名”栏，输入“预付年金现值系数计算”，然后按“确定”按钮退出。

（2）点击“数据”，选择“模拟分析”命令下侧的扩展符号，点击“模拟运算表”，弹出“模拟运算表”对话框。在对话框“输入引用行的单元格”和“输入引用列的单元格”中分别选定单元格 D16 和单元格 F16，点击“确定”，再点击工具栏中的“停止录制”按钮。

（3）点击“开发工具”菜单，选择“插入”命令下侧的扩展符，选择表单控件中的“按钮（窗体控件）”。将鼠标指针移至“按钮”，点击鼠标右键选中后选择“编辑文字”命令，输入“预付年金现值系数表”字样。

10. 第二次试运行

（1）用鼠标左键点击“清屏”按钮后，单元格区域 B18：K27 的数据全部清除。

（2）用鼠标左键点击系数计算按钮，单元格区域 B18：K27 出现相应系数（见图 2-91）。

	A	B	C	D	E	F	G	H	I	J	K
15		清屏				预付年金现值系数表					
16	PVIFA*(1+i)		i= 5%		n= 3						
17	2.8594	1%	2%	3%	4%	5%	6%	7%	8%	9%	10%
18	1	1.0000	1.0000	1.0000	1.0000	1.0000	1.0000	1.0000	1.0000	1.0000	1.0000
19	2	1.9901	1.9804	1.9709	1.9615	1.9524	1.9434	1.9346	1.9259	1.9174	1.9091
20	3	2.9704	2.9416	2.9135	2.8861	2.8594	2.8334	2.8080	2.7833	2.7591	2.7355
21	4	3.9410	3.8839	3.8286	3.7751	3.7232	3.6730	3.6243	3.5771	3.5313	3.4869
22	5	4.9020	4.8077	4.7171	4.6299	4.5460	4.4651	4.3872	4.3121	4.2397	4.1699
23	6	5.8534	5.7135	5.5797	5.4518	5.3295	5.2124	5.1002	4.9927	4.8897	4.7908
24	7	6.7955	6.6014	6.4172	6.2421	6.0757	5.9173	5.7665	5.6229	5.4859	5.3553
25	8	7.7282	7.4720	7.2303	7.0021	6.7864	6.5824	6.3893	6.2064	6.0330	5.8684
26	9	8.6517	8.3255	8.0197	7.7327	7.4632	7.2098	6.9713	6.7466	6.5348	6.3349
27	10	9.5660	9.1622	8.7861	8.4353	8.1078	7.8017	7.5152	7.2469	6.9952	6.7590
28											
29											
30		i=	5%								
31		n=	5								
32	预付年金现值系数表		1.1998								

图 2-91 第二次试运行结果

11. 美化版面

选中 A1：K1，A2：A11，A14：K14 以及 A15：K24，执行“开始→边框→所有框线”命令。然后，执行“开始→字体→填充颜色”命令，选择黄色。选中 C13，E13，执行“开始→字体→填充颜色”命令，选择蓝色（注：本书为黑白印刷，彩色无法显示）。选中 B2，同时按住 Shift 键选中 K11 后，可选中所有数字，单击鼠标右键，点击“设置单元格格式”，选中“数值”，将小数位数调到 4（见图 2-92）。

	A	B	C	D	E	F	G	H	I	J	K
1	PVIFA*(1+i)	1%	2%	3%	4%	5%	6%	7%	8%	9%	10%
2	1	1.0000	1.0000	1.0000	1.0000	1.0000	1.0000	1.0000	1.0000	1.0000	1.0000
3	2	1.9901	1.9804	1.9709	1.9615	1.9524	1.9434	1.9346	1.9259	1.9174	1.9091
4	3	2.9704	2.9416	2.9135	2.8861	2.8594	2.8334	2.8080	2.7833	2.7591	2.7355
5	4	3.9410	3.8839	3.8286	3.7751	3.7232	3.6730	3.6243	3.5771	3.5313	3.4869
6	5	4.9020	4.8077	4.7171	4.6299	4.5460	4.4651	4.3872	4.3121	4.2397	4.1699
7	6	5.8534	5.7135	5.5797	5.4518	5.3295	5.2124	5.1002	4.9927	4.8897	4.7908
8	7	6.7955	6.6014	6.4172	6.2421	6.0757	5.9173	5.7665	5.6229	5.4859	5.3553
9	8	7.7282	7.4720	7.2303	7.0021	6.7864	6.5824	6.3893	6.2064	6.0330	5.8684
10	9	8.6517	8.3255	8.0197	7.7327	7.4632	7.2098	6.9713	6.7466	6.5348	6.3349
11	10	9.5660	9.1622	8.7861	8.4353	8.1078	7.8017	7.5152	7.2469	6.9952	6.7590
12											
13	PVIFA*(1+i)		i=	5%	n=	3					
14	2.8594	1%	2%	3%	4%	5%	6%	7%	8%	9%	10%
15	1	1.0000	1.0000	1.0000	1.0000	1.0000	1.0000	1.0000	1.0000	1.0000	1.0000
16	2	1.9901	1.9804	1.9709	1.9615	1.9524	1.9434	1.9346	1.9259	1.9174	1.9091
17	3	2.9704	2.9416	2.9135	2.8861	2.8594	2.8334	2.8080	2.7833	2.7591	2.7355
18	4	3.9410	3.8839	3.8286	3.7751	3.7232	3.6730	3.6243	3.5771	3.5313	3.4869
19	5	4.9020	4.8077	4.7171	4.6299	4.5460	4.4651	4.3872	4.3121	4.2397	4.1699
20	6	5.8534	5.7135	5.5797	5.4518	5.3295	5.2124	5.1002	4.9927	4.8897	4.7908
21	7	6.7955	6.6014	6.4172	6.2421	6.0757	5.9173	5.7665	5.6229	5.4859	5.3553
22	8	7.7282	7.4720	7.2303	7.0021	6.7864	6.5824	6.3893	6.2064	6.0330	5.8684
23	9	8.6517	8.3255	8.0197	7.7327	7.4632	7.2098	6.9713	6.7466	6.5348	6.3349
24	10	9.5660	9.1622	8.7861	8.4353	8.1078	7.8017	7.5152	7.2469	6.9952	6.7590

图 2-92 美化版面

四、注意事项

（1）使用 PV 函数时，注意 PMT 符号和最终结果符号的关系。

（2）使用 PV 函数时，注意最后为 type 项选择 1，否则计算出的结果是普通年金的现值。

（3）使用公式计算预付年金时，公式后面需要加上 1，即第 1 期年金。

（4）使用模拟运算表和拖动运算时，需要对数据进行混合引用，否则结果可能不正确。

五、实验拓展

（1）为什么一般只给出普通年金现值系数？是否可以在普通年金现值系数表上查到预付年金现值系数？

（2）是否可以在普通年金终值系数表上查到预付年金终值系数？

（3）折现率如果在各期发生变化，如何计算项目的终值？

（4）一家企业在什么情况下会选择普通年金支付方式？在什么情况下会选择预付年金支付方式？

实验 8 构建投资组合风险收益模型

一、实验目标

（1）构建能够计算两个投资组合的风险收益的分析模型。

（2）直观反映单项资产收益率与投资组合收益率的关系、资产间的相关性和结构对投资组合风险的影响。

（3）绘制机会集曲线。

（4）实践资本资产定价模型的基本原理。

（5）熟练掌握两个投资组合期望收益率、方差、标准差的计算公式。

（6）熟悉窗体、按钮、宏的录制和调用。

（7）全面掌握投资组合理论相关知识及原理。

（8）掌握图表交换坐标轴的宏的制作。

二、相关理论与知识

（一）投资回报率理论

（1）标准差、方差的含义。

（2）标准差的计算方法。

（3）方差的计算方法。

（二）投资组合理论

（1）均值-方差风险分析法。

（2）投资组合有效边界。

（3）最小方差点（MVP）。

（三）Excel 相关知识

（1）标准差、方差的计算。

（2）引用（绝对引用和相对引用）。

（3）宏的录制、编辑和调用。

（4）窗体和控件的运用。

（5）图表的制作。

三、实验内容

（一）实例

某企业拟购入甲、乙两公司的股票，经分析，甲、乙两公司股票的期望收益率及其标准差如表 2－2 所示。

表 2－2　　甲、乙两公司股票的预期收益率及其标准差

股票所属公司	期望收益率	标准差
甲公司	10%	12%
乙公司	14%	18%

要求：

（1）在 Excel 中列表计算不同持有比例（假设持有比例为 10%的整数倍）和相关性（相关系数为 0.25 的整数倍）对投资组合收益率和标准差的影响。

（2）计算不同相关性（相关系数为 0.25 的整数倍）条件下的最小方差组合。

（3）绘制机会集曲线。

（二）已构建模型的展示

已构建模型如图 2－93 所示。

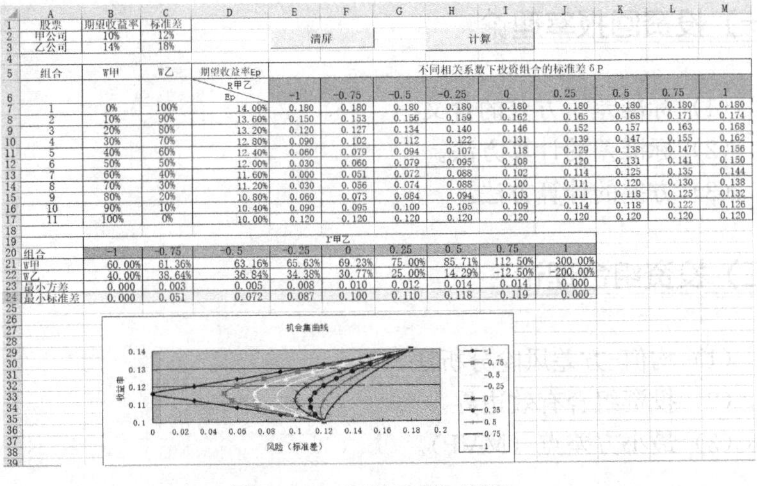

股票	期望收益率	标准差
甲公司	10%	12%
乙公司	14%	18%

组合	W甲	W乙	期望收益率Ep	不同相关系数下投资组合的标准差δP								
			R甲乙 / Ep	-1	-0.75	-0.5	-0.25	0	0.25	0.5	0.75	1
1	0%	100%	14.00%	0.180	0.180	0.180	0.180	0.180	0.180	0.180	0.180	0.180
2	10%	90%	13.60%	0.150	0.153	0.156	0.159	0.162	0.165	0.168	0.171	0.174
3	20%	80%	13.20%	0.120	0.127	0.134	0.140	0.146	0.152	0.157	0.163	0.168
4	30%	70%	12.80%	0.090	0.102	0.112	0.122	0.131	0.139	0.147	0.155	0.162
5	40%	60%	12.40%	0.060	0.079	0.094	0.107	0.118	0.129	0.138	0.147	0.156
6	50%	50%	12.00%	0.030	0.060	0.079	0.095	0.108	0.120	0.131	0.141	0.150
7	60%	40%	11.60%	0.000	0.051	0.072	0.088	0.102	0.114	0.125	0.135	0.144
8	70%	30%	11.20%	0.030	0.056	0.074	0.088	0.100	0.111	0.120	0.130	0.138
9	80%	20%	10.80%	0.060	0.073	0.084	0.094	0.103	0.111	0.118	0.125	0.132
10	90%	10%	10.40%	0.090	0.095	0.100	0.105	0.109	0.114	0.118	0.122	0.126
11	100%	0%	10.00%	0.120	0.120	0.120	0.120	0.120	0.120	0.120	0.120	0.120

	r甲乙								
组合	-1	-0.75	-0.5	-0.25	0	0.25	0.5	0.75	1
W甲	60.00%	61.36%	63.16%	65.63%	69.23%	75.00%	85.71%	112.50%	300.00%
W乙	40.00%	38.64%	36.84%	34.38%	30.77%	25.00%	14.29%	-12.50%	-200.00%
最小方差	0.000	0.003	0.005	0.008	0.010	0.012	0.014	0.014	0.000
最小标准差	0.000	0.051	0.072	0.087	0.100	0.110	0.118	0.119	0.000

图 2－93　已构建模型展示

（三）模型的功能分析

（1）点击“清屏”按钮，实现清屏功能，以便输入新的数据进行计算。

（2）点击“计算”按钮，实现计算投资组合的标准差和最小方差的功能，以快速得出最优的投资组合。

（3）绘制机会集曲线，直观反映不同相关系数情况下投资组合的风险和收益。

（四）模型的设计流程

1. 列示表中各个项目

在 A1，A2，A3 中分别输入“股票”“甲公司”“乙公司”，在 B1，C1 中分别输入“期望收益率”和“标准差”（见图 2－94）。

	A	B	C
1	股票	期望收益率	标准差
2	甲公司		
3	乙公司		

图 2－94　输入列表各项目

（1）在 A5，B5，C5，D5 中分别输入“组合”“W 甲”“W 乙”“期望收益率 Ep”，合并单元格区域 E5∶M5，输入“不同相关系数下投资组合的标准差 δp”；在 D6 中点击鼠标右键，选择“设置单元格格式”，在“边框”中选“斜线”，点击“确定”，在 D6 中输入“R 甲乙”，同时按 Alt 键和 Enter 键，再输入“Ep”。在 E6，F6 中分别输入“－1”“－0.75”，选中 E6 和 F6 后拖动到 M6；在 A7 和 A8 中分别输入“1”“2”，选中 A7 和 A8 后拖动到 A17；在 B7 和 B8 中分别输入“0%”和“10%”，在 C7 输入“＝1－B7”，拖动 C7 至 C8，选中 A7∶C8 后将鼠标指针移至单元格 C8 右下角，当鼠标指针显示“＋”时双击鼠标左键。至此，所需表制作完成（见图 2－95）。

	A	B	C	D	E	F	G	H	I	J	K	L	M
5	组合	W甲	W乙	期望收益率Ep	不同相关系数下投资组合的标准差δP								
6				R甲乙 Ep	-1	-0.75	-0.5	-0.25	0	0.25	0.5	0.75	1
7	1	0%	100%										
8	2	10%	90%										
9	3	20%	80%										
10	4	30%	70%										
11	5	40%	60%										
12	6	50%	50%										
13	7	60%	40%										
14	8	70%	30%										
15	9	80%	20%										
16	10	90%	10%										
17	11	100%	0%										
18													

图 2－95　输入各项参数

（2）合并单元格区域 B19∶J19，输入“r 甲乙”；在 A20，A21，A22，A23，A24 中分别输入“组合”“W 甲”“W 乙”“最小方差”“最小标准差”等文字；分别在 B20 和 C20 中输入“－1”“－0.75”，选中 B20 和 C20 后拖动到 J20（见图 2－96）。

	A	B	C	D	E	F	G	H	I	J	K
19						r甲乙					
20	组合	-1	-0.75	-0.5	-0.25	0	0.25	0.5	0.75	1	
21	W甲										
22	W乙										
23	最小方差										
24	最小标准差										
25											

图 2-96 输入列表各项目

2. 设置单元格格式

选中 B2：C3，单击鼠标右键，选中“设置单元格格式”，选“数字”单元对话框内的“百分数”，保留零位小数；按 Ctrl 键选中 E7：M17，B23：J24，单击鼠标右键，选中“设置单元格格式”，选“数字”单元对话框内的“数值”，保留三位小数；按 Ctrl 键选中 D7：D17，B21：J22，单击鼠标右键，选中“设置单元格格式”，选“数字”对话框内的“百分数”，保留两位小数。

3. 计算期望收益率

在 D7 中输入公式“＝$B$2＊$B7＋$B$3＊$C7”。单击 D7，将鼠标指针移至单元格右下角，当鼠标指针显示“＋”时双击鼠标左键。

4. 计算不同相关系数下投资组合的标准差

在 E7 中输入公式“＝(($C$2＊$B7)^2＋($C$3＊$C7)^2＋2＊($C$2＊$C$3＊$B7＊$C7＊E$6))^(1/2)”(如图 2-97 所示)，选中 E7 拖动至 M7，将鼠标指针移至 M7 右下角，当鼠标指针显示“＋”时双击鼠标左键。

期望收益率Ep	不同相关系数下投资组合的标准差δp
R甲乙 / Ep	-1
=$B$2*$B7+$B$3*$C7	=(($C$2*$B7)^2+($C$3*$C7)^2+2*($C$2*$C$3*$B7*$C7*E$6))^(1/2)

图 2-97 计算不同相关系数下投资组合的标准差

5. 计算不同相关性（相关系数为 0.25 的整数倍）条件下的最小方差组合

在 B21 中输入公式“＝($C$3^2－$C$2＊$C$3＊B20)/($C$2^2＋$C$3^2－2＊$C$2＊$C$3＊B20)”，在 B22 中输入公式“＝1－B21”，在 B23 中输入公式“＝(B21＊$C$2)^2＋(B22＊$C$3)^2＋2＊$C$2＊$C$3＊B21＊B22＊B20”，在 B24 中输入公式“＝B23^(1/2)”。选中 B21：B23 拖动至 J21：J23（见图 2-98）。

6. 复制

选中 D7 中的公式，将其复制粘贴到 N7，同理将 E7，B21：B24 中的公式复制到 N7：N12（此处只复制公式，单元格 D7、E7、B21：B24 中的“＝”不要复制，否则会出现差错）。

组合	W甲	W乙	期望收益率Ep	不同相关系数下投资组合的标准差δP									
			R甲乙 / Ep	-1	-0.75	-0.5	-0.25	0	0.25	0.5	0.75	1	R甲乙 / Ep
1	0%	100%	14.00%	0.180	0.180	0.180	0.180	0.180	0.180	0.180	0.180	0.180	14%
2	10%	90%	13.60%	0.150	0.153	0.156	0.159	0.162	0.165	0.168	0.171	0.174	0.18
3	20%	80%	13.20%	0.120	0.127	0.134	0.140	0.146	0.152	0.157	0.163	0.168	0.6
4	30%	70%	12.80%	0.090	0.102	0.112	0.122	0.131	0.139	0.147	0.155	0.162	40.00%
5	40%	60%	12.40%	0.060	0.079	0.094	0.107	0.118	0.129	0.138	0.147	0.156	0.00%
6	50%	50%	12.00%	0.030	0.060	0.079	0.095	0.108	0.120	0.131	0.141	0.150	0
7	60%	40%	11.60%	0.000	0.051	0.072	0.088	0.102	0.114	0.125	0.135	0.144	
8	70%	30%	11.20%	0.030	0.056	0.074	0.088	0.100	0.111	0.120	0.130	0.138	
9	80%	20%	10.80%	0.060	0.073	0.084	0.094	0.103	0.111	0.118	0.125	0.132	
10	90%	10%	10.40%	0.090	0.095	0.100	0.105	0.109	0.114	0.118	0.122	0.126	
11	100%	0%	10.00%	0.120	0.120	0.120	0.120	0.120	0.120	0.120	0.120	0.120	

	r甲乙								
组合	-1	-0.75	-0.5	-0.25	0	0.25	0.5	0.75	1
W甲	60.00%	61.36%	63.16%	65.63%	69.23%	75.00%	85.71%	112.50%	300.00%
W乙	40.00%	38.64%	36.84%	34.38%	30.77%	25.00%	14.29%	-12.50%	-200.00%
最小方差	0	0.002577	0.005115789	0.007594	0.009969	0.01215	0.013886	0.014175	0
最小标准差	0.000	0.051	0.072	0.087	0.100	0.110	0.118	0.119	0.000

机会集曲线

Sheet1 Sheet2 Sheet3

图 2-98 计算不同相关性条件下的最小方差组合

7. 首次试运行

在 B2，C2，B3，C3 中分别输入“10%”“12%”“14%”“18%”后，得出结果并验算，结果如图 2-99 所示。

股票	期望收益率	标准差
甲公司	10%	12%
乙公司	14%	18%

组合	W甲	W乙	期望收益率Ep	不同相关系数下投资组合的标准差δP								
			R甲乙 / Ep	-1	-0.75	-0.5	-0.25	0	0.25	0.5	0.75	1
1	0%	100%	14.00%	0.180	0.180	0.180	0.180	0.180	0.180	0.180	0.180	0.180
2	10%	90%	13.60%	0.150	0.153	0.156	0.159	0.162	0.165	0.168	0.171	0.174
3	20%	80%	13.20%	0.120	0.127	0.134	0.140	0.146	0.152	0.157	0.163	0.168
4	30%	70%	12.80%	0.090	0.102	0.112	0.122	0.131	0.139	0.147	0.155	0.162
5	40%	60%	12.40%	0.060	0.079	0.094	0.107	0.118	0.129	0.138	0.147	0.156
6	50%	50%	12.00%	0.030	0.060	0.079	0.095	0.108	0.120	0.131	0.141	0.150
7	60%	40%	11.60%	0.000	0.051	0.072	0.088	0.102	0.114	0.125	0.135	0.144
8	70%	30%	11.20%	0.030	0.056	0.074	0.088	0.100	0.111	0.120	0.130	0.138
9	80%	20%	10.80%	0.060	0.073	0.084	0.094	0.103	0.111	0.118	0.125	0.132
10	90%	10%	10.40%	0.090	0.095	0.100	0.105	0.109	0.114	0.118	0.122	0.126
11	100%	0%	10.00%	0.120	0.120	0.120	0.120	0.120	0.120	0.120	0.120	0.120

	r甲乙								
组合	-1	-0.75	-0.5	-0.25	0	0.25	0.5	0.75	1
W甲	60.00%	61.36%	63.16%	65.63%	69.23%	75.00%	85.71%	112.50%	300.00%
W乙	40.00%	38.64%	36.84%	34.38%	30.77%	25.00%	14.29%	-12.50%	-200.00%
最小方差	0.000	0.003	0.005	0.008	0.010	0.012	0.014	0.014	0.000
最小标准差	0.000	0.051	0.072	0.087	0.100	0.110	0.118	0.119	0.000

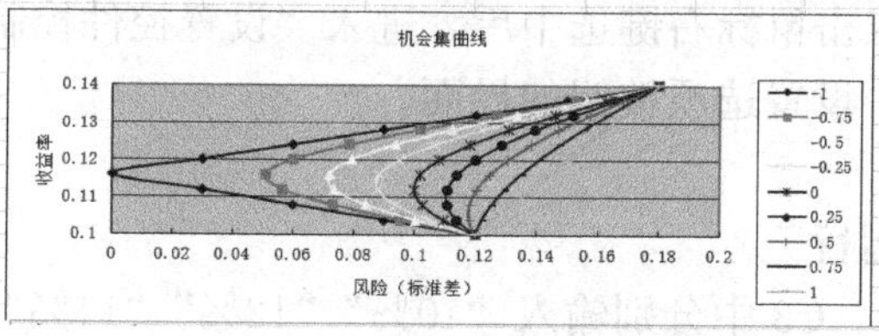

图 2-99 首次试运行

8. 录制“清屏”的宏，并设计“清屏”控件

（1）点击“开发工具”菜单，选择“插入”命令，选中“按钮”，待鼠标指针变成“+”形状，点击 E2 后将出现“按钮”。

（2）插入按钮后会自动弹出“指定宏”窗口，将宏名改成“清屏”，点击录制开始操作。

（3）按住 Ctrl 键，选中 B2：C3，D7：M17，B21：B24，再按 Delete 键，最后点击“停止录制宏”。

（4）将鼠标移至“按钮 1”，点击鼠标右键选中后，选择“编辑文字”命令，删除“按钮 1”字样，输入“清屏”字样，于是将“按钮 1”改为“清屏”按钮。结果如图 2-100 所示。

	A	B	C	D	E	F	G	H	I	J	K	L	M
1	股票	期望收益率	标准差										
2	甲公司	10%	12%		清屏								
3	乙公司	14%	18%										
4													
5	组合	W甲	W乙	期望收益率Ep	不同相关系数下投资组合的标准差δP								
6				R甲乙 Ep	-1	-0.75	-0.5	-0.25	0	0.25	0.5	0.75	1
7	1	0%	100%	14.00%	0.180	0.180	0.180	0.180	0.180	0.180	0.180	0.180	0.180
8	2	10%	90%	13.60%	0.150	0.153	0.156	0.159	0.162	0.165	0.168	0.171	0.174
9	3	20%	80%	13.20%	0.120	0.127	0.134	0.140	0.146	0.152	0.157	0.163	0.168
10	4	30%	70%	12.80%	0.090	0.102	0.112	0.122	0.131	0.139	0.147	0.155	0.162
11	5	40%	60%	12.40%	0.060	0.079	0.094	0.107	0.118	0.129	0.138	0.147	0.156
12	6	50%	50%	12.00%	0.030	0.060	0.079	0.095	0.108	0.120	0.131	0.141	0.150
13	7	60%	40%	11.60%	0.000	0.051	0.072	0.088	0.102	0.114	0.125	0.135	0.144
14	8	70%	30%	11.20%	0.030	0.056	0.074	0.088	0.100	0.111	0.120	0.130	0.138
15	9	80%	20%	10.80%	0.060	0.073	0.084	0.094	0.103	0.111	0.118	0.125	0.132
16	10	90%	10%	10.40%	0.090	0.095	0.100	0.105	0.109	0.114	0.118	0.122	0.126
17	11	100%	0%	10.00%	0.120	0.120	0.120	0.120	0.120	0.120	0.120	0.120	0.120
18													

图 2-100 设计并完成“清屏”宏

9. 录制“计算”的宏，并设计“计算”控件

（1）点击“开发工具”菜单，选择“插入”命令，选中“按钮”，待鼠标指针变成“+”形状，点击 I2 后将出现“按钮”。

（2）插入按钮后会自动弹出“指定宏”窗口，将宏名改成“计算”，点击录制开始操作。

（3）选中 N7 中的公式，将其复制粘贴到 D7。同理将 N8 中的公式复制到 E7。将 N9：N12 中的公式复制粘贴到 B21：B24（此处需要将原来去掉的“＝”添加回来）。重复之前步骤的填充表格工作，对此不再重复说明（此步骤很重要，但容易被忽略，一定要填充表格，否则计算结果将不完整）。最后点击“停止录制宏”。

（4）将鼠标指针移至“按钮 2 ”，点击鼠标右键选中后，选择“编辑文字”命令，删除“按钮 2”字样，输入“计算”字样，于是将“按钮 2”改为“计算”按钮。可根据需要点击鼠标右键选中后，进入“设置控件控制”命令，选择“颜色与线条”对话框，设置选项按钮的界面。

10. 第二次试运行

在 B2，C2，B3，C3 中分别输入“10％”“12％”“14％”“18％”，点击“计算”按钮，得出结果并验算（见图 2-101）。

	A	B	C	D	E	F	G	H	I	J	K	L	M
1	股票	期望收益率	标准差										
2	甲公司	10%	12%		清屏			计算					
3	乙公司	14%	18%										
4													
5	组合	W甲	W乙	期望收益率Ep	不同相关系数下投资组合的标准差δP								
6				R甲乙 Ep	-1	-0.75	-0.5	-0.25	0	0.25	0.5	0.75	1
7	1	0%	100%	14.00%	0.180	0.180	0.180	0.180	0.180	0.180	0.180	0.180	0.180
8	2	10%	90%	13.60%	0.150	0.153	0.156	0.159	0.162	0.165	0.168	0.171	0.174
9	3	20%	80%	13.20%	0.120	0.127	0.134	0.140	0.146	0.152	0.157	0.163	0.168
10	4	30%	70%	12.80%	0.090	0.102	0.112	0.122	0.131	0.139	0.147	0.155	0.162
11	5	40%	60%	12.40%	0.060	0.079	0.094	0.107	0.118	0.129	0.138	0.147	0.156
12	6	50%	50%	12.00%	0.030	0.060	0.079	0.095	0.108	0.120	0.131	0.141	0.150
13	7	60%	40%	11.60%	0.000	0.051	0.072	0.088	0.102	0.114	0.125	0.135	0.144
14	8	70%	30%	11.20%	0.030	0.056	0.074	0.088	0.100	0.111	0.120	0.130	0.138
15	9	80%	20%	10.80%	0.060	0.073	0.084	0.094	0.103	0.111	0.118	0.125	0.132
16	10	90%	10%	10.40%	0.090	0.095	0.100	0.105	0.109	0.114	0.118	0.122	0.126
17	11	100%	0%	10.00%	0.120	0.120	0.120	0.120	0.120	0.120	0.120	0.120	0.120
18													
19		r甲乙											
20	组合	-1	-0.75	-0.5	-0.25	0	0.25	0.5	0.75	1			
21	W甲	60.00%	61.36%	63.16%	65.63%	69.23%	75.00%	85.71%	112.50%	300.00%			
22	W乙	40.00%	38.64%	36.84%	34.38%	30.77%	25.00%	14.29%	-12.50%	-200.00%			
23	最小方差	0	0.002577	0.005115789	0.007594	0.009969	0.01215	0.013886	0.014175	0			
24	最小标准差	0.000	0.051	0.072	0.087	0.100	0.110	0.118	0.119	0.000			
25													

图 2-101 第二次试运行结果

11. 绘制机会集曲线图

（1）将 D6 复制到 N6。选中 D6：M17，单击“图表向导”开始制作图表。选择“平滑线散点图”，单击“完成”，得到的图表如图 2-102 所示。

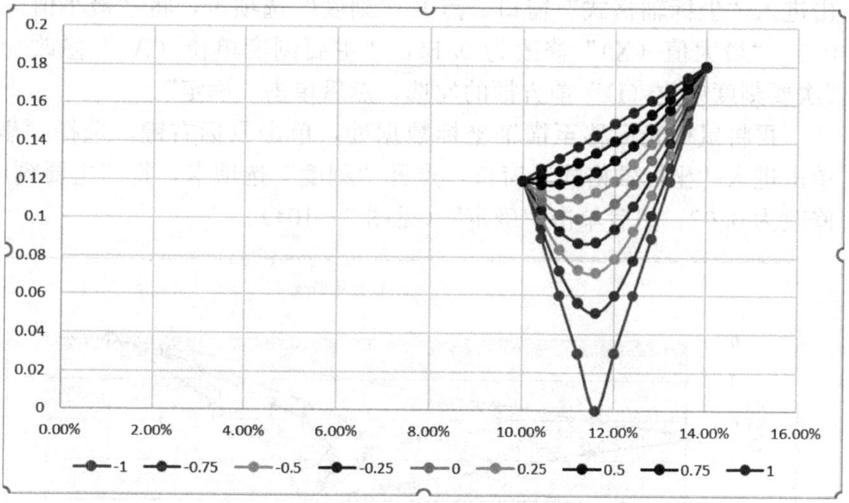

图 2-102 机会集曲线图

（2）在“开发工具”菜单中选择“录制宏”，并将宏命名为“绘图”，然后单击“停止录制”。同时按住 Alt 键和 F8 键，在弹出的“宏”对话框中对“绘图”的宏选择“编辑”，然后进行编辑操作。在 VB 中输入如图 2-103 所示的文字（其中所有的标点都应在英文状态下输入）。

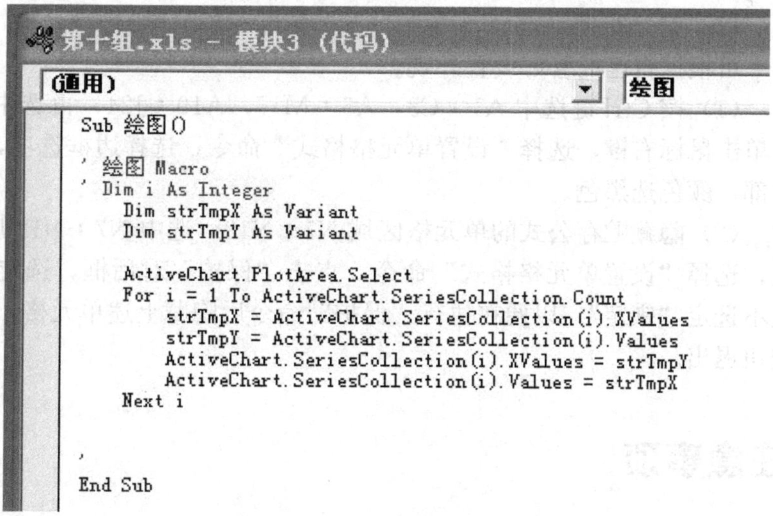


```
Sub 绘图()
' 绘图 Macro
' Dim i As Integer
   Dim strTmpX As Variant
   Dim strTmpY As Variant

   ActiveChart.PlotArea.Select
   For i = 1 To ActiveChart.SeriesCollection.Count
       strTmpX = ActiveChart.SeriesCollection(i).XValues
       strTmpY = ActiveChart.SeriesCollection(i).Values
       ActiveChart.SeriesCollection(i).XValues = strTmpY
       ActiveChart.SeriesCollection(i).Values = strTmpX
   Next i

'
End Sub
```

图 2-103 “宏”编辑操作

（3）选中图表后单击右键选择“图表选项”，在“标题”选项卡中的“图表标题”中输入“机会集曲线”，在“数值（X）轴”中输入“风险（标准差）”，在“数值（Y）轴”中输入“收益率”，然后单击“确定”。

（4）美化机会集曲线图外观时，应根据数据特点修改横轴、纵轴坐标轴格式。

将鼠标光标移至纵轴坐标数据处，单击鼠标右键，选择“坐标轴格式”，单击进入“坐标轴格式”窗口。点开“刻度”选项卡，将“最小值（N）”修改为0.1，“最大值（X）”修改为0.14，“主要刻度单位（A）”修改为0.01，取消“次要刻度单位（I）”前方框的勾选，然后单击“确定”。

再将鼠标光标移至横轴坐标数据处，单击鼠标右键，选择“坐标轴格式”，单击进入“坐标轴格式”窗口，点开“刻度”选项卡，将“主要刻度单位（A）”修改为0.02，然后单击“确定”（见图2-104）。

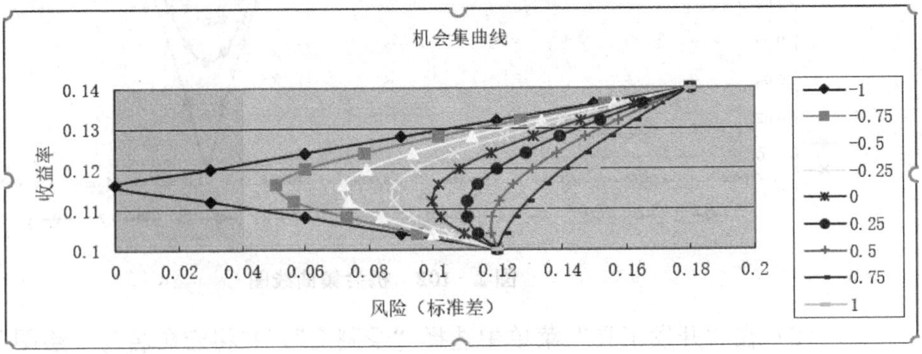

图2-104 机会集曲线图

（5）将N6复制回D6。

12. 美化外观

可根据自己的喜好设置外观。

（1）按Ctrl键选中A1：C3，A5：M17，A19：J24，再选中N7：N11。然后单击鼠标右键，选择“设置单元格格式”命令，选择边框选项，点击外边框和内部，颜色选黑色。

（2）隐藏贮存公式的单元格区域N7：N12。选中N7：N12后，单击鼠标右键，选择“设置单元格格式”命令，点击“保护”对话框，选定“隐藏”按钮，但不选定“锁定”，以便在执行“保护”命令后隐藏上述单元格，然后按“确定”按钮退出。

四、注意事项

（1）进行绝对引用和相对引用时，要注意对行和列的绝对引用或相对引用。如果引用错误，将会使拖动之后的表内数据出现错误，不能达到简便输入的效果。

（2）在进行宏的录制过程中，要熟记操作步骤，做到准确无误。这样宏在以后的运行过程中才能正确计算，得出正确结果。

（3）在设置甲、乙两公司的期望收益率和标准差单元格时，应注意在设置单元格中将其改为按百分比显示。这样在数据清除后，输入新的一组数据时可以省去“%”的输入，更加简便直观。

（4）在进行“计算”的宏的录制时，注意将相关公式复制到相应单元格后完成拖动的工作，使得整个表格里的单元格都有计算公式。这样点击“计算”按钮时，就不会出现只有几个单元格里有数据而其他单元格没有的情况。

（5）复制公式时注意不要复制“＝”，这样才能保证公式的完整正确。

（6）应先运用宏将曲线坐标轴调换，然后再美化图表外观，否则可能导致宏的运行错误。

五、实验拓展

（1）如何将工作表中备份的公式更好地隐藏和引用，从而使整个模板更加工整？

（2）图表更能直接表现投资组合的优劣，如何用“宏”设计一款计算以直接生成一个机会集曲线图？

（3）为了简化操作，如何在清屏的同时只删除计算结果，而不删除计算公式？

实验 9 构建资金需要量回归分析与预测模型

一、实验目标

（1）利用 Excel 绘制散点图，大致观察资金需要量与影响因素之间的关系。

（2）利用 Excel 进行回归分析，明确影响资金需要量的主要因素。

（3）利用 Excel 确定预测模型并分析判断模型的拟合程度。

（4）根据回归分析模型预测资金需要量。

二、相关理论与知识

（一）回归分析理论

（1）假定资金需要量和销售额之间为线性关系。

（2）根据历史资料，用最小二乘法确定回归直线方程的参数。

（3）利用直线方程预测资金需要量。

（二）直线预测模型理论

（1）资金需要量＝固定的资金需要量＋变动资金率×销售额。

（2）预测模型为 $y=a+bx$。

（3）利用最小二乘法确定参数 a 和 b。公式为：

$$a=\overline{y}-b\overline{x}\,,\; b=\frac{\sum x\sum y-n\sum xy}{(\sum x)^2-n\sum x^2}$$

(三) Excel 相关知识

(1) 数值的引用和自动计算。
(2) 散点图的绘制。
(3) 最佳拟合线的绘制。
(4) 公式和 R 方的显示。
(5) 内置函数 CORREL 与 RSQ 的作用及其调用。

三、实验内容

(一) 实例

某企业 2××1 年一季度至 2××2 年二季度产销量和资金占用量的有关数据统计如表 2-3 所示。

表 2-3 某企业 2××1 年一季度至 2××2 年二季度的产销量和资金占用量

季度	产销量（万件）	资金占用量（万元）
2××1 年一季度	62	5 200
2××1 年二季度	53	4 760
2××1 年三季度	51	4 500
2××1 年四季度	65	5 200
2××2 年一季度	72	5 700

该企业预计 2××2 年二季度产销量为 68 万件。

要求：

(1) 绘制反映产销量与资金占用量之间相互关系的散点图（应在图形中显示公式和 R 方）。

(2) 选用适当的 Excel 内置函数计算产销量与资金占用量之间的相关系数和决定系数。

(3) 假设产销量与资金占用量之间的关系为 $Y=a+bx$，请在 Excel 中通过回归分析确定系数 a 和 b 的值。

(4) 预测 2××2 年二季度的资金需要量。

(二) 已构建模型的展示

资金需要量回归分析与预测模型如图 2-105 所示。

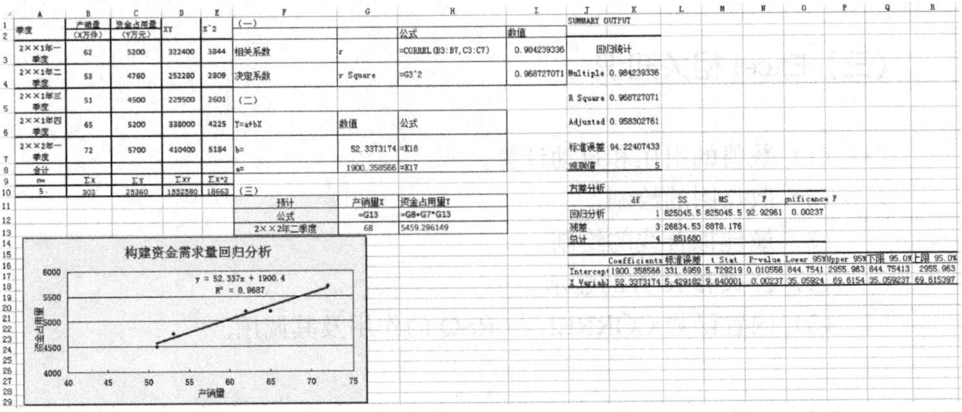

图 2 - 105 资金需要量回归分析与预测模型

(三) 模型的功能分析

(1) 通过散点图直观显示资金占用量与产销量之间的依存关系。
(2) 通过回归分析明确影响资金需求的主要因素。
(3) 根据回归分析模型预测资金需要量。
(4) 练习和展示回归预测的基本原理。

(四) 模型的设计流程

1. 列示表头并输入历史数据

合并单元格 A1 和 A2,输入“季度”,并在 A3:A8 单元格区域中分别输入“2××1 年一季度”至“2××2 年二季度”。在 B1 单元格输入“产销量”,并在 B2 单元格输入“(X 万件)”表示其单位。同理,在 C1 单元格输入“资金占用量”,并在 C2 单元格中输入“(Y 万元)”表示其单位。最后,依据已知条件,在单元格区域 B3:B7,C3:C7 中填入已知数据,得到结果如图 2 - 106 所示。

	A	B	C	D	E	F	G	H	I	J
1	季度	产销量	资金占用量							
2		(X万件)	(Y万元)							
3	2××1年一季度	62	5200							
4	2××1年二季度	53	4760							
5	2××1年三季度	51	4500							
6	2××1年四季度	65	5200							
7	2××2年一季度	72	5700							
8	2××2年二季度									

图 2 - 106 列示表头

2. 得出相关系数与决定系数

在单元格 H3 中输入“＝CORREL(B3：B7，C3：C7)”，即可得出 B3：B7，C3：C7 这两列数字，即产销量与资金占用量之间的相关系数，将此公式复制到单元格 I3 中，单击回车即可出现结果。在单元格 G3 中输入“＝I3^2”，可得出 B3：B7，C3：C7 这两列数字，即产销量与资金占用量之间的决定系数，即产销量与资金占用量之间的相关系数的平方值，将此公式复制到单元格 I4 中，单击回车即可出现结果（见图 2－107）。

	B	C	D	E	F	G	H	I
1	产销量	资金占用量	XY	X^2	（一）			
2	(X万件)	(Y万元)					公式	数值
3	62	5200	322400	3844	相关系数	r	=CORREL(B3:B7,C3:C7)	0.984239
4	53	4760	252280	2809	决定系数	r Square	=I3^2	0.968727
5	51	4500	229500	2601	（二）			
6	65	5200	338000	4225	Y=a+bX	数值	公式	
7	72	5700	410400	5184	b=	52.3373174	=K18	
8					a=	1900.358566	=K17	
9	ΣX	ΣY	ΣXY	ΣX^2				
10	303	25360	1552580	18663	（三）			

图 2－107 计算决定系数

3. 在 Excel 中通过回归分析确定系数 a 和 b 的值

如果在 Excel 2016 的“数据”菜单中没有“数据分析”这一选项，则需要加载这一选项。首先，点击左上角的“文件”菜单，在“选项”中点击“加载项”—“分析工具库”，点击下方的“转到”按钮，在“分析工具库”前的方框打钩，点击“确定”，即可在“数据”选项下调用“数据分析”。

其次，点击“数据”菜单，点击“数据分析”，向下拖动菜单，点击“回归”选项，在“Y 值输入区域”中选定单元格区域 C3：C7，在“X 值输入区域”中选定单元格区域 B3：B7，点击“确定”按钮，Excel 2016 会自动生成回归分析和方差分析的表格，并将此表格复制到 J1：R18 的区域内。根据数理统计知识，我们得知，b＝52.337 317 4，所在单元格为 K18，将单元格 H7 内输入“＝K18”，并将此公式输入单元格 G7 中，按回车键，即可显示结果。此外还从回归分析表中得知，a＝1 900.358 566，所在单元格为 K17，将单元格 H8 内输入“＝K17”，并将此公式输入单元格 G8 中，按回车键，即可显示结果。计算系数 a 和 b 如图 2－108 所示。

	A	B	C	D	E	F	G	H	I
1	季度	产销量	资金占用量	XY	X^2	（一）			
2		(X万件)	(Y万元)					公式	数值
3	2××1年一季度	62	5200	322400	3844	相关系数	r	=CORREL(B3:B7,C3:C7)	0.984239336
4	2××1年二季度	53	4760	252280	2809	决定系数	r Square	=G3^2	0.968727071
5	2××1年三季度	51	4500	229500	2601	（二）			
6	2××1年四季度	65	5200	338000	4225	Y=a+bX	数值	公式	
7	2××2年一季度	72	5700	410400	5184	b=	52.3373174	=K18	
8	合计					a=	1900.358566	=K17	
9	n=	ΣX	ΣY	ΣXY	ΣX^2				
10	5	303	25360	1552580	18663	（三）			
11						预计	产销量X	资金占用量Y	
12						公式	=G13	=G8+G7*G13	
13						2××2年二季度	68	5459.296149	

	J	K	L	M	N	O	P	Q	R
1	SUMMARY OUTPUT								
3	回归统计								
4	Multiple	0.984239336							
5	R Square	0.968727071							
6	Adjusted	0.958302761							
7	标准误差	94.22407433							
8	观测值	5							
10	方差分析								
11		df	SS	MS	F	gnificance F			
12	回归分析	1	825045.5	825045.5	92.92961	0.00237			
13	残差	3	26634.53	8878.176					
14	总计	4	851680						
16		Coefficients	标准误差	t Stat	P-value	Lower 95%	Upper 95%	下限 95.0%	上限 95.0%
17	Intercept	1900.358566	331.6959	5.729219	0.010556	844.7541	2955.963	844.75413	2955.963
18	X Variabl	52.3373174	5.429182	9.640001	0.00237	35.05924	69.6154	35.059237	69.615397

图 2－108 计算系数 a 和 b

4. 绘制散点图

选中 B3：C7 单元格区域的数据，点击“插入”菜单，选择“散点图”，随后，会自动生成散点图。鼠标对着散点图中的其中一个点，点击鼠标右键，点击“设置趋势”，在“趋势线选项”中点击“线性”，向下拖动，在“显示公式”与“显示 R 平方值”的方框前打钩。点击横坐标轴，单击右键，点击“设置坐标轴格式”，在“坐标轴选项”中，将边界的最小值设为 40，将最大值设为 75，将“单位”选项的较大值设为 5，将单位的最小值设为 1。同样的方法，将纵轴边界的最小值设为 4 000，将最大值设为 6 000，将“单位”选项的较大值设为 75，将单位的最小值设为 40。绘制散点图如图 2－109所示。

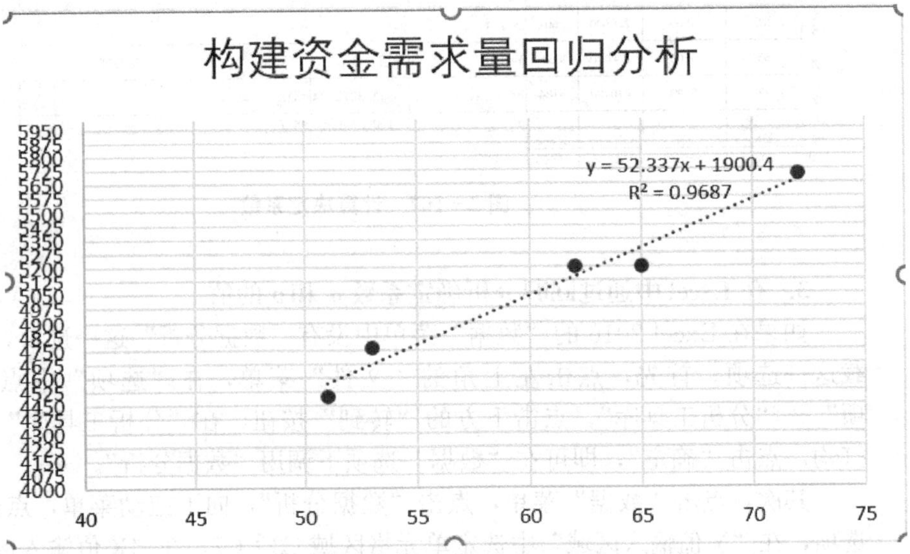

图 2－109　绘制散点图

5. 首次试运行，预测资金占用量

首先，在单元格 F11 中输入“预计”字样，表示后面为预测资金占用量，单元格 F12 中输入“公式”字样，单元格 F13 中列示“2××2 年二季度”字样，单元格 G11 中输入“产销量 X”，在 H11 单元格中输入“资金占用量 Y”。其次，在单元格 G13 中列示“68”，表明预测季度的产销量为 68 万件，在 G12 单元格中输入公式“＝G13”，在 H12 单元格中输入公式“＝G8＋G7＊G13”，并在 H13 单元格中复制此公式，单击回车键，即可自动运算出结果，即 2××2 年二季度的资金预测量。首次试运行结果如图 2－110 所示。

6. 第二次试运行

重复上述步骤，将得出第二次试运行的结果。第二次试运行结果如图 2－111 所示。

	A	B	C	D	E	F	G	H	I
1	季度	产销量	资金占用量	XY	X^2	(一)			
2		(X万件)	(Y万元)					公式	数值
3	2××1年一季度	62	5200	322400	3844	相关系数	r	=CORREL(B3:B7,C3:C7)	0.984239336
4	2××1年二季度	53	4760	252280	2809	决定系数	r Square	=G3^2	0.968727071
5	2××1年三季度	51	4500	229500	2601	(二)			
6	2××1年四季度	65	5200	338000	4225	Y=a+bX	数值	公式	
7	2××2年一季度	72	5700	410400	5184	b=	52.3373174	=K18	
8	合计					a=	1900.358566	=K17	
9	n=	ΣX	ΣY	ΣXY	ΣX^2				
10	5	303	25360	1552580	18663	(三)			
11						预计	产销量X	资金占用量Y	
12						公式	=G13	=G8+G7*G13	
13						2××2年二季度	68	5459.296149	
14	SUMMARY OUTPUT								
15									
16	回归统计								
17	Multiple R	0.984239336							
18	R Square	0.968727071							
19	Adjusted R	0.958302761							
20	标准误差	94.22407433							
21	观测值	5							
22									
23	方差分析								
24		df	SS	MS	F	Significance F			
25	回归分析	1	825045.4714	825045.5	92.93	0.002369552			
26	残差	3	26634.52855	8878.176					
27	总计	4	851680						
28									
29		Coefficients	标准误差	t Stat	P-value	Lower 95%	Upper 95%	下限 95.0%	上限 95.0%
30	Intercept	1900.358566	331.695914	5.729219	0.0106	844.7541299	2955.963002	844.7541299	2955.963002
31	X Variable	52.3373174	5.429181941	9.640001	0.0024	35.05923739	69.6153974	35.05923739	69.6153974

图 2－110　首次试运行结果

	A	B	C	D	E	F	G	H	I
1	季度	产销量	资金占用量	XY	X^2	(一)			
2		(X万件)	(Y万元)					公式	数值
3	2××1年一季度	62	5200	322400	3844	相关系数	r	=CORREL(B3:B7,C3:C7)	0.984239336
4	2××1年二季度	53	4760	252280	2809	决定系数	r Square	=G3^2	0.968727071
5	2××1年三季度	51	4500	229500	2601	(二)			
6	2××1年四季度	65	5200	338000	4225	Y=a+bX	数值	公式	
7	2××2年一季度	72	5700	410400	5184	b=	52.3373174	=K18	
8	合计					a=	1900.358566	=K17	
9	n=	ΣX	ΣY	ΣXY	ΣX^2				
10	5	303	25360	1552580	18663	(三)			
11						预计	产销量X	资金占用量Y	
12						公式	=G13	=G8+G7*G13	
13						2××2年二季度	68	5459.296149	
14	SUMMARY OUTPUT								
15									
16	回归统计								
17	Multiple R	0.984239336							
18	R Square	0.968727071							
19	Adjusted R	0.958302761							
20	标准误差	94.22407433							
21	观测值	5							
22									
23	方差分析								
24		df	SS	MS	F	Significance F			
25	回归分析	1	825045.4714	825045.5	92.93	0.002369552			
26	残差	3	26634.52855	8878.176					
27	总计	4	851680						
28									
29		Coefficients	标准误差	t Stat	P-value	Lower 95%	Upper 95%	下限 95.0%	上限 95.0%
30	Intercept	1900.358566	331.695914	5.729219	0.0106	844.7541299	2955.963002	844.7541299	2955.963002
31	X Variable	52.3373174	5.429181941	9.640001	0.0024	35.05923739	69.6153974	35.05923739	69.6153974

图 2－111　第二次试运行结果

7. 美化版面

首先，调整单元格的行高、列宽以及字体、字号，设置单元格背景颜色，使关键内容更加醒目。

其次，可以完善生成的散点图的相关信息，在光标位于散点图中间，点击右键，点击菜单栏中的“图标设计”菜单中的“设计”—“添加图表元素”—“坐标轴标题”，将横坐标轴的标题命名为“产销量”，将纵坐标轴的标题命名为“资金占用量”。

最后，可以根据需要美化一下版面。将光标放入图表中间，点击左键，依次点击菜单栏上方的“设计”—“添加图表元素”—“网格线”—“主轴主要水平网格线”，即可完善相关美化工作。美化版面如图 2-112 所示。

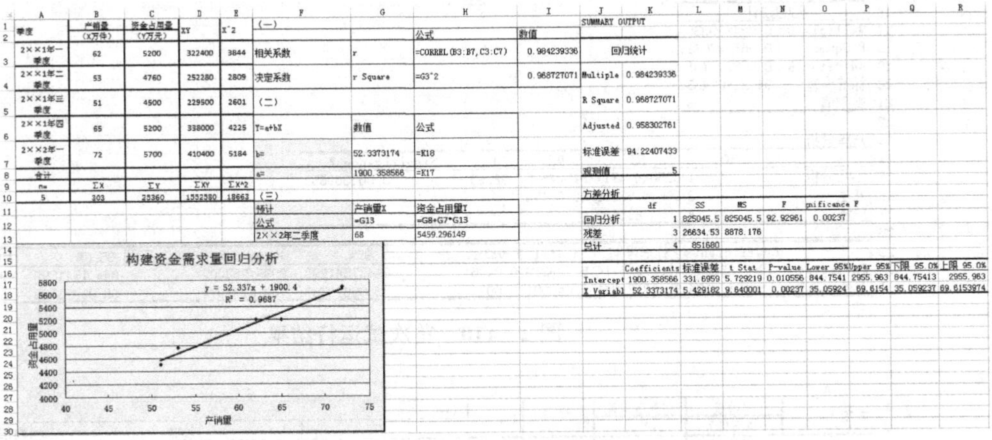

季度	产销量（X万件）	资金占用量（Y万元）	XY	X^2
2××1年一季度	62	5200	322400	3844
2××1年二季度	53	4760	252280	2809
2××1年三季度	51	4500	229500	2601
2××1年四季度	65	5200	338000	4225
2××2年一季度	72	5700	410400	5184
合计				
n=	ΣX	ΣY	ΣXY	ΣX^2
5	303	25360	1552580	18663

（一）			
		公式	数值
相关系数	r	=CORREL(B3:B7,C3:C7)	0.984239336
决定系数	r Square	=G3^2	0.968727071
（二）			
Y=a+bX	数值	公式	
b=	52.3373174	=K18	
a=	1900.358566	=K17	
（三）			
预计	产销量X	资金占用量Y	
公式	=G13	=G8+G7*G13	
2××2年二季度	68	5459.296149	

SUMMARY OUTPUT

回归统计	
Multiple	0.984239336
R Square	0.968727071
Adjusted	0.958302761
标准误差	94.22407433
观测值	5

方差分析

	df	SS	MS	F	gnificance F
回归分析	1	825045.5	825045.5	92.92961	0.00237
残差	3	26634.53	8878.176		
总计	4	851680			

	Coefficients	标准误差	t Stat	P-value	Lower 95%	Upper 95%	下限 95.0%	上限 95.0%
Intercept	1900.358566	331.6959	5.729219	0.010556	844.7541	2955.963	844.75413	2955.963
X Variabl	52.3373174	5.429182	9.640001	0.00237	35.05924	69.6154	35.059237	69.6153974

图 2-112 美化版面

四、注意事项

（1）第一次使用数据分析时需要加载宏。

（2）绘图时注意横轴和纵轴数据的选定。

（3）函数的正确选择和使用。

五、实验拓展

（1）如果资金需要量的影响因素有多个，如何构建预测模型？

（2）如果决定系数过小，如何改进预测模型？

（3）能否设置控件来调用宏，实现预测的自动化？

实验 10 构建量本利分析模型

一、实验目标

（1）分析业务量、成本和利润之间的依存关系，为短期生产经营决策提供相关信息。

（2）理解回归分析的原理。

（3）利用量本利分析模型做销售预测。

（4）掌握 Excel 图表的绘制及运用。

二、相关理论与知识

（一）量本利分析理论

（1）成本与产销量的性态分析。

（2）销售利润与售价变动的关系。

（3）成本与产销量的敏感性分析。

（二）回归分析理论

相关系数与决定系数的内涵。回归方程的内涵包括斜率与截距的计算原理。

（三）敏感性分析理论

（1）单因素敏感性分析。

（2）确定敏感性因素。

（3）确定不确定因素的范围。

(四) Excel 相关知识

(1) 内置函数 CORREL 与 FORECAST 的调用。

(2) 图表的绘制，包括添加趋势线、显示公式等。

(3) 利用回归分析确定销售成本与产销量的关系，计算价格变动对销售的影响。

三、实验内容

(一) 实例

2××1 年一季度至 2××2 年二季度某企业甲产品的售价一直稳定在 20 元，产销量与销售成本的有关数据统计如表 2-4 所示：

表 2-4　2××1 年一季度至 2××2 年二季度某企业甲产品的产销量和销售成本

季度	产销量（万件）	销售成本（万元）
2××1 年一季度	119	826
2××1 年二季度	123	861
2××1 年三季度	114	795
2××1 年四季度	135	942
2××2 年一季度	128	897

该企业预计 2××2 年二季度甲产品的产销量为 130 万件，价格可能为 2××2 年一季度的 90%～110%（假设比例为 5%的整数倍）。

要求：

(1) 选用适当的 Excel 内置函数计算产销量与销售成本之间的相关系数和决定系数。

(2) 假设产销量与销售成本之间的关系为 $Y=a+bx$，请在 Excel 中通过回归分析确定系数 a 和 b 的值。

(3) 预测 2××2 年二季度的销售成本。

(4) 绘制反映产销量与销售成本之间相互关系的散点图（应在图形中显示公式和 R 方）。

(5) 列表计算分析价格变动对 2××2 年二季度销售的影响。

(二) 已构建模型的展示

量本利分析模型、回归统计、价格变动结果如图 2-113、图 2-114、图 2-115 所示。

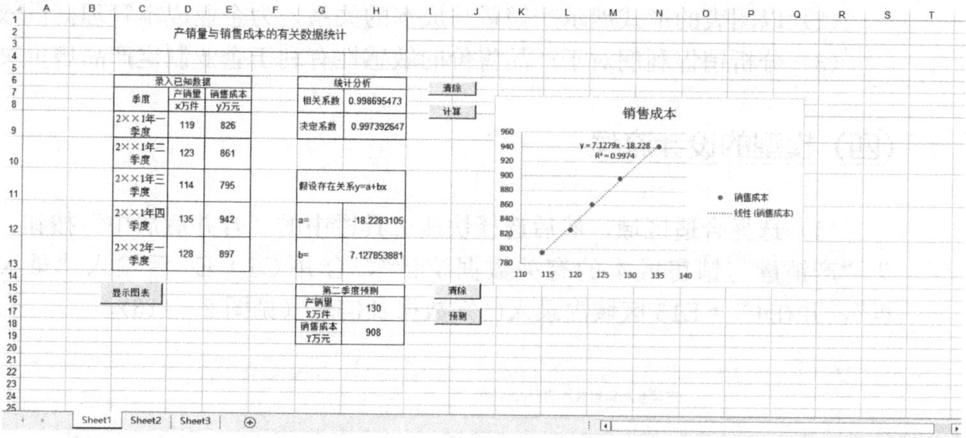

图 2－113 量本利分析模型

	A	B	C	D	E	F	G	H	I
1	SUMMARY OUTPUT								
2									
3	回归统计								
4	Multiple R	0.9986955							
5	R Square	0.9973926							
6	Adjusted F	0.9965235							
7	标准误差	3.4109681							
8	观测值	5							
9									
10	方差分析								
11		df	SS	MS	F	ignificance F			
12	回归分析	1	13351.9	13351.9	1147.592	5.65E-05			
13	残差	3	34.90411	11.6347					
14	总计	4	13386.8						
15									
16		Coefficients	标准误差	t Stat	P-value	Lower 95%	Upper 95%	下限 95.0%	上限 95.0%
17	Intercept	-18.22831	26.0933	-0.69858	0.535098	-101.2688	64.812219	-101.2688	64.81222
18	X Variable	7.1278539	0.210409	33.87613	5.65E-05	6.458238	7.7974702	6.4582375	7.79747

图 2－114 回归统计

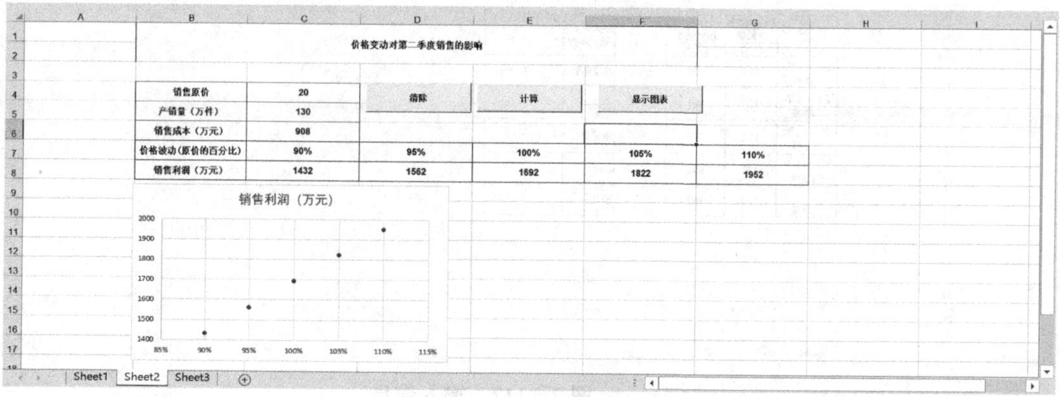

图 2－115 价格变动结果

（三）模型的功能分析

（1）预测未来季度的产销量。

（2）以图表的形式展示产销量与成本的关系，为企业成本管理提供依据。

（3）分析销售利润对于产品售价的敏感性有利于企业制定产品售价决策。

(四) 模型的设计流程

（1）选择合适区域，然后选择快速工具栏中的“合并后居中”按钮，输入表头“产销量与销售成本的有关数据统计”，合并C6：E6后输入“录入已知数据”，并在C7：E13区域内录入已知数据及信息（见图2-116）。

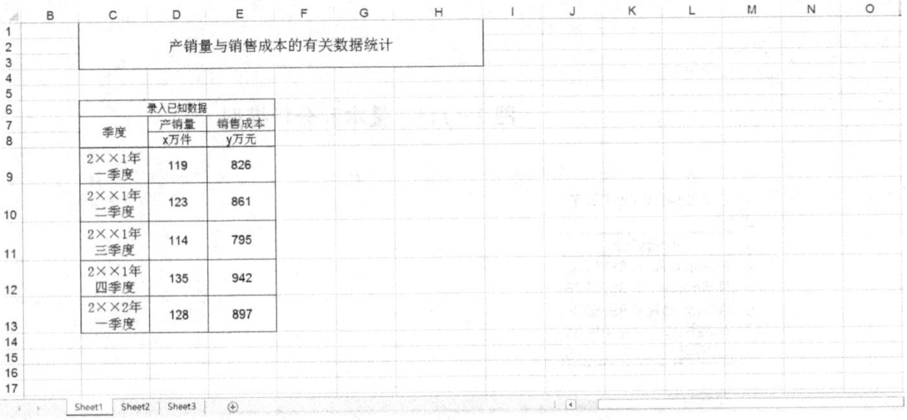

图2-116 列示表头

同理，在G6：H13中录入“统计分析”“相关系数”“决定系数”“假设存在关系$y=a+bx$”“$a=$”“$b=$”（见图2-117），并完成美化。

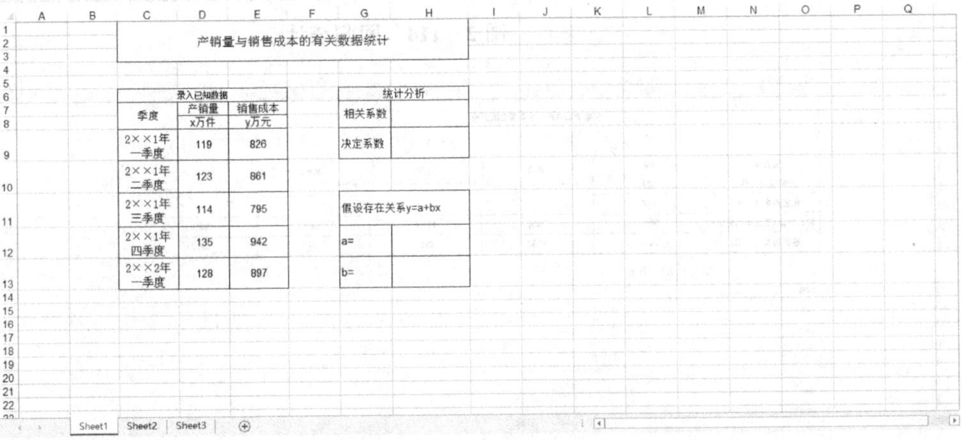

图2-117 输入信息

选中D9，点击“视图”菜单，将鼠标移至“宏”命令右侧的扩展符，点击“录制宏”菜单，在“录制宏”对话框中进入“宏名”栏，输入“统计分析”字样，然后按“确定”按钮退出。然后在H7：I8大单元格中输入“=CORREL(D9：D13，E9：E13)”，并在其下单元格输入“=H7^2”。再次选中D9，然后点击“录制新宏”工具栏中的“停止录制”按钮（见图 2－118）。

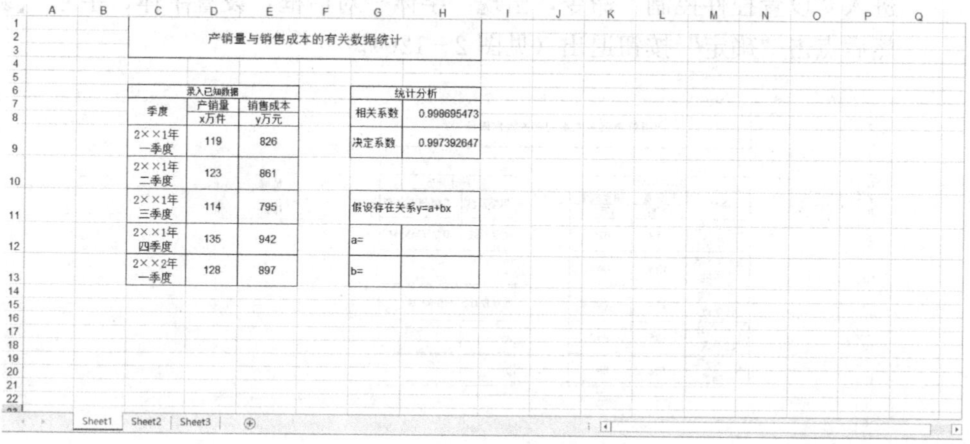

图 2－118　录制新宏

点击“开发工具”菜单，选中“插入”命令，在“表单控件”工具栏中点击“按钮”，待鼠标变成“＋”形状，点击 J8 后将会出现“按钮”。在弹出的“指定宏”窗口中，选择统计分析，然后点击确定。将鼠标移至“按钮”，点击右键选中后选择“编辑文字”命令，删除“按钮”字样，输入“计算”字样，然后点击“确定”按钮退出（见图 2－119）。

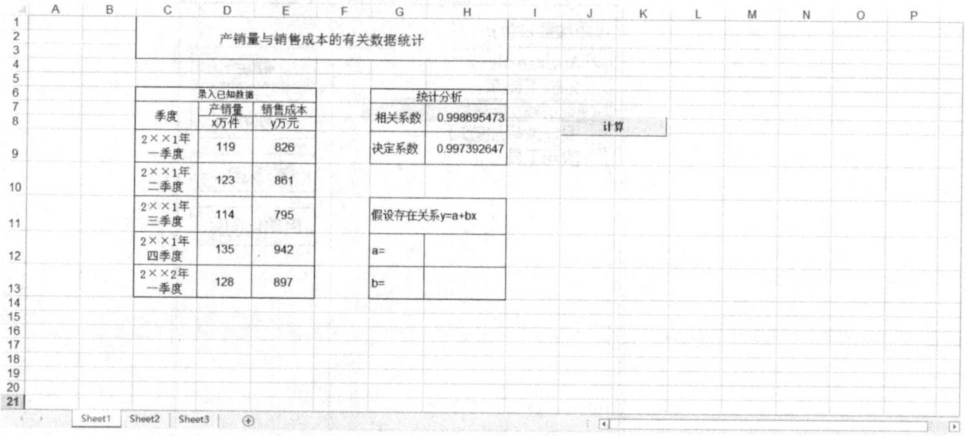

图 2－119　设置控件（1）

将鼠标移入 D9，点击“开发工具”菜单，再点击“录制宏”菜单，在“录制宏”对话框中进入“宏名”栏，输入“清除”字样，然后按“确定”按钮退出。选中 H7：H9，按 Delete 键，再选中 H12，H13，按 Delete 键，然后将鼠标移入 C4，点击“录制宏”工具栏中的“停止录制”按钮（注意，不是该工具栏右上角用来关闭该工具栏的“×”按钮）。点击“开发工具”菜单，选中“插入”命令，在“表单控件”工具栏中点击“按钮”，鼠标变成“＋”形状后选定合适区域，并放置“按钮”。在弹出的“指定宏”对话框中，选择清屏命令，然后点击确定。将鼠标移至“按钮”，点击右键选中后选择“编辑文字”命令，删除“按钮”字样，输入“请清屏后输入相关参数”字样（可根据需要，点击右键选中后进入“设置控件控制”命令，出现“字体”对话框，设置字体、字号、颜色等），然后点击“确定”按钮退出（见图 2-120）。

图 2-120 设置控件（2）

（2）选择“文件”菜单后，选择左列的“选项”，弹出“Excel 选项”，再选择“加载宏”中的“分析工具库-VBA”（见图 2-121）。

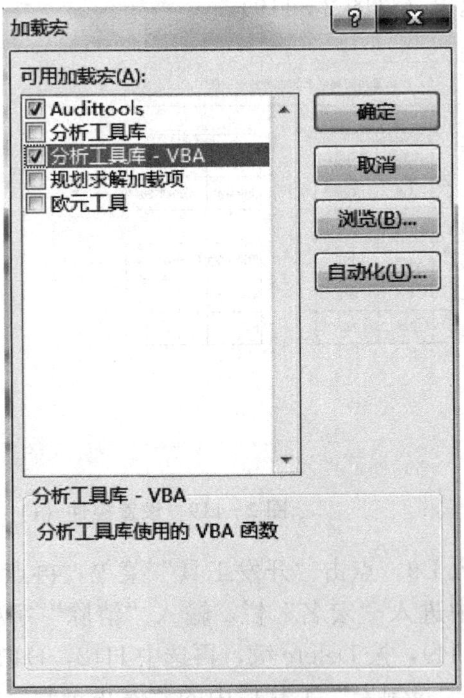

图 2-121 加载宏

选择“数据”下的“数据分析”后，选择“回归”，分别在“Y 值输入区域”“X 值输入区域”中输入内容（见图 2-122）。

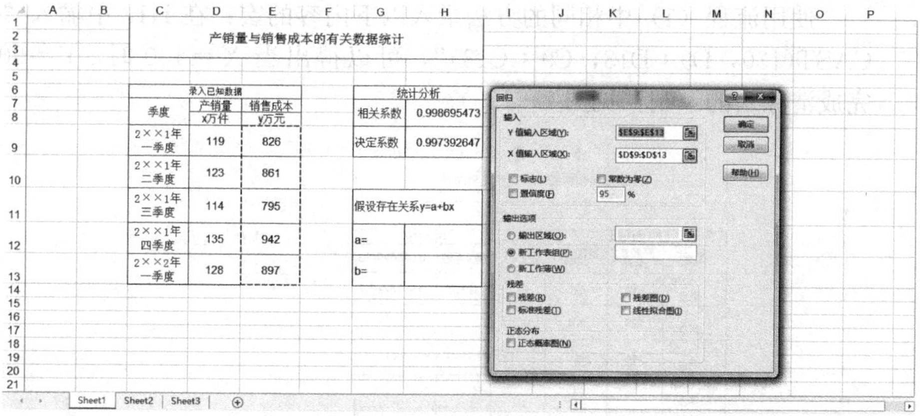

图 2-122　数据回归

点击确认后，得到如下输出结果（见图 2-123）。

	A	B	C	D	E	F	G	H	I
1	SUMMARY OUTPUT								
2									
3	回归统计								
4	Multiple R	0.9986955							
5	R Square	0.9973926							
6	Adjusted F	0.9965235							
7	标准误差	3.4109681							
8	观测值	5							
9									
10	方差分析								
11		df	SS	MS	F	ignificance F			
12	回归分析	1	13351.9	13351.9	1147.592	5.65E-05			
13	残差	3	34.90411	11.6347					
14	总计	4	13386.8						
15									
16		Coefficients	标准误差	t Stat	P-value	Lower 95%	Upper 95%	下限 95.0%	上限 95.0%
17	Intercept	-18.22831	26.0933	-0.69858	0.535098	-101.2688	64.812219	-101.2688	64.81222
18	X Variable	7.1278539	0.210409	33.87613	5.65E-05	6.458238	7.7974702	6.4582375	7.79747

图 2-123　数据回归结果

回到 Sheet1，在 H12 中输入“=Sheet4！B17”，在 H13 中输入“=Sheet4！B18”。由此，得到回归系数 $a=-18.23$，$b=7.13$。

（3）设置格式与内容，在 H16 中输入 130（见图 2-124）。

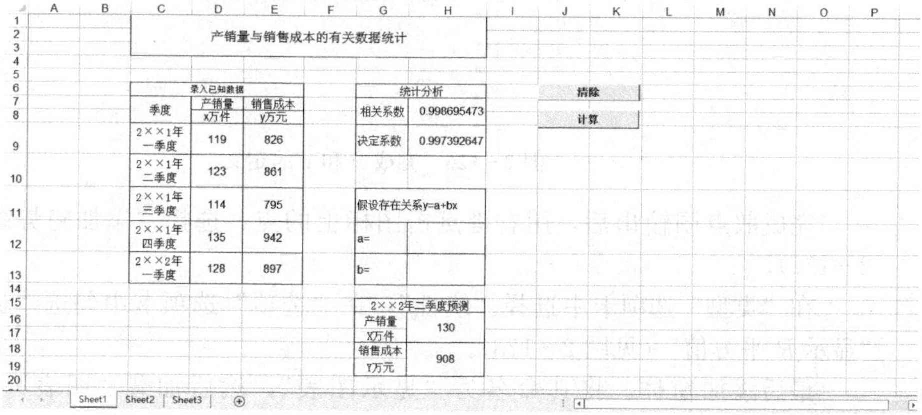

图 2-124　输入产销量

使用流程（1）中相同的方法录入以下内容的宏：在H18中输入“=FORECAST(130，D9：D13，C9：C13)”，可以得出当$X=130$时，$Y=908$。同时，完成清除宏的录制（见图2-125）。

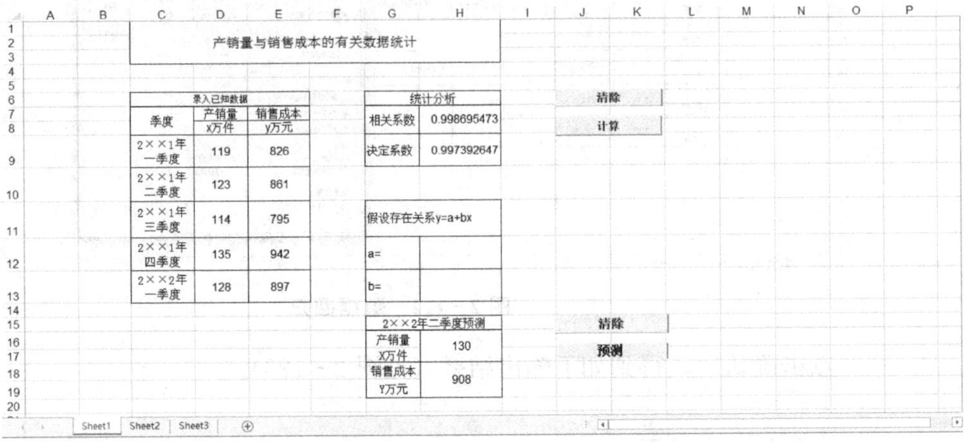

图2-125 完成清除宏的录制

（4）选中D9，点击“视图”菜单，将鼠标移至“宏”命令右侧的扩展符，点击“录制宏”菜单，在“录制宏”对话框中进入“宏名”栏，输入“图表”字样，然后点击“确定”按钮退出。

选择“插入”下的“图表”，再选择“散点图”，点击“下一步”。删除原有项目后编辑新的项目，并完成x和y的定义（见图2-126）。

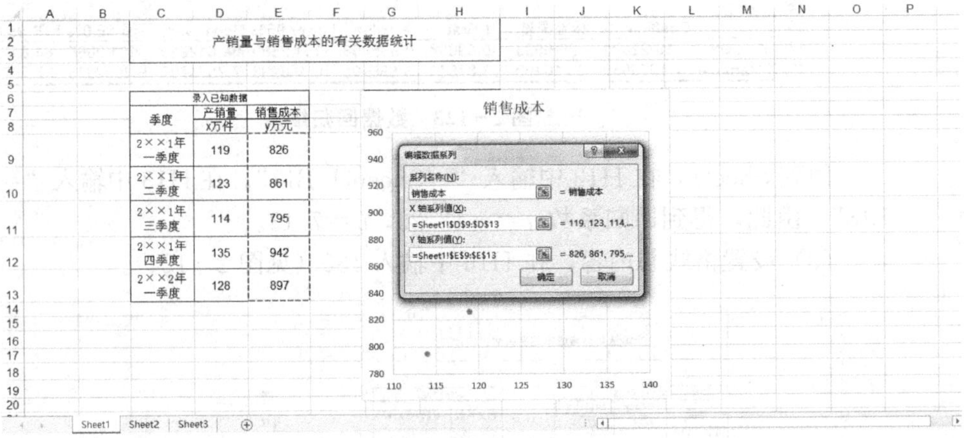

图2-126 完成x和y的定义

完成散点图输出后，用右键点击图标上的点，选择“添加趋势线”（见图2-127）。

在“类型”选项卡中选择“线性”，在“选项”选项卡中勾选“显示公式”“显示R平方值”（见图2-128）。

最后添加窗体，将其命名为“显示图表”，然后加载“图表”宏（见图2-129）。

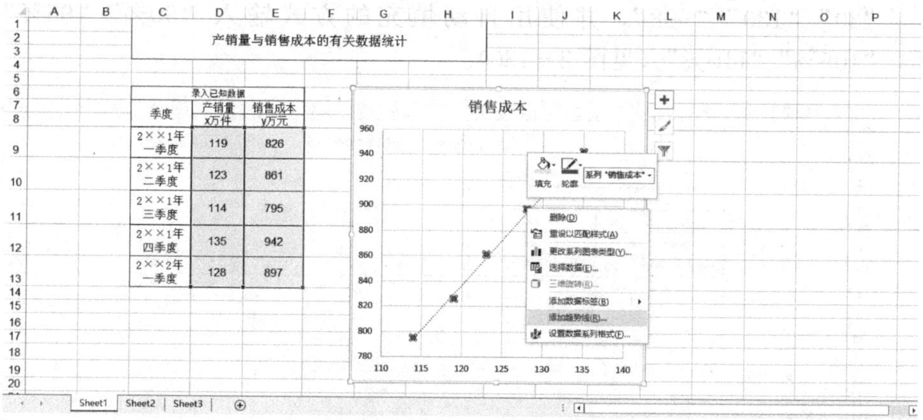

图 2-127　添加趋势线

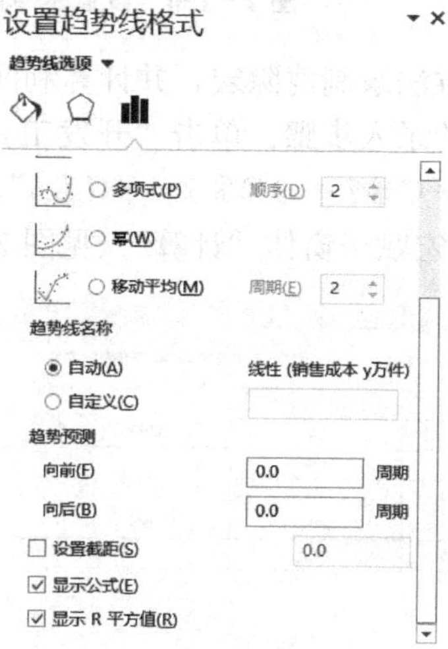

图 2-128　设置趋势线格式

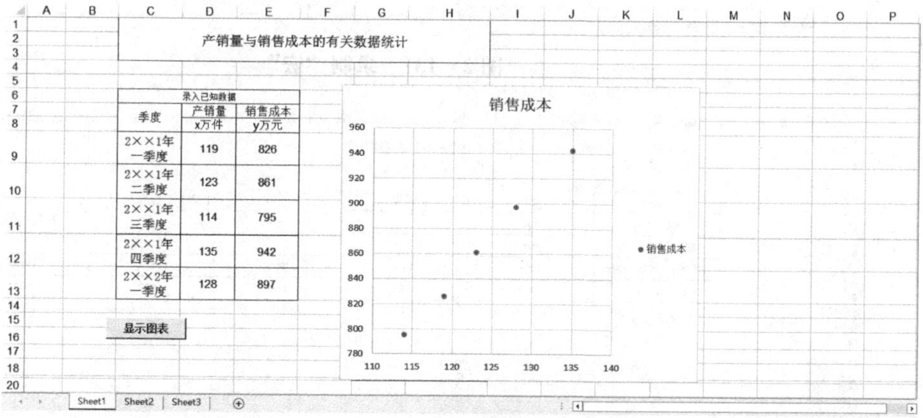

图 2-129　加载“图表”宏

（5）在 B4∶B8 中分别输入“销售原价”“产销量（万件）”“销售成本（万元）”“价格波动（原价的百分比）”“销售利润（万元）”，在相应的位置分别填写

“20”“130”“908”，并使用自动填充的方式输入“90%”“95%”“100%”“105%”“110%”（见图 2－130）。

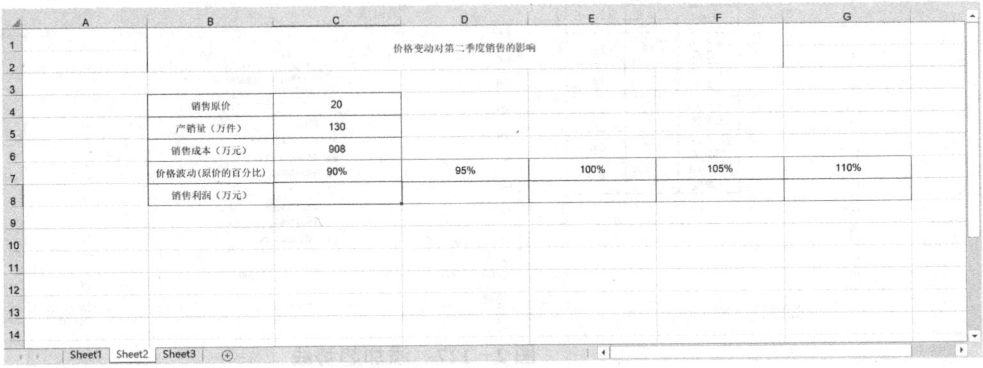

价格变动对第二季度销售的影响					
销售原价	20				
产销量（万件）	130				
销售成本（万元）	908				
价格波动(原价的百分比)	90%	95%	100%	105%	110%
销售利润（万元）					

图 2－130　设置基本数据

按上述相同的方法录制清除宏，并计算利润宏以及图表宏。下面具体介绍利润计算宏和图表宏的录入步骤：单击“开发工具”，选择“录制宏”，在 C8 中输入公式“＝＄C＄4＊C＄7＊ ＄C＄5－＄C＄6”，然后拖动到 G8，点击“停止录制”。完成后，将此宏赋予窗体“计算”（见图 2－131、图 2－132）。

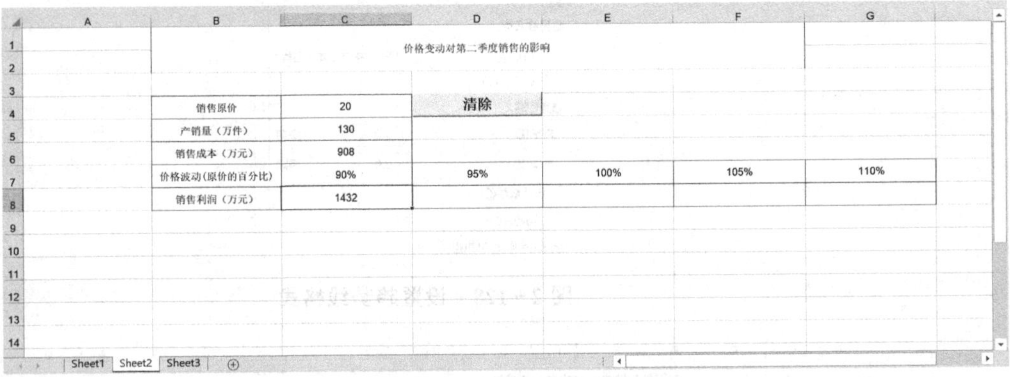

价格变动对第二季度销售的影响					
销售原价	20				
产销量（万件）	130				
销售成本（万元）	908				
价格波动(原价的百分比)	90%	95%	100%	105%	110%
销售利润（万元）	1432				

图 2－131　录制“宏”

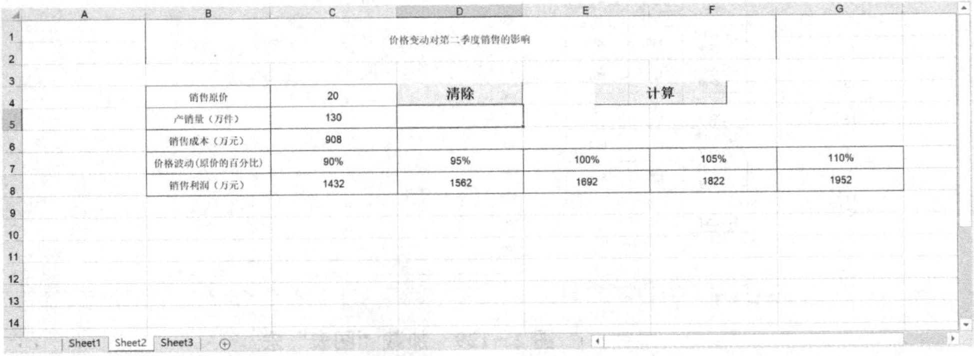

价格变动对第二季度销售的影响					
销售原价	20				
产销量（万件）	130				
销售成本（万元）	908				
价格波动(原价的百分比)	90%	95%	100%	105%	110%
销售利润（万元）	1432	1562	1692	1822	1952

图 2－132　计算结果

选择散点图后，完成数据选定，输出图表（见图 2－133）。

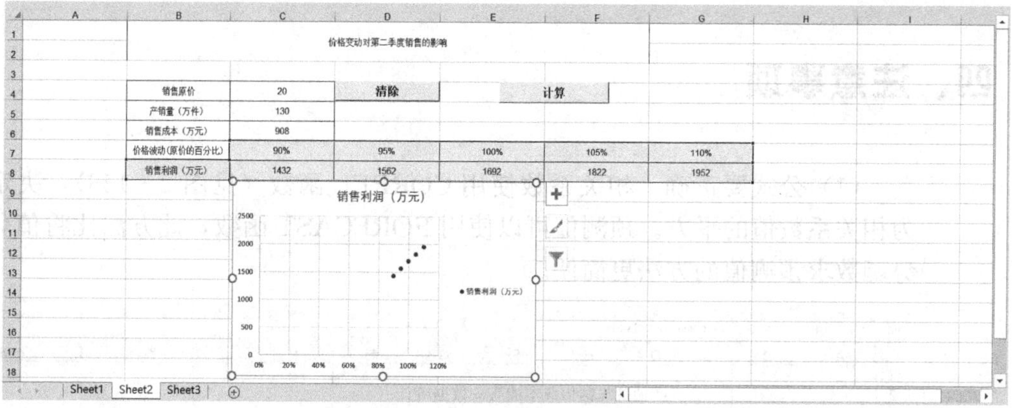

图 2-133 输出图表

输出图表后，先左击选中 Y 轴，然后右击选择坐标轴格式（见图 2-134）。

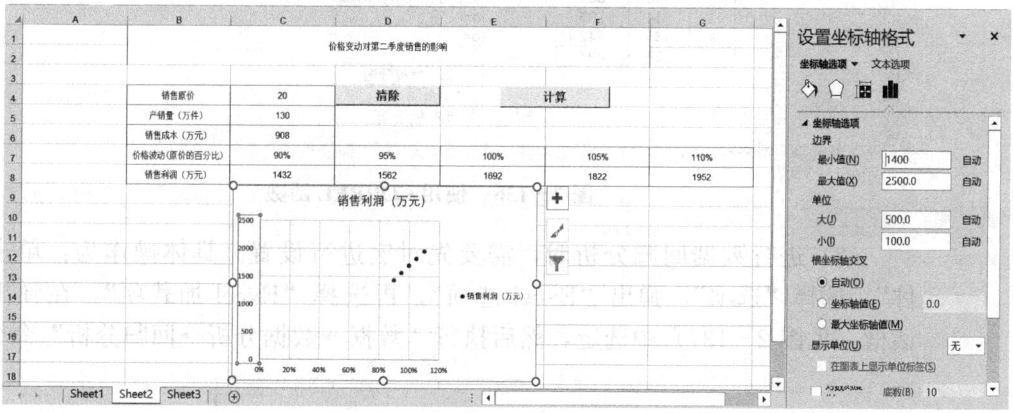

图 2-134 设置坐标轴格式

在弹出的刻度选项卡下，把最小值设为 1 400。同理，设置 X 轴的最小刻度为 0.85。最后，完成“宏”的录制，将其赋予窗体“显示图表”（见图 2-135）。

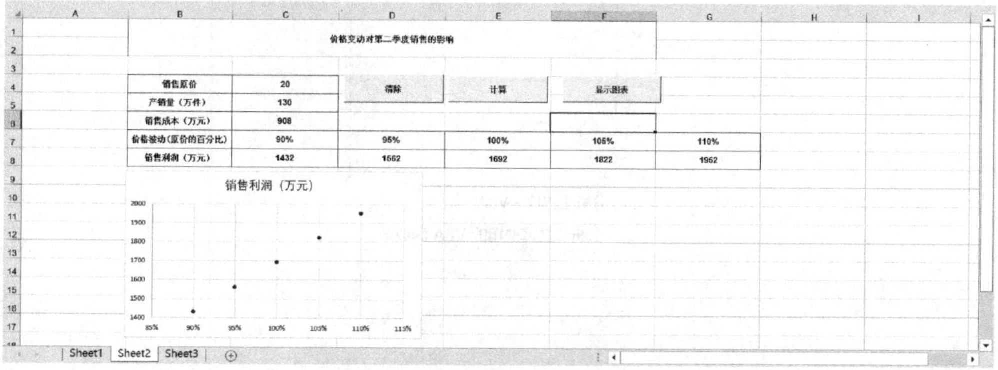

图 2-135 完成“宏”的录制

四、注意事项

（1）公式要正确。相关系数使用 CORREL 函数（见图 2－136），决定系数为相关系数值的平方。预测值可以使用 FORECAST 函数，此方法比将值代入趋势函数求预测值的方法更简便。

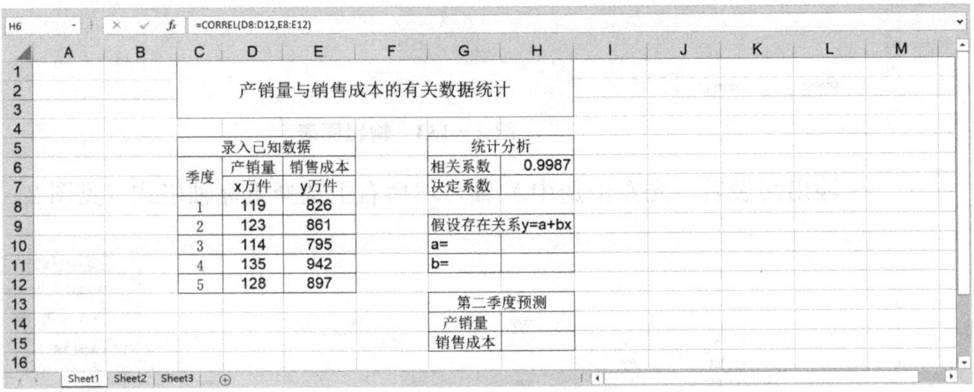

图 2－136　使用 CORREL 函数

（2）进行数据回归分析时，需要先对宏进行设置。具体操作为：单击“文件”，选择“选项”，弹出“Excel 选项”，再选择“Excel 加载项”，在弹出的对话框（见图 2－137）中选定，然后执行“数据→数据分析→回归分析”命令。

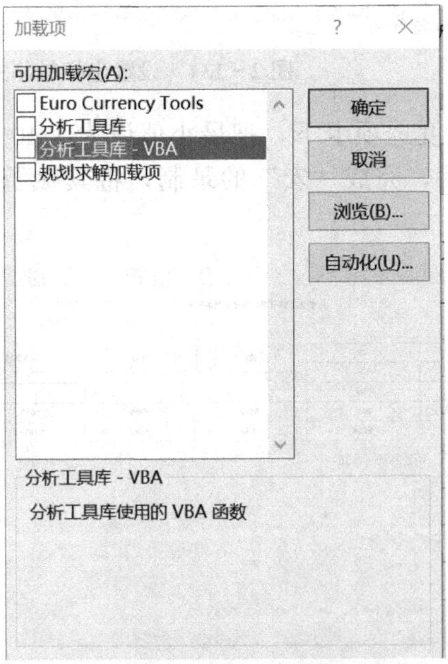

图 2－137　进入“加载项”

（3）制图完毕后，单击鼠标右键，选择添加趋势线，并显示公式。这样通过公式的显示，能迅速判定 a 和 b 的数值。

（4）编辑公式时，注意绝对引用与相对引用的区别使用。

五、实验拓展

（1）除了运用 CORREL 函数，还能使用哪种工作簿函数计算两组数据之间的相关程度？

（2）运用 CORREL 函数计算两组数据时应注意什么事项？

（3）盈亏平衡点的测定与制图。

（4）目标利润下销量的测定。

实验 11 构建 ERP 沙盘模拟实验中的全面预算模板

一、实验目标

（1）构建一个准确、高度自动化的 ERP 沙盘模拟全面预算模板。

（2）熟悉 Excel 函数、图表及数据有效性设置等功能。

（3）培养运用 Excel 等计算机技术解决问题的能力。

二、相关理论与知识

（一）ERP 沙盘模拟实验简介

1. ERP 沙盘模拟的含义

ERP 沙盘模拟是针对先进的现代企业经营与管理技术——ERP（企业资源计划）设计的角色体验实验平台。它通过直观的企业经营沙盘，模拟企业战略规划、资金筹集、市场营销、产品研发、生产组织、物资采购、设备投资与改造、财务核算和管理等关键环节的运作。

2. ERP 沙盘模拟实验中容易出现的问题

ERP 沙盘模拟实验对受训者的知识水平要求较高，财务知识的掌握尤其重要。可以说，沙盘模拟中的每一项决策都与资金运转密切相关，能否做好全面预算（经营预算、财务预算、专门决策预算）对模拟企业的发展具有举足轻重的作用。但从目前的情况来看，实验过程中企业破产的现象频发，其中一个很重要的原因是全面预算的编制工作出了问题，例如编制流程不规范、不合理及手工计算效率低等，以及模拟企业长期亏损或现金流中断，从而导致破产。

（二）全面预算有关知识

1. 全面预算编制方法

一般工业企业在编制年度预算时，首先需要分析各产品的市场需求，结合本企业的生产能力，编制年度销售预算，并根据企业财力编制年度资本性支出预算。然后，由“以销定产”的原则确定生产预算和销售及管理费用预算。接着，根据生产预算确定直接材料、直接人工和制造费用预算。产品成本预算和现金预算是有关预算的汇总，利润表预算和资产负债表预算是全部预算的综合。

2. 在 ERP 沙盘模拟实验中编制全面预算的特别说明

在 ERP 沙盘模拟实验中，规则限定了各个产品在各个市场的需求量，并且模拟企业的初始现金余额一般只有 60M（百万元），甚至更少，而且贷款额度受到限制，销售数量、生产线和厂房投资支出也都是有限的。因此资本支出预算和销售预算必须紧密结合，一般需要通过反复测算来取得二者之间的平衡。

（三）Excel 相关知识

（1）IF，COUNTIF，OR，AND，SUM 等函数的单独及嵌套使用。
（2）单元格的相对引用与绝对引用。
（3）字符串的模糊与精确匹配。
（4）数据折线图。
（5）数据有效性的设置及错误警告。

三、实验内容

（一）实例

ERP 沙盘模拟实验竞赛规则如图 2－138 所示。

生产线

生产线	购置费	安装周期	生产周期	总转产费	转产周期	维修费	残值
手工线	5M	无	3Q	0	无	1M/年	1M
半自动	8M	2Q	2Q	1M	1Q	1M/年	2M
走动下	15M	3Q	1Q	2M	1Q	2M/年	3M
柔性线	20M	4Q	1Q	0	无	2M/年	4M

厂房

厂房	买价	租金	售价	容置
大厂房	40M	5M/年	40M	6 条
小厂房	30M	3M/年	30M	4 条

折旧

生产线	购置费	残值	建成第 1 年	建成第 2 年	建成第 3 年	建成第 4 年	建成第 5 年
手工线	5M	1M	0	1M	1M	1M	1M
半自动	8M	2M	0	2M	2M	1M	1M
走动下	15M	3M	0	3M	3M	3M	3M
柔性线	20M	4M	0	4M	4M	4M	4M

产品开发、制造费用

产品名称	开发费用	开发周期	加工费	直接成本
P1	1M/年	2 季	1M/个	2M/个
P2	1M/年	4 季	1M/个	3M/个
P3	1M/年	6 季	1M/个	4M/个
P4	2M/年	6 季	1M/个	5M/个

融资

融资方式	贷款时间	额度	资金成本率		还款方式
长期贷款	年初	长短期贷款总额度为上年权益总计的 3 倍，长贷必须为 10 的倍数，短贷必须为 20 的倍数	10%		次年年初开始付息，到期还本
短期贷款	季初		5%		到期还本付息
高利贷	随时	不限时间和额度，为 10 的倍数	20%		到期还本付息
资金贴现	随时	应收账款款项、厂房金额	1，2 期	10%	贴现时付息
			3，4 期	12.50%	
库存拍卖	原材料八折，成品按成本价（本次竞赛不允许拍卖）				

图 2－138 竞赛规则

（二）已构建模板展示

已构建模板如图 2－139、图 2－140、图 2－141 所示。

表2：产品和市场预测

产品需求预测

P1	第1年	第2年	第3年	第4年	第5年	第6年	第7年	第8年
本地		35	30	28	23	17	7	6
区域		21	17	16	13	10		
国内			29	28	22	19	13	9
亚洲				23	18	16	15	10
国际					35	38	43	45
P1总需求量		56	76	95	111	100	78	70

P2	第1年	第2年	第3年	第4年	第5年	第6年	第7年	第8年
本地		19	27	34	29	26	23	19
区域		17	21	24	20	19	18	16
国内			25	23	22	19	17	14
亚洲				23	22	20	16	13
国际					19	25	25	24
P2总需求量		36	73	104	112	109	99	86

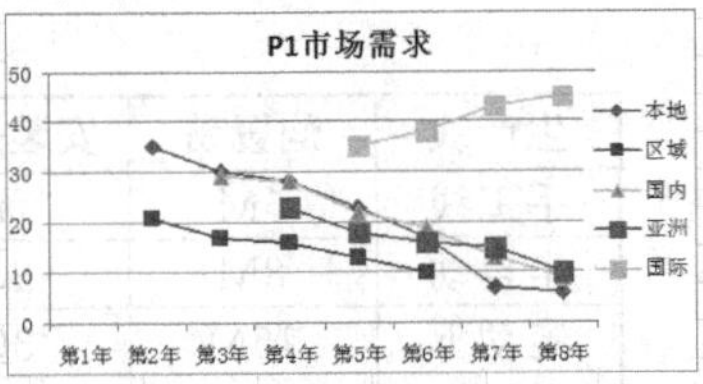

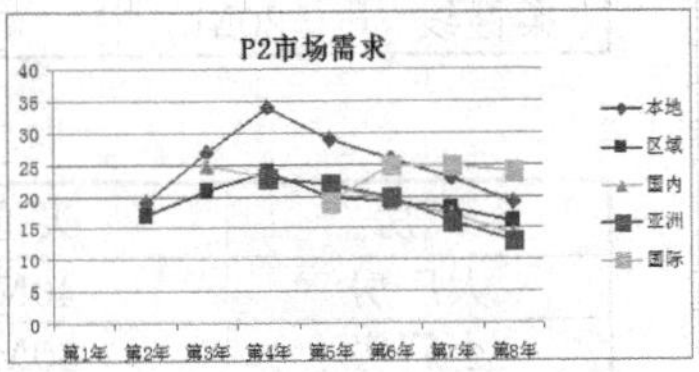

图 2－139 产品和市场预测

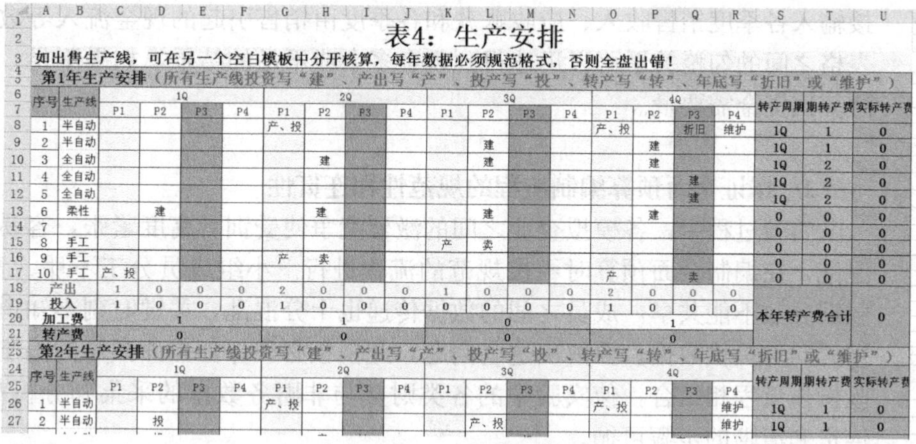

图 2-140　生产安排

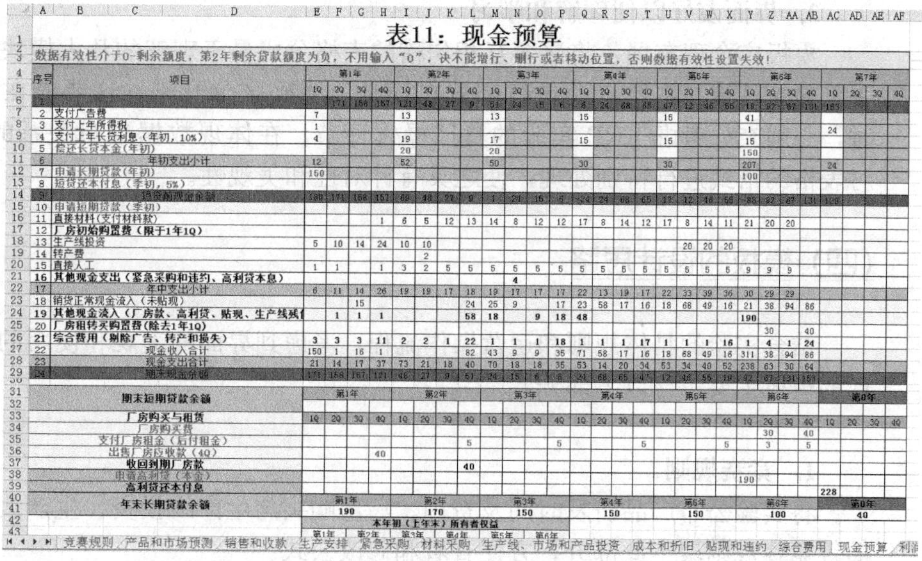

图 2-141　现金预算

（三）模板的功能分析

1. 及时获知各个独立决策方案对资金预算的影响

一个高度自动化的模板可以让受训者在实验开始前的短时间内进行多种方案的可行性测试，并通过比较各方案的风险与收益选择最优的一个作为模拟企业的长期战略方案。另外，在整个实验过程中，受训者需要充分发挥主观能动性，面对各种各样的市场情况随时制定和调整策略。显然，模板的自动运行既能提高数据结果的准确性，又能为受训者节省宝贵的竞赛时间。

实现此功能的关键在于尽可能减少受训者的手工输入工作量。例如，受训者只需要把每季度的生产计划输入模板，系统便能立即生成材料采购表，并将对应的采购现金支出和材料成本传入现金预算表和资产负债表。再如，拿到订单时直接输入各季度销售收入、应收账款和各季度由销售引起的现金流入等数据，利用表格之间的勾稽关系可以迅速得到现金多余或不足的结果，如果不足，可以很快测算出资金需要量。

2. 保证全面预算编制流程的规范性和连贯性

实验过程中，各模拟企业之间的激烈竞争使受训者高度紧张，容易出现思维混乱，在编制全面预算时不按规范的流程进行。小组成员分工不明、责任不清，数据分散不能共享，成员之间的数据传递也十分混乱，关键时刻不知道找谁要数据、向谁提供数据。要解决这些问题，此模板必须保证全面预算的编制工作与实验操作流程相结合，使实验中的各类财务与非财务数据的采集和分析都有规范、连贯和清晰的步骤可循。

3. 界面友好以便理解和学习

模板应合理布局，将诸多互相勾稽的表格分成易于理解的几大模块，并且将手工输入区域和系统自动运行部分在视觉上明确区分开来。这要求在设计模板时，必须充分考虑ERP实验的具体操作环节，在体现数据逻辑关系的基础上，对表格的格式进行特别处理，使之具有针对性和美观性。

(四) 模板的设计思路

结合实验的具体规则和运营操作流程，考虑到界面的美观和使用的方便，设计的模板主要包含以下部分。

1. 竞赛规则

将实验公布产品研发时间及费用、厂房购买与生产线投资、生产线维护及折旧等竞赛规则聚于此部分，方便查看和修改公式。

除图2-152中的基本竞赛规则，其他既定规则如下：

(1) 市场准入规则（见表2-5)。

表2-5　　市场准入规则

市场	开发费	时间
本地	1M/年	1年
区域	1M/年	1年
国内	1M/年	2年
亚洲	1M/年	3年
国际	1M/年	4年

(2) ISO资格认证（见表2-6)。

表2-6　　ISO资格认证

认证	ISO 9000	ISO 14000	平均支付，认证完成后可以领取相应的ISO资格证。可中断投资。
时间	2年	2年	
费用	1M/年	2M/年	

本实验市场投资及资格认证的投资情况如下（见表 2－7）：

表 2－7　　　　市场投资及资格认证的投资情况

序号	名称	第1年 1Q	2Q	3Q	4Q	第2年 1Q	2Q	3Q	4Q	第3年 1Q	2Q	3Q	4Q	第4年 1Q	2Q	3Q	4Q	总费用	投资期	年投资费
1	本地																	1M	1年	1M/年
2	区域		1															1M	1年	1M/年
3	国内		1				1											2M	2年	1M/年
4	亚洲		1				1				1							3M	3年	1M/年
5	国际		1				1				1				1			4M	4年	1M/年
1	ISO 9000		1				1											2M	2年	1M/年
2	ISO 14000		2				2											4M	2年	2M/年

（3）选单规则。

本实验以市场产品广告额投放大小顺序依次选单，每年投放广告数据见图 2－176。

2. 产品和市场预测

根据实验前公布的市场预测表，运用 Excel 生成图表，分析各产品在各市场的需求量和平均单价（见图 2－142）。

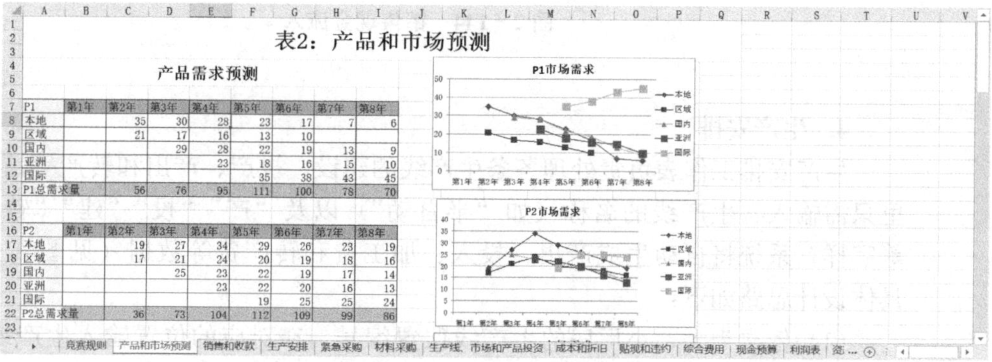

表2：产品和市场预测

产品需求预测

P1	第1年	第2年	第3年	第4年	第5年	第6年	第7年	第8年
本地		35	30	28	23	17	7	6
区域		21	17	16	13	10		
国内			29	28	22	19	13	9
亚洲				23	18	16	15	10
国际					35	38	43	45
P1总需求量		56	76	95	111	100	78	70

P2	第1年	第2年	第3年	第4年	第5年	第6年	第7年	第8年
本地		19	27	34	29	26	23	19
区域		17	21	24	20	19	18	16
国内			25	23	22	19	17	14
亚洲				23	22	20	16	13
国际					19	25	25	24
P2总需求量		36	73	104	112	109	99	86

图 2－142　P1 产品和 P2 产品市场需求和平均单价折线图

3. 销售和收款

编制各年份的销售和收款表时，工作表中的应收款仅指应收货款，是扣除贴现货款后的余额，不包括出售厂房应收款（考虑到厂房的购买、出售和租赁规则比较复杂，并且与信贷计划紧密联系，故将厂房相关事项置于现金预算表中处理）。另外，“正常现金收入合计”指不考虑贴现的销售现金流入，这是为了方便交货时按订单上的账期找到对应的收款期间来直接输入收现金额。同时，由于实验对某些业务操作顺序的硬性规定，贴现现金流入作为“其他现金流入”在现金预算表中核算更为方便。因此，“年初应收款余额”的计算公式为：本年年初应收款余额＝上年年初应收款余额＋上年销售收入合计－上年正常现金流入合计－上年用来贴现的应收款合计（第一年需手工输入）（见图 2－143、图 2－144）。

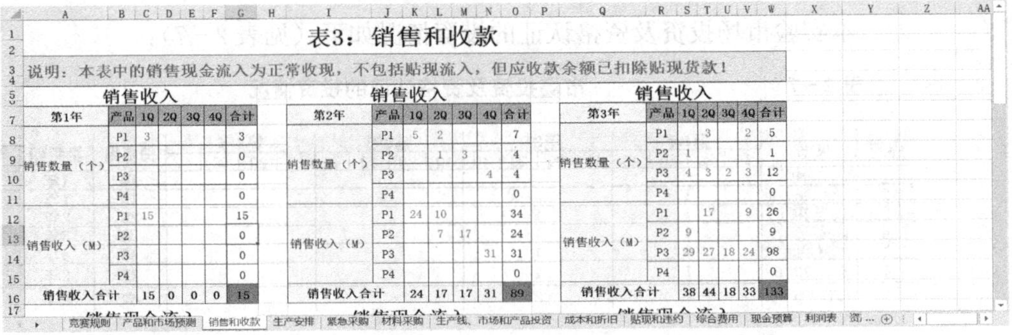

表3：销售和收款

说明：本表中的销售现金流入为正常收现，不包括贴现流入，但应收款余额已扣除贴现货款！

销售收入

第1年	产品	1Q	2Q	3Q	4Q	合计
销售数量（个）	P1	3				3
	P2					0
	P3					0
	P4					0
销售收入（M）	P1	15				15
	P2					0
	P3					0
	P4					0
销售收入合计		15	0	0	0	15

销售收入

第2年	产品	1Q	2Q	3Q	4Q	合计
销售数量（个）	P1	5	2			7
	P2		1	3		4
	P3				4	4
	P4					0
销售收入（M）	P1	24	10			34
	P2		7	17		24
	P3				31	31
	P4					0
销售收入合计		24	17	17	31	89

销售收入

第3年	产品	1Q	2Q	3Q	4Q	合计
销售数量（个）	P1		3		2	5
	P2	1				1
	P3	4	3	2	3	12
	P4					0
销售收入（M）	P1		17		9	26
	P2	9				9
	P3	29	27	18	24	98
	P4					0
销售收入合计		38	44	18	33	133

图 2-143　销售和收款

	1Q	2Q	3Q	4Q	合计
销售收入合计	15	0	0	0	15

销售现金流入

年初应收款余额					
收到上年货款					0
收到本年1Q货款			15		15
收到本年2Q货款					0
收到本年3Q货款					0
收到本年4Q货款					0
正常现金收入合计	0	0	15	0	15

	1Q	2Q	3Q	4Q	合计
销售收入合计	24	17	17	31	89

销售现金流入

年初应收款余额					0
收到上年货款					0
收到本年1Q货款				24	24
收到本年2Q货款					0
收到本年3Q货款					0
收到本年4Q货款					0
正常现金收入合计	0	0	0	24	24

	1Q	2Q	3Q	4Q	合计
销售收入合计	38	44	18	33	133

销售现金流入

年初应收款余额					45
收到上年货款	25				25
收到本年1Q货款		9			9
收到本年2Q货款				17	17
收到本年3Q货款					0
收到本年4Q货款					0
正常现金收入合计	25	9	0	17	51

图 2-144　销售现金流入

4. 生产安排

生产安排工作表负责处理各条生产线的建设、投产、产出和转产等情况。这里只需输入各生产线的名称（如“半自动”）以及“产”“投”“建”“转”“卖”等字样，系统将自动生成产出、投入、加工费和转产费等数据（见图 2-145）。具体设计思路如下：

(1) 依次为大、小厂房的生产线位置编号，在对应的位置输入生产线名称，如在 1 号生产线位置输入“半自动”，然后在各个季度输入对应的“产”“投”“建”“转”“卖”等字样（注意文字的规范性，如投产可写成“投入”，但不能有“产”字，否则“产出”项目的 COUNTIF 函数将错误地对其进行统计），其中 COUNTIF 函数允许“折旧”和“维护”在任一空白栏内输入（后面的生产线、市场和产品投资工作表将详细介绍其原理）。

(2) 1 号生产线的“转产周期”公式为：=IF(OR(B8="半自动",B8="全自动"),"1Q",0)，即半自动或全自动生产线的转产周期为第一季度，其他生产线无转产周期。1号生产线的“期转产费”公式为：=IF(B8="半自动",1,IF(B8="全自动",2,0))，两个嵌套的 IF 函数先判断是否为半自动生产线，如果是，每期转产费为 1，否则进一步判断是否为全自动，若是，每期转产费为 2，否则说明既非半自动也非全自动，每期转产费为 0。1 号生产线的“实际转产费”公式为：=COUNTIF(C8:R8,"*转*")*T8，即计算本条生产线一年内的转产总费用。其他序号的生产线复制公式即可。

(3) 第一季度的 P1 产品“产出”公式为：=COUNTIF(C8:C17,"*产*")。第一季度“投入”公式为：=COUNTIF(C8:C17,"*投*")。分别

统计各季度所有生产线上本产品的产出数量和投入数量，这是为后面工作表中的材料采购和产品成本核算做准备，同时分季度统计产出有利于订单的交货期选择。

(4) 第一季度所有产品“加工费”公式为：＝C19＋D19＋E19＋F19，因加工费＝投产数量×1M。第一季度所有产品的“转产费”公式为：＝COUNTIF(C8：F8，"＊转＊")＊＄T8＋COUNTIF(C9：F9，"＊转＊")＊＄T9＋…＋COUNTIF(C17：F17，"＊转＊")＊＄T17，即各条生产线的第一季度实际转产费之和。其他季度类推。这样设计是为了方便现金预算表中各季度加工费、综合费用表中各季度转产费的核算。

以上只是以第一年为例，其他年份的核算复制表格即可。

表4：生产安排

如出售生产线，可在另一个空白模板中分开核算，每年数据必须规范格式，否则全盘出错！

第1年生产安排（所有生产线投资写“建”、产出写“产”、投产写“投”、转产写“转”、年底写“折旧”或“维护”）

序号	生产线	1Q				2Q				3Q				4Q				转产周期	期转产费	实际转产费
		P1	P2	P3	P4	P1	P2	P3	P4	P1	P2	P3	P4	P1	P2	P3	P4			
1	半自动					产、投								产、投		折旧	维护	1Q	1	0
2	半自动										建				建			1Q	1	0
3	全自动						建				建				建			1Q	2	0
4	全自动															建		1Q	2	0
5	全自动															建		1Q	2	0
6	柔性		建				建				建				建			0	0	0
7																		0	0	0
8	手工									产	卖							0	0	0
9	手工					产	卖											0	0	0
10	手工	产、投												产		卖		0	0	0
产出		1	0	0	0	2	0	0	0	1	0	0	0	2	0	0	0	本年转产费合计		0
投入		1	0	0	0	1	0	0	0	0	0	0	0	1	0	0	0			
加工费		1				1				0				1						
转产费		0				0				0				0						

第2年生产安排（所有生产线投资写“建”、产出写“产”、投产写“投”、转产写“转”、年底写“折旧”或“维护”）

竞赛规则 | 产品和市场预测 | 销售和收款 | 生产安排 | 紧急采购 | 材料采购 | 生产线、市场和产品投资 | 成本和折旧 | 贴现和违约 | 综合费用 | 现金预算 | 利润表 | 资…

图 2－145　生产安排

5. 紧急采购

紧急采购分为原材料和产成品两种，首先按各年份各季度分别核算各产品、各材料的紧急采购数量和金额，其中数量需手工输入，金额自动生成（根据产品和市场预测表得到的单价计算公式）。然后按年份和季度汇总计算所有产成品与原材料的紧急采购支出和损失（见图 2－146），为将各季度数据传入现金预算表和综合费用表做好准备。

合计	0	0	0	0	0	0	0	0	0	0	合计	0	0	0	0	0	0	0	0	0	0	合计	0	0	0	0	0	0	0	0	0	0

紧急采购汇总情况表

项目	第1年				第2年				第3年				第4年				第5年				第6年			
	1Q	2Q	3Q	4Q	1Q	2Q	3Q	4Q	1Q	2Q	3Q	4Q	1Q	2Q	3Q	4Q	1Q	2Q	3Q	4Q	1Q	2Q	3Q	4Q
紧急采购产成品购入价款合计	0	0	0	0	0	0	0	0	0	0	0	0	0	0	0	0	0	0	0	0	0	0	0	0
紧急采购产成品标准成本合计	0	0	0	0	0	0	0	0	0	0	0	0	0	0	0	0	0	0	0	0	0	0	0	0
紧急采购原材料购入价款合计	0	0	0	0	0	0	0	0	0	4	0	0	0	0	0	0	0	0	0	0	0	0	0	0
紧急采购原材料标准成本合计	0	0	0	0	0	0	0	0	0	2	0	0	0	0	0	0	0	0	0	0	0	0	0	0
紧急采购支出合计	0	0	0	0	0	0	0	0	0	4	0	0	0	0	0	0	0	0	0	0	0	0	0	0
紧急采购损失合计	0	0	0	0	0	0	0	0	0	2	0	0	0	0	0	0	0	0	0	0	0	0	0	0

竞赛规则 | 产品和市场预测 | 销售和收款 | 生产安排 | 紧急采购 | 材料采购 | 生产线、市场和产品投资 | 成本和折旧 | 贴现和违约 | 综合费用 | 现金预算 | 利润表 | 资…

图 2－146　紧急采购

6. **材料采购**

材料采购表需要输入第 1 年一季度的“期初库存材料数量”和各年各季度各产品的“生产准备需要”，考虑到具体实验中模拟企业可能是已经营数年的“老企业”，实验第 1 年一季度的所有材料和第 1 年二季度的 R3 和 R4 材料“采购数”只能手工输入（由上年三季度和四季度的材料订单决定），其他数据系统自动计算生成（见图 2－147）。设计思路为：

	A	B	C	D	E	F	G	H	I	J	K	L	M	N	O	P	Q
5	直接材料预算																
6																	
7	第1年	1Q				2Q				3Q				4Q			
8	产品	P1	P2	P3	P4	P1	P2	P3	P4	P1	P2	P3	P4	P1	P2	P3	P4
9	生产准备需要（输入后不要更改！）	1				1								1			
10	实际投产数量（个）	1				1								1			
11	单位产品材料用量（个）：																
12	R1	1		1		1		1		1		1		1		1	
13	R2		1		1		1		1		1		1		1		1
14	R3		1	1	1		1	1	1		1	1	1		1	1	1
15	R4			1	2			1	2			1	2			1	2
16	生产耗用材料数量（个）																
17	R1	1				1								1			
18	R2																
19	R3																
20	R4																
21	期初库存材料数量（个）																
22	R1	2				1											
23	R2																
24	R3																
25	R4																
26	期末=期初+正常采购+紧急采购-耗用																
27	R1	1															
28	R2																
29	R3																
30	R4																
31	采购数=max（生产准备需要-期初数，0																
32	R1													1			
33	R2																
34	R3																
35	R4																
36	订购材料数量（个）：																
37	R1（提前1Q）									1							
38	R2（提前1Q）													3			
39	R3（提前2Q）									3				2			
40	R4（提前2Q）																
41	正常采购金额（应付材料款）													1			
42	正常支付材料款（M）													1			

图 2－147 材料采购

（1）各季度“实际投产数量”直接取生产安排表中的“投入”项目；各材料的“单位产品材料用量”按竞赛规则设定。

（2）某季度某材料的“生产耗用材料数量”为本季度各产品投产数量与单位产品耗用该材料数量的乘积之和；“期初库存材料数量”为上一季度“期末库存材料数量”；“期末库存材料数量”＝“期初库存材料数量”＋“采购数”＋“紧急采购数”－“生产耗用材料数量”；“采购数”＝max（生产准备需要－期初库存材料数量，0），采用 MAX 函数是为了防止出现负数结果导致“订购材料数量”出错；“紧急采购数”直接取自紧急采购表中对应的明细数据。

（3）某季度某材料的“订购材料数量”为下一季度“采购数”（R1 和 R2）或者下下个季度的“采购数”（R3 和 R4），每一季度模拟企业可根据此栏数据针对各材料下订单。

（4）某季度“正常采购金额”公式为：＝SUM(本季度所有材料"采购数")＊1。某季度“正常支付材料款”是为赊购材料的情况而设计的，如果现买现付，其数额等于“正常采购金额”，这里的“正常”二字指不考虑紧急采购支出（因紧急采购支出作为“其他现金流入”核算）。

（5）“生产准备需要”考虑到编制预算时可能不确定接下来具体生产什么产品，比如预计继续生产 P1 但也可能转产 P2，需要把生产 P1 和 P2 所需的材料都准备好，这就导致“实际投产数量”和“生产准备需要”的数额可能不相等，而且“采购数”受制于“生产准备需要”，所以“生产准备需要”应该在“实际投产数量”未考虑转产 P2 的基础上，手工输入数据来增加 P2 的数量。注意：此栏一旦输入数据就不能更改，否则会导致“采购数”变动，进而使“订购材料数量”出错。

7. 生产线、市场和产品投资

生产线、市场和产品投资工作表负责核算生产线投资（见图 2－148）与变卖、产品研发、市场开拓和 ISO（国际标准化组织）认证投资。另外，为了公式设置方便，增设了与生产线投资紧密相关的设备维护费、在建工程计价和折旧费用三个辅助计算表（见图 2－149、图 2－150 和图 2－151）。下面介绍表中的公式及其设置原理。

（1）每年的生产线名称都取自生产安排表对应位置的数据，考虑到生产线变卖事项将导致同一位置的生产线在不同年份发生变化，每年必须设置“生产线”项目并分别取值，万万不可照搬上年数据，否则将导致折旧等计算公式判别出错。

（2）以 1 号生产线为例，第 1 年一季度的投资支出公式为：＝COUNTIF(生产安排！C8：F8，"建")＊IF(B10＝"半自动"，4，5)，即生产安排表中本季度对应生产线的建设期数乘以该生产线的每期投资额，其中只有半自动线每期投资额为 4M，其他生产线均为 5M。

（3）某季度“生产线支出”等于本季度所有生产线投资支出之和，此栏为现金预算表做准备；“本年生产线投资”等于本年各季度“生产线支出”之和。

（4）年末在建工程余额（即“其中：在建工程”）＝年初在建本期未完工＋本年投资年末未完工＝本年投资年末未完工（即辅助计算表中各条生产线“本年新增在建工程”之和），这是因为在不中断投资的前提下，各条生产线的安装期都不超过一年，不存在“年初在建本期未完工”的情形（由于中断投资涉及的公式过于复杂，并且实验前两年资金较充足，没有理由中断投资，故此模板未考虑中断投资的在建工程计价问题）。

（5）生产线净值＝年初生产线净值＋(年初在建工程余额＋本年生产线投资－年末在建工程余额)－本年生产线折旧－本年变卖生产线净值。其中，折旧数据来自成本和折旧表，变卖的生产线净值从综合费用表中的“变卖生产线”表格中取值。

生产线投资、市场开拓、产品研发计划表

序号	第1年 名称	1Q	2Q	3Q	4Q	第2年 名称	1Q	2Q	3Q	4Q
1	半自动					半自动				
2	半自动			4	4	半自动				
3	全自动		5	5	5	全自动				
4	全自动				5	全自动	5	5		
5	全自动				5	全自动	5	5		
6	柔性	5	5	5	5	柔性				
7										
8	手工									
9	手工									
10	手工									
生产线支出		5	10	14	24		10	10		
本年投资		53					20			
其中：在建工程		53								
生产线净值		2					75			
设备维护费		1					10			

序号	第3年 名称	1Q	2Q	3Q	4Q	第4年 名称	1Q	2Q	3Q	4Q
1	半自动					半自动				
2	半自动					半自动				
3	全自动					全自动				
4	全自动					全自动				
5	全自动					全自动				
6	柔性					柔性				
7										
8										
9										
10										
生产线支出										
本年投资										
其中：在建工程										
生产线净值		60					45			
设备维护费		10					10			

序号	第5年 名称	1Q	2Q	3Q	4Q	第6年 名称	1Q	2Q	3Q	4Q
1	半自动					半自动				
2	半自动					半自动				
3	全自动					全自动				
4	全自动					全自动				
5	全自动					全自动				
6	柔性					柔性				
7	全自动		5	5	5	全自动				
8	全自动		5	5	5	全自动				
9	全自动		5	5	5	全自动				
10	全自动		5	5	5	全自动				
生产线支出			20	20	20					
本年投资		60								
其中：在建工程		60								
生产线净值		31					77			
设备维护费		10					18			

说明：生产线净值=期初净值+（期初在建工程+本年生产线投资-期末在建工程）-折旧-变卖生产线净值，期末在建工程=期初在建本期未完工+本期投资未完工，其中期初在建工程本期未完工为0（仅中断投资情况下例外）

图 2-148 生产线、市场和产品投资

(6)“设备维护费”是对设备维护费辅助计算表中对应年份的各生产线“实际发生额”进行加总。

(7) 在设备维护费辅助计算表（见图 2-149）中，某条生产线“维护费定额”的公式为：=IF(OR(生产线为"手工"，生产线为 "半自动")，1，IF(OR(生产线为 "全自动"，生产线为 "柔性")，2，0))，即手工和半自动生产线的维护费定额是 1M，全自动和柔性生产线的维护费定额为 2M，如果生产线为空，维护费等于 0。某一年维护费的“实际发生额”的公式为：=IF(COUNTIF("生产安排" 表中的 "＊维护＊" 字样)>0，维护费定额，0)，此处 COUNTIF 函数统计“＊维护＊”出现的次数，只要它出现，不论次数多少，都说明本条生产线已建成，根据竞赛规则本年需要支付维护费。

设备维护费辅助计算表

序号	第 年 维护费定额	实际发生额	第2年 维护费定额	实际发生额	第3年 维护费定额	实际发生额	第4年 维护费定额	实际发生额	第5年 维护费定额	实际发生额	第6年 维护费定额	实际发生额
1	1	1	1	1	1	1	1	1	1	1	1	1
2	1		1	1	1	1	1	1	1	1	1	1
3	2		2	2	2	2	2	2	2	2	2	2
4	2		2	2	2	2	2	2	2	2	2	2
5	2		2	2	2	2	2	2	2	2	2	2
6	2		2	2	2	2	2	2	2	2	2	2
7									2		2	2
8	1								2		2	2
9	1								2		2	2
10	1								2		2	2

生产线	本年新增在建工程（等于本期余额） 第1年	第2年	第3年	第4年	第5年	第6年	安装周期 第1年	第2年	第3年	第4年	第5年	第6年
1							2	2	2	2	2	2
2	8						2	2	2	2	2	2
3	15						3	3	3	3	3	3
4	5						3	3	3	3	3	3
5	5						3	3	3	3	3	3
6	20						4	4	4	4	4	4

图 2-149 设备维护费辅助计算表

(8) 在在建工程计价辅助计算表（见图 2-150）中，“本年新增在建工程”的公式为：=IF(本条生产线本年维护费>0，0，本年所有季度投资金额合计)，这是因为当年维护费大于 0，说明生产线已建成。

(9) 在折旧费用辅助计算表（见图 2-151）中，各年份各条生产线的“折旧定额”要通过 IF 函数识别生产线类别来确定，例如第 1 年 1 号生产线“折旧定额”=IF(B10="手工"，1，IF(B10="半自动"，2，IF(B10="全自动"，3，IF(B10="柔性"，4，0))))；“修正定额”=IF(AND(折旧定额=2，已折年数>=2)，

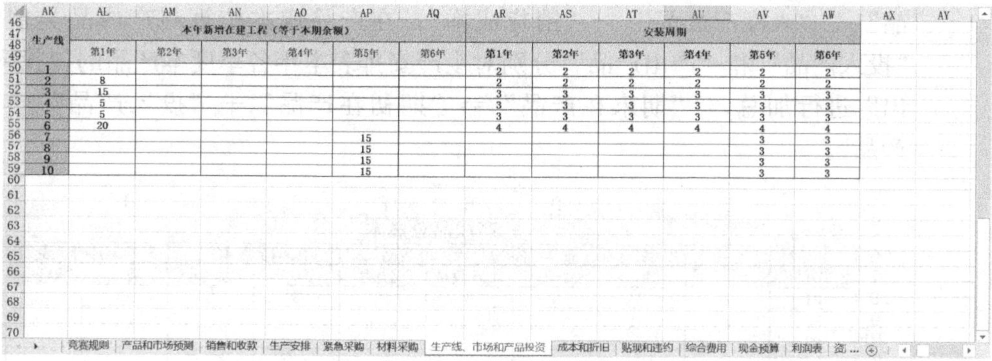

生产线	本年新增在建工程（等于本期余额）						安装周期					
	第1年	第2年	第3年	第4年	第5年	第6年	第1年	第2年	第3年	第4年	第5年	第6年
1							2	2	2	2	2	2
2	8						2	2	2	2	2	2
3	15						3	3	3	3	3	3
4	5						3	3	3	3	3	3
5	5						3	3	3	3	3	3
6	20						4	4	4	4	4	4
7					15						3	3
8					15						3	3
9					15						3	3
10					15						3	3

图 2-150　在建工程计价辅助计算表

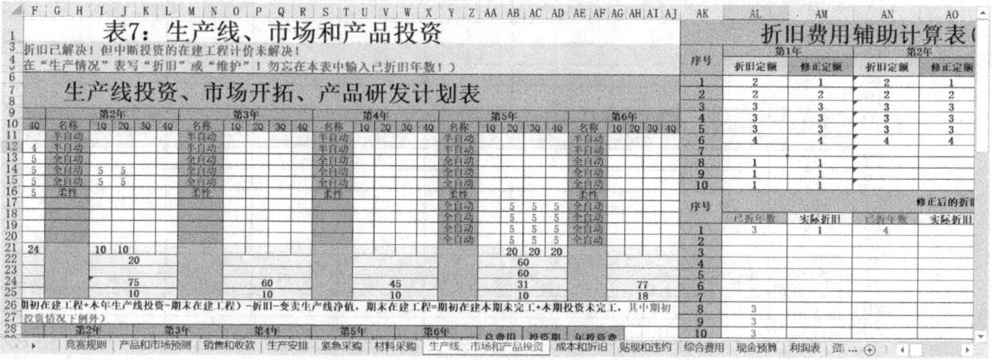

图 2-151　折旧费用辅助计算表

1，折旧定额)，其中“折旧定额＝2”是判断半自动线的条件，此处 IF 函数的含义是，如果生产线为半自动且已经折旧 2 年以上，那么“修正定额”为 1，否则等于“折旧定额”（根据竞赛规则，半自动线按 2，2，1，1 折旧 4 年，其他生产线等额折旧 4 年）；“已折年数”指的是截至本年年初已经折旧的年数，需要手工输入；至于“实际折旧”，要嵌套使用 COUNTIF，AND 和 IF 函数，例如第 1 年 1 号生产线的“实际折旧”＝IF(AND(COUNTIF(生产安排！C8：R8，"＊折旧＊")＞0，AL19＜4)，AM6，0)，公式的设置原理是：如果生产安排表中有“＊折旧＊”字样（说明生产线已建成并投产）且“已折年数”小于 4 年（说明未提完折旧），那么“实际折旧”等于“修正定额”，否则为 0。

8. 成本和折旧

“每年折旧合计”等于折旧费用辅助计算表中本年各生产线“实际折旧”的总和，其数据直接进入利润表并被“生产线净值”公式引用；产成品和在产品的收发存成本核算结果将直接传送至利润表和资产负债表中。产成品成本分不同产品核算本年数量和金额（见图 2-152），其中某产品“入库产成品”数量＝生产安排表中本年各季度该产品“产出”之和＋紧急采购表中本年各季度紧急采购该产品合计数，“销货成本”来自销售和收款表，“期末库存商品”＝“期初库存商品”+“入库产成品”-“销货成本”；在产品成本核算与产成品类似，其中“投入产品”和“产出产品”分别对生产安排表本年各季度本产品的“投入”“产出”进行加总，“期末在产品”=“期初在产品”+“投入产品”-“产出产品”。

产成品总成本									
第1年	单位成本	期初库存商品		入库产成品		销货成本		期末库存商品	
		数量	金额	入库数量	金额	数量	金额	数量	金额
P1	2	3	6	6	12	3	6	6	12
P2	3								
P3	4								
P4	5								
合计		3	6	6	12	3	6	6	12
第2年	单位成本	期初库存商品		入库产成品		销货成本		期末库存商品	
		数量	金额	入库数量	金额	数量	金额	数量	金额
P1	2	6	12	2	4	7	14	1	2
P2	3			4	12	4	12		
P3	4			4	16	4	16		
P4	5								
合计		6	12	10	32	15	42	1	2
第3年	单位成本	期初库存商品		入库产成品		销货成本		期末库存商品	
		数量	金额	入库数量	金额	数量	金额	数量	金额
P1	2	1	2	4	8	5	10		
P2	3			3	9	1	3	2	6
P3	4			13	52	12	48	1	4
P4	5								
合计		1	2	20	69	18	61	3	10
第4年	单位成本	期初库存商品		入库产成品		销货成本		期末库存商品	
		数量	金额	入库数量	金额	数量	金额	数量	金额
P1	2			2	4	2	4		
P2	3	2	6	5	15	5	15	2	6

… | 产品和市场预测 | 销售和收款 | 生产安排 | 紧急采购 | 材料采购 | 生产线、市场和产品投资 | 成本和折旧

图2-152 产成品成本

9. 贴现和违约

贴现和违约表核算销售订单违约和应收款贴现（见图2-153、图2-154）。其中“贴现损失”公式为：=IF(OR(剩余账期=1，剩余账期=2)，用来贴现的应收款*10%，IF(OR(剩余账期=3，剩余账期=4)，用来贴现的应收款*12.5%，0))；“贴现损失向上取整”公式为：=ROUNDUP(贴现损失，0)，进入综合费用表的“损失”项目和现金预算表中的“其他现金支出”项目。“贴现

销售订单违约（20%向下取整）																								
项目	第1年				第2年				第3年				第4年				第5年				第6年			
	1Q	2Q	3Q	4Q	1Q	2Q	3Q	4Q	1Q	2Q	3Q	4Q	1Q	2Q	3Q	4Q	1Q	2Q	3Q	4Q	1Q	2Q	3Q	4Q
已到期订单违约金额																								
违约扣款损失																								
违约损失实际支出																								

图2-153 销售订单违约

项目	第1年				第2年				第3年				第4年				第5年				第6年			
	1Q	2Q	3Q	4Q	1Q	2Q	3Q	4Q	1Q	2Q	3Q	4Q	1Q	2Q	3Q	4Q	1Q	2Q	3Q	4Q	1Q	2Q	3Q	4Q
用来贴现的应收款													30											
剩余账期（Q）													2											
贴现现金流入(M)													27											
贴现损失(M)													3											
贴现损失向上取整													3											
贴现的应收款合计													30											

图2-154 应收款贴现

现金流入”＝“用来贴现的应收款”－“贴现损失向上取整”，作为“其他现金流入”进入现金预算表。“贴现的应收款合计”即本年各季度“用来贴现的应收款”总额，传入销售和收款表中的“年初应收款余额”。“违约扣款损失”＝“已到期订单违约金额”＊20%。“违约损失实际支出”对“违约扣款损失”进行 INT 取整，并作为“损失”和“其他现金支出”。

10. 综合费用

按照实验给定的样表编制综合费用表，汇总核算各类销售和管理费用（见图 2－155）。其中，“损失”的核算内容包括紧急采购材料与产品、贴现与违约、变卖生产线和高利贷利息损失，“厂房租金”数据来源于现金预算表，“转产费”来自生产安排表。为了方便年初的广告投放工作，可单独设置一个表进行广告费的明细核算（见图 2－156）。另外，将变卖生产线事项（见图 2－157）纳入此工作表核算是出于核算“损失”和布局美观的需要。将变卖生产线的残值和净值输入表后，残值进入现金预算表中的“其他现金流入”，净值作为“生产线净值”计算公式的减项，损失计入综合费用。

二、综合费用

项目	第1年				第2年				第3年			
	1Q	2Q	3Q	4Q	1Q	2Q	3Q	4Q	1Q	2Q	3Q	4Q
管理费	1	1	1	1	1	1	1	1	1	1	1	1
广告费	7				13				13			
设备维护费				1				10				10
损失（紧急采购、贴现、违约、高利贷、变卖生产线）	0	1	1	1	0	0	0	2	2	2	1	2
转产费	0	0	0	0	0	2	0	0	0	0	0	0
厂房租金	0	0	0	0	0	0	0	5	0	0	0	5
市场开拓				4				3				2
ISO资格认证				3				3				0
产品研发	2	2	2	2	1	1	0	0	0	0	0	0
信息间谍费	0	0	0	0	0	0	0	0	0	0	0	0
合计	10	4	4	12	15	4	1	24	16	3	2	20
年度总计	30				44				41			

图 2－155　综合费用

表10：综合费用

一、广告投放

项目		本地市场		区域市场		国内市场		亚洲市场		国际市场		合计
		订货量	广告金额	订货量	广告金额	订货量	广告金额	订货量	广告金额	订货量	广告金额	广告金额
第1年	P1		7									7
	P2											0
	P3											0
	P4											0
合计		0	7	0	0	0	0	0	0	0	0	7
项目		本地市场		区域市场		国内市场		亚洲市场		国际市场		合计
		订货量	广告金额	订货量	广告金额	订货量	广告金额	订货量	广告金额	订货量	广告金额	广告金额
第2年	P1		4		1							5
	P2		4		2							6
	P3		1		1							2
	P4											0
合计		0	9	0	4	0	0	0	0	0	0	13
项目		本地市场		区域市场		国内市场		亚洲市场		国际市场		合计
		订货量	广告金额	订货量	广告金额	订货量	广告金额	订货量	广告金额	订货量	广告金额	广告金额
第3年	P1		1		2		1					4
	P2		1		1							2
	P3		3		2		2					7
	P4											0
合计		0	5	0	5	0	3	0	0	0	0	13
项目		本地市场		区域市场		国内市场		亚洲市场		国际市场		合计

… | 产品和市场预测 | 销售和收款 | 生产安排 | 紧急采购 | 材料采购 | 生产线、市场和产品投资 | 成本和折旧 | 贴现和违约 | 综合费用 | 现金预算 | 利润表 | 资产负债表

图 2－156　广告费明细

11. 现金预算

由于 ERP 沙盘模拟实验的运营流程是固定的（尤其是电子沙盘能自动控制操作顺序），此处的现金预算表（见图 2－158）不同于现实企业的通用格式，下面介绍表中某些项目的设置原理或数据来源。

三、变卖生产线

项目	第1年				第2年				第3年			
	1Q	2Q	3Q	4Q	1Q	2Q	3Q	4Q	1Q	2Q	3Q	4Q
生产线残值		1	1	1								
生产线净值		2	2	2								
损失	0	1	1	1	0	0	0	0	0	0	0	0
项目	第4年				第5年				第6年			
	1Q	2Q	3Q	4Q	1Q	2Q	3Q	4Q	1Q	2Q	3Q	4Q
生产线残值												
生产线净值												
损失	0	0	0	0	0	0	0	0	0	0	0	0

图 2-157 变卖生产线

序号	项目	第1年				第2年				第3年				第4年				第5年				第6年				第7年			
		1Q	2Q	3Q	4Q	1Q	2Q	3Q	4Q	1Q	2Q	3Q	4Q	1Q	2Q	3Q	4Q	1Q	2Q	3Q	4Q	1Q	2Q	3Q	4Q	1Q	2Q	3Q	4Q
1	期初现金余额		171	156	157	121	43	27	9	51	24	15	6	6	24	68	65	47	12	46	56	19	92	67	131	153			
2	支付广告费	7				13				13				15				15				41							
3	支付上年所得税	1																				1				24			
4	支付上年长贷利息（年初，10%）	4				19				17				15				15				15							
5	偿还长贷本金(年初)					20				20												150							
6	年初支出小计	12				52				50				30				30				207				24			
7	申请长期贷款(年初)	150																				100							
8	短贷还本付息（季初，5%）																												
9	短贷前现金余额	180	171	158	157	69	48	27	9	1	24	15	6	-24	24	68	65	17	12	46	56	-86	92	67	131	129			
10	申请短期贷款（季初）																												
11	直接材料(支付材料款)				1	6	5	12	13	14	8	12	12	17	8	14	12	17	8	14	11	21	20	20					
12	厂房初始购置费（限于1年1Q）																												
13	生产线投资	5	10	14	24	10	10												20	20	20								
14	转产费						2																						
15	直接人工	1	1		1	3	2	5	5	5	5	5	5	5	5	5	5	5	5	5	5	9	9	9					
16	其他现金支出（紧急采购和违约、高利贷本息）										4																		
17	年中支出小计	6	11	14	26	19	19	17	18	19	17	17	17	22	13	19	17	22	33	39	36	30	29	29					
18	销货正常现金流入（未贴现）			15					24	25	9		17	23	58	17	16	18	68	49	16	21	38	94	86				
19	其他现金流入（厂房款、高利贷、贴现、生产线残值）		1	1	1				58	18		9	18	48								190							
20	厂房租转买购置费(除去1年1Q)																						30		40				
21	综合费用（剔除广告、转产和损失）	3	3	3	11	2	2	1	22	1	1	1	18	1	1	1	17	1	1	1	16	1	4	1	24				
22	现金收入合计	150	1	16	1				82	43	9	9	35	71	58	17	16	18	68	49	16	311	38	94	86				
23	现金支出合计	21	14	17	37	73	21	18	40	70	18	18	35	53	14	20	34	53	34	40	52	238	63	30	64				
24	期末现金余额	171	156	157	121	43	27	9	51	24	15	6	6	24	68	65	47	12	46	56	19	92	67	131	153				

图 2-158 现金预算

(1)“年初支出小计”项目的设置原理为：每年期末的现金余额必须足够支付下年年初广告费、所得税和长期贷款利息及到期本金，即每年一季度的“期初现金余额”必须大于同期的“年初支出小计”，否则年初支付广告费前应进行紧急融资（贴现等）。

(2)“年中支出小计”的设置原理为：每个季度初申请短期贷款时，考虑在收回到期应收货款之前的短贷前现金余额是否足以支付材料采购和生产线投资等各项支出。如果“短贷前现金余额”与年初贴现和高利贷现金流入之和大于同期的“年中支出小计”，无须申请短期贷款，否则应申请；如果贷款额度已用完，只能考虑紧急融资。

(3)第1年一季度的“期初现金余额”、每年年初的“偿还长贷本金”和“申请长期贷款”、第1年各季度“短贷还本付息”和各年各季度的“申请短期贷款”需要手工输入数据；由于长短期贷款有额度限制（合计不能超过年初所有者权益的3倍），应设置数据有效性，其中“申请长期贷款”数额应介于0和“上年末所有者权益＊3－（上年末长贷余额－本年初偿还长贷本金）－上年末短贷余额”之间，某季度“申请短期贷款”数额应介于0和“上年末所有者权益＊3－本年末长贷余额－（上季度末短贷余额－本季初短贷还本付息数/(1+5%))”之间，故超额申请贷款时，系统弹出错误警告。

(4)本年年初支付长贷利息＝上年年末长期贷款余额＊10%，本季度“短贷还本付息”＝上年相同季度“申请短期贷款”*（1＋5%）；“短贷前现金余额”＝“期初现金余额”－“年初支出小计”＋“申请长期贷款”－“短贷还本付息”；“厂房初始购置费”仅核算第 1 年一季度的厂房购置，其他季度在“厂房租转买购置费”中核算（因为只有第 1 年一季度的厂房处理在生产之前操作，其他季度只允许在季末进行租转买操作）。

（5）“综合费用”项目剔除了广告费、转产费和损失，为严格依照实验给定的操作流程（例如，广告费是年初支付，管理费是季末支付）设置现金支付顺序；“其他现金支出”包括紧急采购、订单违约和偿还高利贷本息支出；“其他现金流入”包括收回到期厂房款、获得高利贷、变卖生产线残值回收和应收货款贴现的现金流入。

（6）其他项目的数据来源于其他工作表，或直接取值，或进行加总运算，在此不再赘述。

另外，为方便现金预算表的公式和数据的有效性设置，长短期贷款余额和厂房的购置、出售与租赁以及高利贷申请与还款也在此工作表中核算（见图 2－159），此处从略。

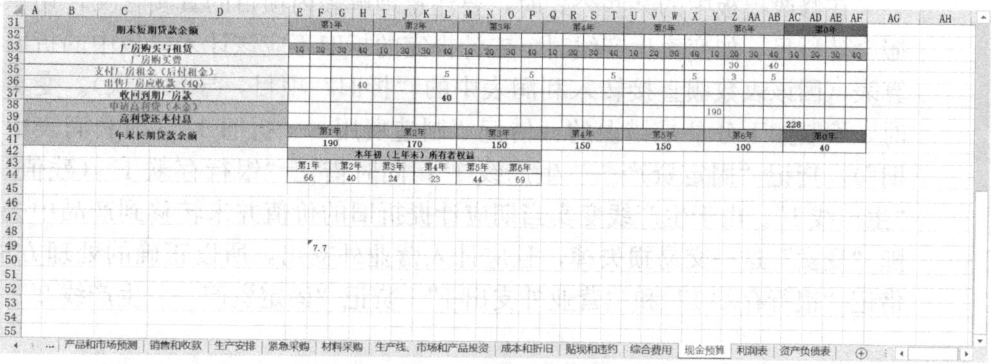

图 2－159　借款和厂房处理

12. 利润表和资产负债表

对于利润表和资产负债表，只需按照实验给定的样表格式设置并初始化，将前面 11 个工作表的数据导入其中即可自动生成报表，在此不再介绍。

工作表全部建立后，将需要手工输入的项目设置为红色加粗字体，非红色即系统自动运行部分（需手工输入大部分数据的销售和收款表及生产安排表除外）。为了美观，应取消零值显示。最后，设置保护工作表以防误操作破坏公式。

（五）模板的实战应用

实验开始前，利用模板粗略地编制 6～8 年的长期预算（包括销售、生产和投资等），这样主要是为了估算各年份长短期借款数额以及制订资本支出计划。实验开始后，每年年初需要编制具体的年度预算，根据实际拿到的销售订单修改各季度销售收入和现金流入，并调整本年生产和材料采购计划等数据。每年结束后，需要重新评估并修订长期战略，进而确定下年年度预算，进入一个新的预算编制循环。经过6～8年的模拟经营，在不断编制和修改全面预算的过程中，预算逐步转化为决算，模板已逐步完成对企业实际运营情况的记录。

四、注意事项

1. 关于模板的适用性

赛场不同，适用的竞赛规则也不同，如半自动生产线的购置费、生产线采用的折旧方法等都可能存在差异。此时，需要根据不同的竞赛规则修改模板中的某些公式，例如，半自动生产线购置费为8M时，每期投资额的计算公式为“=COUNTIF(生产情况！G8：J8,"建")*IF(B10="半自动",4,5)”；当半自动生产线购置费为10M时，每期投资额相应公式为“=COUNTIF(生产情况！G8：J8,"建")*5”，同时还要修改相应的设备维护费和折旧定额等计算公式。

2. 关于模板公式的设置

在修改模板中的某些公式时，要注意理解表内项目的真实含义，切忌机械照搬会计科目。如变卖生产线时，未计提完的折旧不应该计入模板中的折旧费用计算表（因该表数额直接转入利润表中的“折旧”项目，导致错误）。变卖生产线时，编制如下分录是错误的：借记“制造费用——折旧1”（即利润表中的“折旧”），贷记“固定资产——生产线1”；同时借记“银行存款1”（残值），贷记“生产线1”。由于生产线变卖当期应计提折旧的价值并未转移到产品中去，而是随“变卖”这一交易损失掉，且应计入营业外支出，所以正确的处理方法应是：借记“银行存款1”和“营业外支出1”，贷记“固定资产——生产线2”。

五、实验拓展

(1) 如果出现生产线中断投资建设的情况，如何设置公式自动计算期末在建工程余额和生产线净值？

(2) 如果采购材料存在部分付现、部分赊购的情况，如何设置公式自动统计付现金额和应付账款？

(3) 如何有效防止用户误操作导致表内公式改变（如锁定单元格、保护工作表）？

参考文献

1. 财政部会计资格评价中心. 财务管理. 北京：中国财政经济出版社，2017.

2. 刘淑莲. 高级财务管理理论与实务. 3版. 大连：东北财经大学出版社，2015.

3. 王晓民. Excel金融计算专业教程. 北京：清华大学出版社，2004.

4. 中国注册会计师协会. 财务成本管理. 北京：中国财政经济出版社，2017.

5. 罗斯，威斯特菲尔德，杰富，等. 公司理财：原书第11版. 北京：机械工业出版社，2017.

6. Brigham E F. *Fundamentals of Financial Management*. 12th ed. Boston: Cengage Learning，2016.

7. Excel Home. Excel实战技巧精粹. 北京：人民邮电出版社，2007.

8. Excel Home. http://www.excelhome.net.

9. Excel Home. Excel高效办公：财务管理. 北京：人民邮电出版社，2008.

10. Excel精英培训论坛. http://www.excelpx.com.

11. 办公软件学习网. http://www.officedoyen.com.

图书在版编目（CIP）数据

Excel在财务管理中的应用/张敦力等编著. —北京：中国人民大学出版社，2019.1
（全国会计领军人才丛书. 财务管理系列）
ISBN 978-7-300-26514-8

Ⅰ.①E… Ⅱ.①张… Ⅲ.①表处理软件-应用-财管管理 Ⅳ.①F275-39

中国版本图书馆CIP数据核字（2018）第280952号

全国会计领军人才丛书·财务管理系列
Excel在财务管理中的应用
张敦力 李银香 马光华 编著
Excel zai Caiwu Guanli zhong de Yingyong

出版发行	中国人民大学出版社		
社　　址	北京中关村大街31号	**邮政编码**	100080
电　　话	010－62511242（总编室）		010－62511770（质管部）
	010－82501766（邮购部）		010－62514148（门市部）
	010－62515195（发行公司）		010－62515275（盗版举报）
网　　址	http://www.crup.com.cn		
经　　销	新华书店		
印　　刷	固安县铭成印刷有限公司		
开　　本	787 mm×1092 mm　1/16	**版　　次**	2019年1月第1版
印　　张	14.25 插页1	**印　　次**	2024年7月第5次印刷
字　　数	308 000	**定　　价**	35.00元

中国人民大学出版社　管理分社

教师教学服务说明

中国人民大学出版社管理分社以出版工商管理和公共管理类精品图书为宗旨。为更好地服务一线教师，我们着力建设了一批数字化、立体化的网络教学资源。教师可以通过以下方式获得免费下载教学资源的权限：

- ★ 在中国人民大学出版社网站 www.crup.com.cn 进行注册，注册后进入“会员中心”，在左侧点击“我的教师认证”，填写相关信息，提交后等待审核。我们将在一个工作日内为您开通相关资源的下载权限。

- ★ 如您急需教学资源或需要其他帮助，请加入教师 QQ 群或在工作时间与我们联络。

中国人民大学出版社　管理分社

教师 QQ 群： 648333426（工商管理）　114970332（财会）　648117133（公共管理）
教师群仅限教师加入，入群请备注（学校＋姓名）

联系电话： 010-62515735，62515987，62515782，82501048，62514760

电子邮箱： glcbfs@crup.com.cn

通讯地址： 北京市海淀区中关村大街甲 59 号文化大厦 1501 室（100872）

管理书社　　人大社财会　　公共管理与政治学悦读坊